Hoheitsrechtliche Streitigkeiten zwischen den Kölner Erzbischöfen und der Stadt Köln auf Grundlage reichskammergerichtlicher Verfahren des 16. und 17. Jahrhunderts

Rechtshistorische Reihe

Band 313

Peter Lang
Frankfurt am Main · Berlin · Bern · Bruxelles · New York · Oxford · Wien

Kathrin Dirr

Hoheitsrechtliche Streitigkeiten zwischen den Kölner Erzbischöfen und der Stadt Köln auf Grundlage reichskammergerichtlicher Verfahren des 16. und 17. Jahrhunderts

Peter Lang
Europäischer Verlag der Wissenschaften

Bibliografische Information Der Deutschen Bibliothek
Die Deutsche Bibliothek verzeichnet diese Publikation in der Deutschen Nationalbibliografie; detaillierte bibliografische Daten sind im Internet über <http://dnb.ddb.de> abrufbar.

Zugl.: Bochum, Univ., Diss., 2005

Die vorliegende Arbeit wurde von
Professor Diestelkamp
zur Aufnahme in diese Reihe empfohlen.

D 294
ISSN 0344-290X
ISBN 3-631-53983-5

Vorwort

Die vorliegende Arbeit wurde im Februar 2004 abgeschlossen und lag der Juristischen Fakultät der Ruhr-Universität Bochum im Wintersemester 2004/2005 als Dissertation vor.

Die Entstehung der Dissertation wurde von vielen Personen unterstützt. Zu größtem Dank bin ich meinem Doktorvater, Herrn Prof. Dr. Bernd Schildt, verpflichtet. Er hat mein Interesse für die Rechtsgeschichte geweckt und mich fachlich und persönlich in jeder Weise gefördert. Aus seiner Anregung, mich mit den reichskammergerichtlichen Akten der Stadt Köln zu beschäftigen, ist die vorliegende Arbeit hervorgegangen, deren Entstehung und Fertigstellung er mit großem Interesse und steter Diskussionsbereitschaft begleitet hat.

Herrn Prof. Dr. Christoph Krampe danke ich für die Erstellung des Zweitgutachtens.

Ebenfalls danke ich Herrn Prof. Dr. Bernhard Diestelkamp für die Aufnahme und die damit verbundene Publikation meiner Dissertation in der rechtshistorischen Reihe. Bei Herrn Dr. Joachim Deeters vom Historischen Archiv der Stadt Köln bedanke ich mich für seine fachliche Unterstützung und Hilfsbereitschaft.

Meinen Eltern, meinem Freund Tim Jansen und Frau Käthe Wissmann danke ich dafür, dass sie mich unterstützt und auf meinem Weg begleitet haben.

Castrop-Rauxel, April 2005 Kathrin Dirr

Inhaltsverzeichnis

Abkürzungsverzeichnis

AHVN	Annalen des Historischen Vereins für den Niederrhein
AR 1	Bezeichnung der Frankfurter Urteilsdatenbank
AZ	Archivalische Zeitschrift
Bd.	Band
BllDtLG	Blätter für deutsche Landesgeschichte
bzw.	beziehungsweise
COC	Concepta Ordinatio Cameralis, Konzept einer Reichskammergerichtsordnung von 1603 (gedruckt 1613)
DA	Deutsches Archiv für Erforschung des Mittelalters
Ders.	Derselbe
GR	Generalrepertorium
HAStK	Historisches Archiv der Stadt Köln
HRG	Handwörterbuch zur deutschen Rechtsgeschichte
HZ	Historische Zeitschrift
i.S.d.	im Sinne des/der
JbKGV	Jahrbuch des Kölnischen Geschichtsvereins
Jh.	Jahrhundert
JRA	Jüngster Reichsabschied von 1654
KcK	Köln contra Köln
lfd.	laufende
LexMA	Lexikon des Mittelalters
m	Meter
NWHSA	Nordrhein-westfälisches Hauptstaatsarchiv (in Düsseldorf)
Obs.	Observation
Q	Quadrangel
r	recto (Vorderseite)
Reg.	Regierender
RhVjbll	Rheinische Vierteljahrsblätter
RKG	Reichskammergericht
RKGO	Reichskammergerichtsordnung
u.a.	unter anderem
v	verso (Rückseite)
ZHF	Zeitschrift für historische Forschung
ZNR	Zeitschrift für neuere Rechtsgeschichte
ZRG (GA)	Zeitschrift der Savigny-Stiftung für Rechtsgeschichte, Germanistische Abteilung
ZRG (KA)	Zeitschrift der Savigny-Stiftung für Rechtsgeschichte, Kanonistische Abteilung
z.T.	Zum Teil

EINLEITUNG

A. ZIELE UND WEGE DER UNTERSUCHUNG

Köln. Des heiligen Reichs freie Stadt. Dieser Satz klingt wie eine Selbstverständlichkeit, zumindest seit dem Jahre 1475 als Kaiser Friedrich III. in einem Privileg die Reichsfreiheit der Stadt anerkannte. Seit diesem Zeitpunkt wird Köln unbedenklich als eine freie Reichsstadt bezeichnet. Aber war die Reichsfreiheit der Stadt Köln wirklich so selbstverständlich?

Allein die Tatsache, dass zahlreiche Prozesse zwischen Erzbischof und Stadt am Reichskammergericht anhängig waren, in welchen um die Frage der Rechtsstellung der Stadt gestritten wurde, spricht gegen die Selbstverständlichkeit der obigen Aussage.

Die vorliegende Arbeit gliedert sich in drei Teile. Der erste, statistische Teil der Arbeit basiert auf dem vierbändigen Kölner Archivinventar, welches im Rahmen eines seit den achtziger Jahren des vorigen Jahrhunderts laufenden DFG-Projekts zur Neuverzeichnung reichskammergerichtlicher Prozessakten erstellt wurde.[1] Daneben wurden weitere im Düsseldorfer Inventar verzeichnete RKG-Verfahren mit Kölner Bezügen berücksichtigt. Mittels einer computergestützten Datenbank, welche auf den inhaltlichen Angaben der einzelnen Archivinventaren basiert, wurden die auf Grundlage des Kölner und Düsseldorfer Archivinventars erfassten Informationen zu verschiedenen Fragestellungen – teils in Kombination – abgefragt und statistisch dargestellt.[2]

Bei der Eingabe der Verfahren in die Datenbank fielen 58 Verfahren auf, in denen sich die (Reichs-) Stadt Köln bzw. ihre Vertreter auf der einen Seite und die Kölner Erzbischöfe bzw. deren Vertreter auf der anderen Seite gegenüber standen und um hoheitsrechtliche Belange stritten. Die Untersuchung ihrer gegenseitigen Beziehungen hat sich diese Arbeit zum Ziel gesetzt. Berücksichtigt wurden dabei Verfahren, die im 16. und 17. Jahrhundert zwischen den Kölner Erzbischöfen und der Stadt Köln am RKG rechtshängig waren. Dabei stellt im zweiten Teil der Arbeit die Rechtsstellung der Stadt gegenüber den Kölner Erzbischöfen und im dritten Teil der Arbeit die Frage der Jurisdiktionshoheit im Kölner Burgbann inhaltliches Untersuchungskriterium dar.

---

1 Mitteilungen aus dem Stadtarchiv von Köln, Reichskammergericht Köln, Heft 81 Nr. 1-600 (A-F), Heft 82 Nr. 601-1232 (G-M), Heft 83 Nr. 1233-1677 (N-S), Heft 84, Teil 1 Nr. 1678-1864, Inventar der Akten des Reichskammergerichts Nr. 26, 1, Köln, Weimar, Wien 1998-2002, Hefte 81-83 bearbeitet von MATTHIAS KORDES, Heft 84, 1. Teil bearbeitet von KLAUS NIPPERT.

2 Zur Datenbank und zum Forschungsprojekt insgesamt vgl. SCHILDT, BERND, Inhaltliche Erschließung und ideelle Zusammenführung der Prozessakten des Reichskammergerichts mittels einer computergestützten Datenbank, in: ZNR 25. Jg. H. 3/4 (2003), S. 269-290.

Ziel der Arbeit ist es, zunächst anhand der RKG-Akten die konkreten Streitpunkte der Parteien aufzuzeigen. In einem zweiten Schritt werden die Argumente der Parteien sowohl in allgemeinhistorischer als auch in rechtshistorischer Hinsicht überprüft. Abschließend wird versucht, die Rechtsanschauung des RKG zu den einzelnen Streitpunkten so weit möglich zu rekonstruieren.

Die Durchsicht landesgeschichtlicher Literatur hat gezeigt, dass insbesondere zu verfassungsrechtlichen Fragen bereits zahlreiche Beiträge[3] vorliegen. Eine Analyse der rechtlichen Argumente und ein damit zusammenhängender Versuch einer Rekonstruktion der reichskammergerichtlichen Entscheidungsgründe fehlt hinsichtlich der hier zugrundegelegten Verfahren bislang jedoch. Dazu soll im Folgenden ein Beitrag geleistet werden.

B. QUELLENBEFUND

Es wurde gedrucktes und ungedrucktes Quellenmaterial herangezogen. Im Hinblick auf das ungedruckte Quellenmaterial bilden die RKG-Verfahren die Quellenbasis.

Ausgehend von den RKG-Verfahrensakten wurde ergänzendes Quellenmaterial aus dem Historischen Archiv der Stadt Köln in die Bearbeitung einbezogen. Insbesondere die in dem Bestand „Köln contra Köln" (KcK)[4] enthaltenen Ceremonialia[5] wurden berücksichtigt. Daneben wurden Schriftsätze aus Prozessen herangezogen, soweit diese Stellungnahmen der Parteien zu den hier behandelten Streitpunkten beinhalten. In Ansehung des Umfanges dieses Bestandes[6] konnte das Quellenmaterial jedoch nur punktuell zugrundegelegt werden. Aus dem Bestand „Haupturkundenarchiv" (HUA) wurde ein Privileg einbezogen.

Große Bedeutung kommt auch den beiden von Erzbischof MAXIMILIAN HEINRICH verfassten, im Druck erschienenen Werken, der *„Apologia des Ertz Stiffts Cöllen"* von 1659 und der *„Securis ad radicem posita"* von 1687 zu. Diese beiden Werke, die eine ausführliche erzbischöfliche Argumentation gegen die städtische Reichsunmittelbarkeit beinhalten, wurden insbesondere dann berücksichtigt, wenn sich die Argumente in den zugrundegelegten Akten in allgemeinen Aussagen erschöpften und daher einer Konkretisierung bedurften.

---

3 Vgl. z.B. BEEMELMANS, MARIA CLEMENTINE, S. 38; KISKY, WILHELM, Die Erhebung Kölns, S. 1 ff; KISKY, WILHELM, Die Akten der Abteilung „Köln contra Köln", S. 111 ff.

4 Ein gedrucktes Verzeichnis zu diesem Bestand findet sich bei KISKY, WILHELM, Die Akten der Abteilung „Köln contra Köln".

5 Von diesen waren für die Untersuchung die Urkunden mit Bezug zu den erzbischöflichen Einritten in die Stadt und zur gegenseitigen Titulatur von Bedeutung.

6 Der Umfang bemisst sich auf 22 lfd. m. Vgl. dazu DEETERS, JOACHIM, Die Bestände des Stadtarchivs Köln bis 1814, S. 62.

Den Beständen des Bundesarchivs Koblenz zum RKG konnten keine ergänzenden Informationen entnommen werden. Die ab 1711 bzw. 1681 überlieferten Judizialsenats- und Extrajudizialsenatsprotokolle[7] kamen von vornherein als Quellenmaterial nicht in Betracht, da die untersuchten Verfahren vor dieser Zeit am RKG anhängig waren. Weder der Bestand „DB 2/Anhang 2" aus dem Jahre 1897, welcher von den Assessoren des Reichskammergerichts angefertigte Aktenextrakte und Relationen beinhaltet, noch der Bestand „AR 1-Miscellanea", in welchem sich u.a. Nachlassakten von Assessoren einschließlich Relationen befinden, enthalten bezüglich der untersuchten RKG-Verfahren einschlägiges Quellenmaterial. Ein Unterteilbestand der „Miscellanea" enthält als Sektion VII gekennzeichnet die „Vota miscellanea".[8] Band Nr. 3 dieses Bestandes umfasst ausschließlich Streitigkeiten zwischen der Stadt Köln und den Kölner Erzbischöfen. Jedoch beziehen sich die in dem Bestand enthaltenen Voten, Relationen und Entscheidungsgründe[9] nur auf Verfahren des 18. Jh., so dass auch diesen im Hinblick auf die untersuchten Verfahren keine Informationen entnommen werden konnten.

---

7 Freundliche Auskunft des Bundesarchivs Koblenz.

8 Dieser Unterteilbestand besteht aus sechs Bänden.

9 Diesen geht, wie im Vorwort des Bandes Nr. 3 erklärt wird, zum besseren Verständnis der dargestellten Verfahren eine umfangreiche Darstellung des Vorgeschehens voraus. In dieser wird oftmals auf die „*Securis ad radicem posita*" verwiesen und auf verschiedene Urkunden Bezug genommen, die auf das Verhältnis der Stadt zu den Erzbischöfen einwirkten.

1. Teil: Kölner RKG-Akten

A. Überlieferung und Verzeichnung

Nach der Auflösung des Staatsarchivs Wetzlar im Jahre 1924 wurden diejenigen Akten des preußischen Bestandes, welche die früheren niederrheinischen Reichsstädte, Territorien und Städte betrafen, an das damalige Provinzialarchiv Düsseldorf abgegeben. Von dort wurden Akten mit Kölner Bezügen an das Historische Archiv der Stadt Köln weitergeleitet. Kriterien dabei waren der Wohnort des Beklagten (bei erstinstanzlichen Verfahren) bzw. der Sitz der letzten Vorinstanz (bei Appellationsverfahren).[10] Die Verzeichnung der Kölner RKG-Akten erfolgte ausschließlich nach dem achtstufigen Erfassungsschema[11], welches im Jahre 1978 von der Archivreferentenkonferenz vorgelegt wurde.[12] In dem vierbändigen Kölner Archivinventar sind insgesamt 1866 Verfahren verzeichnet.[13] Es ist jedoch zu berücksichtigen, dass Kölner Verfahren zum Teil auch im Düsseldorfer Inventar verzeichnet wurden. Dies ist vermutlich damit zu erklären, dass bei der Überführung von Düsseldorf nach Köln einige Verfahren übersehen wurden. So wurden bisher[14] 41 Verfahren festgestellt, die im Düsseldorfer Inventar verzeichnet waren, obwohl sie eigentlich Köln zuzuordnen wären. Es ist zu erwarten, dass sich noch weitere Verfahren mit Kölner Bezügen finden, die im Düsseldorfer statt im Kölner Inventar verzeichnet wurden.

---

10 Vgl. KORDES, MATTHIAS, Mitteilungen aus dem Stadtarchiv von Köln, Heft 81, Einleitung, S. 12-15.

11 Die Verzeichnungen sollten als Mindestdaten Informationen zu den folgenden Rubriken enthalten: 1. Signatur der Akten, 2. Parteiangaben: Kläger bzw. Antragsteller, ggf. Nebenkläger, 3. Parteiangaben: Beklagter bzw. Antragsgegner, ggf. Nebenbeklagter, 4. Prokuratoren, 5. Beschreibung des Streitgegenstandes, 6. Instanzen und Laufzeit, 7. Darin-Vermerke (im Verfahren vorgebrachte Beweismittel), 8. Hinweise (Umfang, Literaturverweise, Angaben zur Vollständigkeit und Verfügbarkeit u.ä.). Vgl. dazu BATTENBERG, Friedrich, S. 173 ff.

12 Dieses achtstufige Erfassungsschema bildete seitdem die Grundlage aller Verzeichnungen. Die Neuverzeichnung wurde von der Deutschen Forschungsgemeinschaft in ihr Programm zur Förderung der Archive aufgenommen. Vgl. zum Ganzen BATTENBERG, Friedrich, S. 173 ff.

13 Im Inventar ist das letzte verzeichnete Verfahren mit der lfd. Nr. 1864 versehen. Die Anzahl 1866 Verfahren erklärt sich daher, dass bei zwei Verfahren im Inventar die lfd. Nr. um den Kleinbuchstaben „a“ ergänzt wurde (26/386 a, 1302 a). Diese wurden jedoch als selbständige Verfahren im Inventar verzeichnet und daher mitgezählt.

14 Stand der Datenbank: Juli 2003.

B. Inhalt

Den folgenden statistischen Ergebnissen liegen von den insgesamt 1907 Verfahren[15] nur 1902 Verfahren zugrunde, da in fünf Verfahren das RKG nicht als Instanz genannt ist[16], so dass auch keine Aussagen zur RKG-Rechtsprechung getroffen werden konnten.

I. Zeitliche Inanspruchnahme des RKG

Die Prozessfrequenz am RKG unterlag im Laufe der Jahrhunderte starken Schwankungen.[17] Hinsichtlich aller Kölner Verfahren ergibt sich folgende zeitliche Inanspruchnahme: In der Anfangsphase der reichskammergerichtlichen Tätigkeit von 1495-1520 wurden am RKG lediglich 134 Verfahren eingeleitet. Die ersten Jahre der reichskammergerichtlichen Tätigkeit waren zum einen vom Machtkampf zwischen König und Ständen um die höchste Gerichtsbarkeit[18] überschattet, zum anderen verhinderten die häufigen Ortswechsel bis 1527 eine ungestörte Entwicklung des Gerichts.[19] In dem Zeitabschnitt von 1521-1540 ist im Vergleich zum Zeitraum von 1495-1520 ein Anstieg der am RKG anhängigen Verfahren von 66 auf insgesamt 200 zu verzeichnen. Dabei handelte es sich bei 168 dieser Verfahren um Neuzugänge, während 32 Verfahren bereits am RKG anhängig waren. In den Jahren 1541-1560 kam es zu einem Abfall der reichskammergerichtlichen Tätigkeit und die Zahl der insgesamt anhängigen Verfahren sank auf 157. Dies könnte sich mit der Auflösung des RKG im Jahre 1544 erklären, als der Kaiser dem Druck des Schmalkaldischen Bundes nachgab.[20] Von diesem Zeitpunkt bis zur Wiederherstellung des Gerichts im Jahre 1548[21] (also in der Spanne von 1544-1547) sind keine Neuzugänge am RKG zu

---

15 Diese Zahl setzt sich zusammen aus den in den vier Kölner Inventarbänden verzeichneten Verfahren zuzüglich der bisher festgestellten Verfahren des Düsseldorfer Inventars mit Kölner Bezügen.

16 Verfahren mit den lfd. Nr. 288, 1849, 289, 2, 287 aus dem Kölner Inventar.

17 Bei dieser Statistik konnten von den insgesamt 1902 relevanten Verfahren lediglich 1898 berücksichtigt werden, da bei den vier Verfahren mit den lfd. Nr. 107, 1842, 1864, 409 im Kölner Inventar Angaben zum Verfahrensbeginn am RKG fehlten.

18 Dabei ging es u.a. um die Unterbringung und Finanzierung des Gerichts, vgl. Ranieri, Filippo, S. 142.

19 Frankfurt (1495-1497), Worms (1497-1499), Nürnberg (1501-1502), Regensburg (1503-1504), Augsburg (1504-1507), Regensburg (1507-1508), Worms (1508-1513), Speyer (1513-1514), Worms (1514-1519), Nürnberg (1521-1524), Esslingen (1524-1527) Vgl. dazu Laufs, Adolf, RKGO 1555, Einleitung, S. 4, 5, Anm. 12.

20 Lorenz, Sönke, S. 184.

21 Lorenz, Sönke, S. 184.

verzeichnen. In den folgenden dargestellten Zeitabschnitten kam es zu einem kontinuierlichen Anstieg der am RKG verhandelten Verfahren. So betrug die Zahl der Neuzugänge in der Zeit von 1561-1580 172 Verfahren. Zudem waren 54 Verfahren bereits am RKG anhängig. In den Jahren 1581-1600 erhöhte sich die Zahl der Neuzugänge auf 246 und die der bereits anhängigen Verfahren auf 77. Der Höhepunkt der reichskammergerichtlichen Inanspruchnahme liegt in dem Zeitabschnitt 1601-1620, in welchem insgesamt 368 Verfahren am RKG verhandelt wurden. Dabei handelte es sich um 241 Neuzugänge zuzüglich 127 bereits anhängiger Verfahren. Nach diesem Höhepunkt kam es in der Spanne von 1621-1640 zu einem Abfall der reichskammergerichtlichen Inanspruchnahme. Die Zahl der neu anhängigen Verfahren nahm deutlich erkennbar um ca. 35 % ab. Auf den ersten Blick scheint eine Rückführung der ansteigenden Neuzugänge bis 1620 auf Rechtsstreitigkeiten in Folge des Augsburger Religionsfriedens möglich. Auch die in Folge des niederländisch-spanisch-französischen Krieges, in welchem die Freiheit des religiösen Bekenntnisses im Vordergrund stand, in der Kölner Einwohnerschaft aufkommenden reformatorischen Ideen könnten zu dem Anstieg beigetragen haben.[22] Dann wäre jedoch zu erwarten gewesen, dass in dieser Zeit hauptsächlich um Fragen der Religionsfreiheit gestritten wurde. Religions- und Reformationsangelegenheiten spielten jedoch insgesamt nur in 11 Verfahren (0,6 %) der Gesamtverfahren eine Rolle, so dass damit der Anstieg nicht zu erklären ist.

Die Tätigkeit des RKG darf jedoch nicht nur unter Berücksichtigung der Kölner Verhältnisse betrachtet werden, denn es ist davon auszugehen, dass die verfassungsrechtlichen Änderungen im Alten Reich Auswirkungen auf die Tätigkeit des RKG hatten. Das ausgehende 16. Jh. war, wie bereits in zahlreichen Untersuchungen festgestellt worden ist,[23] die Blütezeit des RKG. Was letztlich ausschlaggebend für den hier festgestellten kontinuierlichen Anstieg der reichskammergerichtlichen Inanspruchnahme von 1561-1620 war, kann endgültig nicht geklärt werden. Es lässt sich jedoch vermuten, dass zahlreiche Faktoren zusammengewirkt haben. So könnte z.B. die Verabschiedung der neuen RKGO von 1555 auf dem Augsburger Reichstag, die als die bedeutendste RKGO galt und zu den Reichsgrundgesetzen zählte[24], für den Anstieg ab 1555 mit ursächlich gewesen sein. Deren dritter Teil regelt in ausführlicher Weise den Verfahrensablauf[25], so dass eine sichere Rechtsgrundlage bestand. Bei der RKGO von 1555 handelte es sich um ein solides Werk, welches Vorbildfunktion für die

---

22 ENNEN, LEONARD, Geschichte der Stadt Köln, Volksausgabe, S. 313, 325 ff.

23 Vgl. z.B. RANIERI, FILIPPO, S. 127, 136.

24 LAUFS, ADOLF, RKGO 1555, Einleitung, S. 20, 29.

25 LAUFS, ADOLF, RKGO 1555, Einleitung, S. 44.

Rechtspflege in den Territorien hatte.[26] RANIERI sieht als weiteren Erklärungsansatz für den auch von ihm festgestellten Anstieg der reichskammergerichtlichen Tätigkeit im 16. und zu Anfang des 17. Jh. sozialhistorische Aspekte, wie die Aufwärtsbewegung der Wirtschafts- und Sozialkonjunktur oder die steigende Bereitschaft der Gesellschaft des 16. Jh., Konflikte rechtlich auszutragen.[27]

Auffällig ist auch der rapide Abfall der Neuzugänge in der Zeit von 1621-1640 im Vergleich zu dem vorherigen Zeitabschnitt um 84 Verfahren. Dies könnte mit dem Dreißigjährigen Krieg zusammenhängen, dessen Mitte als Wendepunkt für die Zugangszahlen am RKG betrachtet wird.[28] Das RKG wurde, so SMEND, durch den Dreißigjährigen Krieg stark in Mitleidenschaft gezogen. Den Folgen achtmaliger und z.T. jahrelanger kriegerischer Besetzung Speyers konnte auch nicht durch die von allen Kriegsparteien erteilten Schutzbriefe wirkungsvoll entgegengetreten werden. Weiterhin vermutet er als Ursache für den Rückgang der reichskammergerichtlichen Tätigkeit auch das Nachlassen der ständischen Zahlungen. Die Fragen der Unterhaltung und der Sicherstellung des Gerichts wurden zum Problem. Das wiederum habe dazu geführt, dass kein großes Interesse an der Stelle eines Assessors in Speyer bestand, da die Stellen im landesherrlichen Dienst sicherer waren und daher bevorzugt wurden.[29] Auch führt SMEND die immer stärker werdende Konkurrenz des Reichshofrats als mögliche Ursache dafür an, dass die kammergerichtliche Rechtsprechung mit Beginn des 17. Jahrhunderts ihre frühere politische Bedeutung im Wesentlichen verloren hatte.[30] Der Abfall setzte sich auch in der folgenden Zeitspanne von 1641-1660 fort, in welcher insgesamt nur noch 193 Verfahren am RKG ausgetragen wurden. Noch weiter sank die Inanspruchnahme des RKG in dem Zeitabschnitt von 1661-1680, in welchem nur noch 174 Verfahren insgesamt am RKG anhängig waren. Von 1681-1700 fiel die Zahl der insgesamt am RKG anhängigen Verfahren weiter auf 152 und von 1701-1720 auf 126 Verfahren ab. In der Spanne von 1721-1740 ist wieder ein leichter Anstieg der verhandelten Prozesse auf 165 Verfahren zu verzeichnen. Dann jedoch setzte sich der bis zu diesem kurzweiligen „Wiederaufflammen" der reichskammergerichtlichen Tätigkeit zu beobachtende Abfall der Inanspruchnahme fort. Von 1741-1760 waren nur noch 92 Verfahren am RKG anhängig. In der Endphase der RKG-Tätigkeit wurde das Gericht nur noch wenig frequentiert. So betrug die gesamte Zahl der am RKG an-

---

26 LAUFS, ADOLF, RKGO 1555, Einleitung, S. 50.

27 RANIERI, FILIPPO, S. 150-153.

28 BRUNOTTE, ALEXANDER/WEBER, RAIMAND J., Einleitung, S. 27.

29 SMEND, RUDOLF, S. 204, 205.

30 SMEND, RUDOLF, S. 198.

hängigen Verfahren von 1761-1780 noch 64 und in der Zeit von 1781-1806 nur noch 38 Verfahren.

Ein in seinen wesentlichen Zügen – zumindest seit 1561 – identischer zeitlicher Verlauf ergibt sich im Hinblick auf die 58 Verfahren, in denen sich die Stadt Köln und die Kölner Erzbischöfe als Prozessgegner gegenüberstanden.

Der Höhepunkt der reichskammergerichtlichen Frequentierung lässt sich auch hier in den Jahren 1601-1620 verzeichnen. In den Jahren 1621-1640 kam es zu einem Abfall der reichskammergerichtlichen Tätigkeit. Dieser setzte sich bis 1720 fort und schritt dann nach einem Anstieg in den Jahren 1721-1760 – der im Vergleich zu den gesamten Kölner Verfahren etwas länger anhielt – bis zum Ende der reichskammergerichtlichen Tätigkeit fort. Für diesen Verlauf lassen sich dieselben Ursachen vermuten, die auch für die zeitliche Verteilung der Kölner Gesamtverfahren aufgezeigt wurden.

Zur Zeit der hohen reichskammergerichtlichen Beanspruchung von 1581 bis 1660 wurde das Erzstift von den Erzbischöfen aus dem Geschlecht der Wittelsbacher regiert.[31] Inwieweit oder ob überhaupt ein Zusammenhang zwischen der Frequentierung des RKG und der Persönlichkeit des jeweils regierenden Erzbischofs bestand, kann im Rahmen dieser Arbeit nicht geklärt werden.

Diagramm 1a: Gesamte Kölner Verfahren am RKG

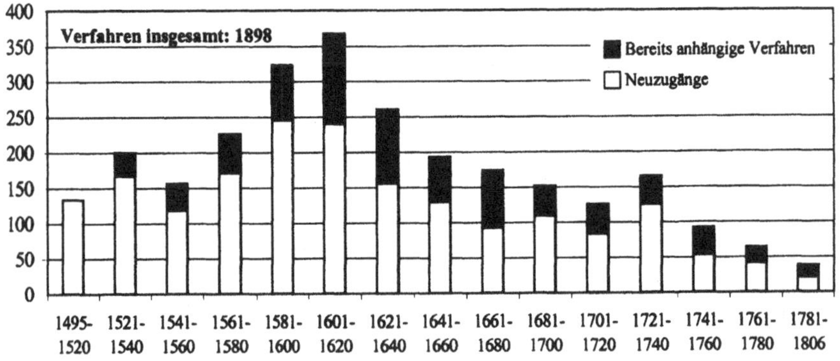

■		32	38	54	77	127	104	63	81	42	42	39	38	22	16
□	134	168	119	172	246	241	157	130	93	110	84	126	54	42	22

---

[31] Ein Verzeichnis der Erzbischöfe findet sich bei ENNEN, LEONARD, Geschichte der Stadt Köln, Volksausgabe, Anhang I, S. 465, 466.

Diagramm 1b: Verfahren Stadt Köln contra Erzbischöfe

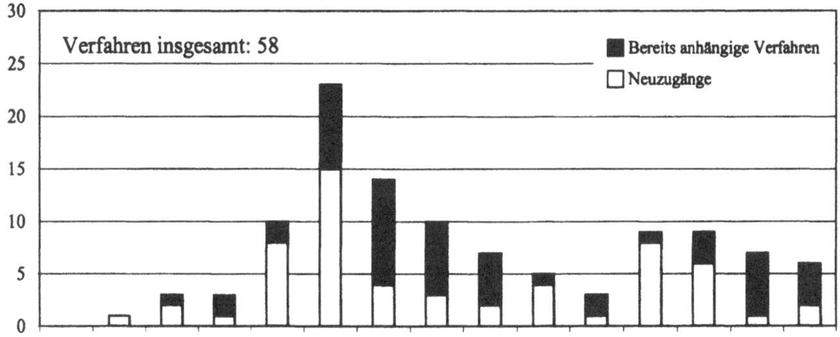

	1495-1520	1521-1540	1541-1560	1561-1580	1581-1600	1601-1620	1621-1640	1641-1660	1661-1680	1681-1700	1701-1720	1721-1740	1741-1760	1761-1780	1781-1806
■		0	1	2	2	8	10	7	5	1	2	1	3	6	4
□	0	1	2	1	8	15	4	3	2	4	1	8	6	1	2

II. Überblick über die Streitgegenstände

Der Schwerpunkt der Streitigkeiten lag im Hinblick auf alle verzeichneten Kölner Verfahren mit 1339 der 1902 Gesamtverfahren (70,4 %) auf Fragen verfahrensrechtlicher Natur. Neben diesem Hauptstreitpunkt waren schuldrechtliche Fragen in 825 (43,4 %), Fragen das Recht/Gericht betreffend in 552 (29,0 %) und erbrechtliche Angelegenheiten in 550 (28,9 %) Prozessen streitig. Sachenrechtliche Probleme waren im Verhältnis zu den übrigen Verfahrensgegenständen mit 394 Verfahren (20,7 %) noch recht häufig am RKG anhängig, während andere Verfahrensgegenstände in weniger als 10 % der Gesamtverfahren eine Rolle spielten.[32]

Berücksichtigt man nur die 58 Verfahren, in denen sich die Stadt Köln und die Kölner Erzbischöfe gegenüberstanden, so lag der Schwerpunkt der Streitgegenstände auf hoheitsrechtlichen Fragen.

In 49 (84,5 %) der insgesamt 58 Verfahren ging es um rechtliche bzw. gerichtliche Angelegenheiten. Hauptschwerpunkt der Streitigkeiten im Bereich Gerichtsbarkeit bildeten dabei Fragen der Jurisdiktionshoheit. So war in 38 die-

---

[32] Es ergibt sich eine Prozentzahl, die größer als 100 ist, da Verfahrensgegenstände oftmals in ein und demselben Prozess kumulativ vorkommen.

ser Verfahren (77 %) streitig, wer Inhaber der Jurisdiktionsgewalt war. Dabei ging es sowohl um Probleme der örtlichen als auch der sachlichen Gerichtszuständigkeit. Dieses Ergebnis überrascht nicht, da die Frage, wem an welchem Ort welche Gerichtsbarkeit zustand, für den Umfang der Hoheitsgewalt von immenser Bedeutung war.[33] Des Weiteren ging es in 24 Verfahren um rechtliche Fragen unterschiedlichster Art. So wurde z.B. um die Verletzung kaiserlicher Gesetze, die Entziehung von Privilegien oder die Aufhebung erzbischöflicher Edikte gestritten. Auch die gewohnheitsrechtliche Anerkennung bestimmter Rechte war Streitgegenstand.

In 45 (77,6 %) der insgesamt 58 Verfahren wurde um verfahrensrechtliche Angelegenheiten gestritten. Dabei ging es schwerpunktmäßig um die Durchführung von Beschlagnahmungen (12 Verfahren) und Inhaftierungen (zehn Verfahren). Kurkölnische Landzöllner bedienten sich beispielsweise dieser Maßnahmen, wenn Kölner Bürger sich weigerten, kurkölnischen Zollforderungen nachzukommen. Auch für den Fall, dass Kölner Bürger auf angeblich kurkölnischem Gebiet jagten, wurden diese von kurkölnischer Seite inhaftiert und ihre Jagdutensilien beschlagnahmt. Des Weiteren wurde in 17 Verfahren (29,3 %) um Steuern/Abgaben gestritten. Streitauslöser waren z.B. Steuererhebungen auf angeblich kurkölnischem Gebiet oder die Verletzung von Steuerprivilegien.

In 13 Verfahren (22,4 %) waren verfassungs- und verwaltungsrechtliche Angelegenheiten im engeren Sinne Streitgegenstand vor dem RKG; beispielsweise die Frage der Reichsunmittelbarkeit oder der territorialen Grenzziehung. Ging es um territoriale Grenzfragen, standen der Burgbann und die Bannmeile, also die Gebiete außerhalb der Kölner Stadtmauern, im Mittelpunkt der Streitigkeiten. Von diesen behauptete die Stadt, es handele sich um städtisches Territorium, wohingegen die Kölner Erzbischöfe auf die Zugehörigkeit zum kurkölnischen Gebiet bestanden. Nahm eine Partei hoheitliche Handlungen in diesen Gebieten vor, fühlte sich die andere Partei dadurch in ihren Hoheitsrechten verletzt, so dass eine Vielzahl von Verfahren am RKG eingeleitet wurden, in denen um das Burgbann- und Bannmeilengebiet gestritten wurde.[34]

III. Die Begründung der reichskammergerichtlichen Zuständigkeit

In 1476 der insgesamt 1902 Verfahren mit Kölner Bezügen und damit in knapp 80 % aller Prozesse prüfte das RKG als Appellationsinstanz Entscheidungen anderer Gerichte in tatsächlicher und rechtlicher Hinsicht.[35] Die überwiegende

---

33 Vgl. dazu Teil 3 der Arbeit.

34 Zu Streitigkeiten im Burgbanngebiet vgl. Teil 3 der Arbeit.

35 Zur Tätigkeit des RKG als Appellationsinstanz vgl. WIGGENHORN, HEINRICH, S. 67. Appellationen Reichsmittelbarer richteten sich gegen Entscheidungen von Landgerichten

Zuständigkeit des RKG als Appellationsinstanz ergibt sich daraus, dass das RKG *grundsätzlich* als solche vorgesehen war. Die erstinstanzliche Zuständigkeit hingegen sollte nur ausnahmsweise begründet sein. So heißt es bei GAILL: „Obwol gemeiner Rechts Regul nach/das keine Sachen in erster Instanz am kayserlichen Camer-Gericht mogen geklagt werden/sondern allein durch ein Appellation dahin erwachsen müssen".[36]

In 210 und damit in 11,04 % aller Verfahren ergibt sich die erstinstanzliche Zuständigkeit des RKG aus der Reichsunmittelbarkeit der beklagten Partei.[37]

Diagramm 2: Zuständigkeit des RKG

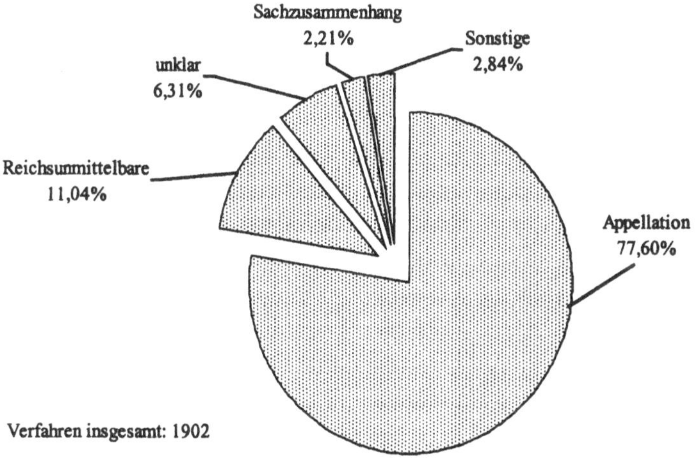

In diesen Prozessen, in welchen die reichskammergerichtliche Zuständigkeit durch die Reichsunmittelbarkeit mindestens eines Beklagten begründet war,

---

und höchsten Territorialgerichten, Appellationen Reichsunmittelbarer gegen Entscheidungen von Austrägalgerichten. Die Appellation musste „gradatim" erfolgen, d.h. ohne Auslassung von Zwischeninstanzen. Vgl. dazu DICK, BETTINA, S. 68, 69.

36 Es folgen die Ausnahmefälle der erstinstanzlichen RKG-Zuständigkeit. Vgl. GAILL, ANDREAS, Practicarum Observationum, 1. Buch, 1. obs., S. 3.

37 Das RKG war erstinstanzlich zuständig für Klagen gegen oder unter Reichsunmittelbaren, nicht jedoch für Klagen Reichsunmittelbarer gegen Personen reichsmittelbaren Standes. Dies ergibt sich aus der RKGO von 1555, wo es heißt: „Es soll auch demnach das keyserlich cammergericht in erster instantz oder rechtfertigung uff niemandt clag oder ansuchen ladung erkennen oder geben *gegen* denjhenen, die der keyserlich maiestat und dem reich nit ohne mittel underworfen sein und doch sunst iren ordenlichen richter haben [...]." Vgl. LAUFS, ADOLF, RKGO 1555, 2. Teil, I, § 2.

standen die Kölner Erzbischöfe bzw. ihre Vertreter (z.B. erzbischöfliche Gerichte) in 70 Verfahren auf Beklagtenseite. Die Stadt Köln bzw. deren Vertreter (z.B. Ratsmitglieder, Bürgermeister) war/waren in 124 und damit in knapp 60 % der 210 Verfahren auf Beklagtenseite beteiligt. In 11 Verfahren wurden die Stadt und die Kölner Erzbischöfe gemeinsam vor dem RKG verklagt. Lediglich in fünf der 210 Verfahren traten weder Stadt noch Erzbischöfe auf Beklagtenseite auf. In 58 Verfahren, in denen die Zuständigkeit des RKG durch die Reichsunmittelbarkeit begründet war, standen sich die Stadt Köln und die Kölner Erzbischöfe als Prozessgegner gegenüber. Dabei trat in 41 Verfahren und damit in der überwiegenden Anzahl die Stadt auf Klägerseite auf. Die Erzbischöfe hingegen versuchten nur in 17 Verfahren gegenüber der Stadt ihr Recht vor dem RKG durchzusetzen.

IV. Die Verfahrensarten

Entsprechend der reichskammergerichtlichen Zuständigkeit als Appellationsinstanz handelte es sich auch bei knapp 80 % der Gesamtverfahren um Appellationsverfahren. Mandats- und Citationsverfahren waren im Vergleich dazu verhältnismäßig selten am RKG anhängig (Mandati: 253 Verfahren, Citationis: 143). Andere Verfahrensarten fielen kaum ins Gewicht.

Diagramm 3: Verfahrensarten

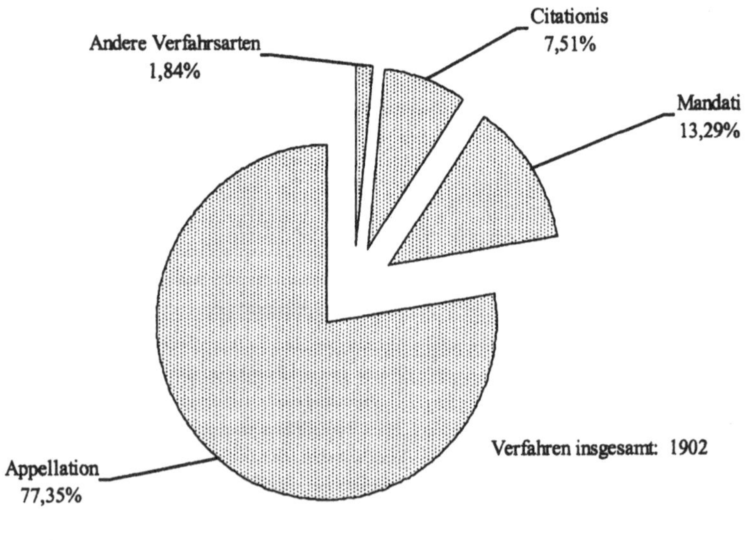

V. Ergebnis

Im untersuchten Zeitraum (1581-1657) nahm die Frequentierung des RKG durch Stadt bzw. Erzbischöfe ihren Höhepunkt. Auffällig ist, dass in fast allen Verfahren, in denen die Zuständigkeit des RKG durch die Reichsunmittelbarkeit der beklagten Partei begründet war, entweder die Stadt Köln, die Kölner Erzbischöfe oder beide auf Beklagtenseite auftraten. In 70 % der Verfahren, in denen sich Erzbischof und die Stadt Köln als Prozessgegner gegenüber standen, trat die Stadt als Klägerin auf. Dies bringt den städtischen Versuch zum Ausdruck, sich gegen die stetigen Übergriffe der Erzbischöfe zur Wehr zu setzen.

Des Weiteren lässt sich feststellen, dass in den Prozessen zwischen Stadt und Erzbischöfen der streitgegenständliche Schwerpunkt auf hoheitsrechtlichen Fragen lag. Schuldrechtliche und sachenrechtliche Probleme fielen hingegen, insbesondere im Vergleich zu den Streitgegenständen der gesamten Kölner Verfahren, kaum ins Gewicht. Dies hängt mit dem stetigen Versuch der Kölner Erzbischöfe zusammen, ihre Machtstellung gegenüber der Stadt durchzusetzen und dem gegenläufigen städtischen Bestreben, eigene Hoheitsrechte zu begründen.

2. Teil: Die Rechtsstellung der Stadt Köln gegenüber den Kölner Erzbischöfen

Hoheitsrechtliche Streitpunkte zwischen der Stadt Köln und den Kölner Erzbischöfen waren immer wieder Auslöser für die Einleitung reichskammergerichtlicher Verfahren.[38]
Die Oberhoheit der Erzbischöfe über die Stadt Köln nahm ihren Anfang im 10. Jh. Als OTTO I. seine Hoheitsrechte seinem Bruder, dem Erzbischof BRUNO (953-965), übertrug, war der Wandel von der königlichen zu einer erzbischöflichen Stadtherrschaft vollzogen.[39] Somit hatte der Erzbischof von nun an neben der geistlichen auch die weltliche Macht inne.[40] Die Stadt war jedoch bestrebt, sich von dieser erzbischöflichen Stadtherrschaft zu lösen und politische Selbständigkeit zu erlangen.[41] Auf ihrem Weg zur Unabhängigkeit wird die Niederlage des Erzbischofs SIEGFRIED VON WESTERBURG in der *Schlacht bei Worringen* 1288 als der historische Höhepunkt angesehen.[42] Auslöser dieser Schlacht war der so genannte *Limburger Erbfolgestreit*. In diesem Streit um die Nachfolge im Herzogtum Limburg standen die Grafen von Geldern und Luxemburg und Erzbischof SIEGFRIED VON WESTERBURG auf der einen Seite, dem Herzog von Brabant, den Grafen von der Mark, Jülich und Berg und der Stadt Köln auf der anderen Seite gegenüber.[43] Der Kampf um das Herzogtum Limburg war mit dem Kampf um die Landfriedenshoheit in Westfalen untrennbar verknüpft. Es ging um die Stellung der Kölner Erzbischöfe gegenüber den Landesherren der Nachbarschaft und damit um die Vormachtstellung im Rhein-Maas-Gebiet[44], welche bis 1288 Kurköln inne hatte.[45] Das gemeinsame Ziel der Stadt Köln und ihrer Bündnispartner bestand in der Eindämmung der erzbischöflichen Macht-

---

[38] Die Tabellenübersicht in Anhang 1 gibt einen Gesamtüberblick über alle Verfahren zwischen Erzbischöfen bzw. ihren Vertretern und Stadt bzw. städtischen Vertretern, in denen hoheitsrechtliche Fragen streitig waren.

[39] KISKY, WILHELM, Die Erhebung Kölns, S. 2.

[40] NEUHAUS, GEORG, S. 9.

[41] BEEMELMANS, MARIA CLEMENTINE, S. 2; KISKY, WILHELM, Die Erhebung Kölns, S. 2.

[42] MILITZER, KLAUS, S. 83.

[43] JANSSEN, WILHELM, Köln vor Gericht, S. 238; JANSSEN, WILHELM, Geschichte des Erzbistums Köln, S. 191, 193; Vgl. zum näheren Hintergrund JANSSEN, WILHELM, Geschichte des Erzbistums Köln, S. 183 ff.

[44] JANSSEN, WILHELM, Geschichte des Erzbistums Köln, S. 190, 191.

[45] HERBORN, WOLFGANG, S. 291.

stellung.[46] Ohne die Beteiligung der Stadt Köln hätte der Feldzug gegen den Kölner Erzbischof nicht überstanden werden können. Erzbischof und Kölner Kirche sollten akzeptieren, nur ein Landesherr und ein Land von vielen gleichwertigen *domini terrae* und Territorien in der Nachbarschaft zu sein. Die Schlacht fand ihr Ende am Nachmittag des 5. Juni 1288, woraufhin SIEGFRIED VON WESTERBURG gefangen genommen wurde. Er musste nach seiner Niederlage im Gegenzug für seine Freilassung am 6. Juli 1289 eine Umstrukturierung der politischen Ordnung am Niederrhein und in Westfalen anerkennen, nämlich eine Ordnung gleichberechtigter Territorien.[47] Diese Umstrukturierung, das dadurch geschaffene politische Gleichgewicht und die Eindämmung der erzbischöflichen Macht war für die Stadt Köln auf ihrem Weg zur politischen Selbständigkeit von immenser Bedeutung.[48] Durch den Sieg über den Erzbischof konnte die Stadt Köln ihre Unabhängigkeit und Eigenständigkeit durchsetzen,[49] was dadurch erkennbar wurde, dass die Erzbischöfe aus der Stadt Köln „auszogen“.[50] Bis zu diesem Zeitpunkt residierten die Kölner Erzbischöfe vorzugsweise in der Stadt Köln, nach der Schlacht hingegen wurde Köln nach und nach von Bonn, Poppelsdorf, Godesberg, Lechenich oder Brühl als Residenzstadt abgelöst.[51] Seit ca. 1500 wurde Bonn zur ausschließlichen Residenz der Kölner Erzbischöfe.[52] Die Stadt Köln wurde somit 1288 *de facto* „bischofsfrei“; Rechte auf dem Gebiet der Justiz innerhalb der Stadt verblieben den Erzbischöfen jedoch.[53] Sie gaben Ihren Anspruch auf die Stadtherrschaft niemals auf, sondern versuchten bei jeder Gelegenheit, diese zurückzugewinnen und die Stadt ihrem Territorium zu Eigen zu machen.[54] *De jure* erlangte Köln die Reichsfreiheit durch ein Privileg Kaiser FRIEDRICH III. vom 19. September 1475, welches er der Stadt aufgrund ihres tapferen Verhaltens in der *Neußer Fehde* erteilte. Diesem Privileg begegneten die Erzbischöfe jedoch mit heftigstem Widerstand, so dass die

---

46 JANSSEN, WILHELM, Köln vor Gericht, S. 239; Eine detaillierte Darstellung zum Hergang der Schlacht liefert HOLT, PAUL, S. 1 ff.

47 JANSSEN, WILHELM, Geschichte des Erzbistums Köln, S. 192, 194, 196.

48 HERBORN, WOLFGANG, S. 291, 292.

49 JUNKERS, KARL, S. 1; MILITZER, KLAUS, S. 83.

50 JANSSEN, WILHELM, Köln vor Gericht, S. 239.

51 HERBORN, WOLFGANG, S. 293.

52 DREHER, BERND, Einleitung, S. 14; KISKY, WILHELM, Die Erhebung Kölns, S. 16. In einem kurkölnischen Schriftstück ist die Rede von *„unsere erobertte Statt Bon“*. Vgl. HAStK, RKG, C 49, Bl. 42 r.

53 BRINCKEN, ANNA-DOROTHEE VON DEN, Privilegien Karls IV., S. 244.

54 MILITZER, KLAUS, S. 83.

Basis für neue Auseinandersetzungen geschaffen war, welche sich bis zum Beginn der französischen Herrschaft fortsetzten.[55] Im Mittelpunkt der Auseinandersetzungen zwischen der Stadt Köln und den Kölner Erzbischöfen stand der Kampf um die reichsstädtische Freiheit.[56]

A. DAS „REICHSSTADTPRIVILEG" KAISER Friedrich III.

„Wir ordnen, setzen und ercleren auch, das nu hinfur ewigclich die vorgenant Stat Collen mit allen oberkeiten, herlicheiten, freiheiten, privilegien, rechten und gerechtigkeiten allein uns und dem Heiligen Reich on mittel zugehorig [...]."[57]

Mit diesen Worten erkannte Kaiser FRIEDRICH III. in dem Privileg vom 19. September 1475 die Reichsunmittelbarkeit und damit auch den Status Kölns als Freie Reichsstadt offiziell an.[58] .

I. Die Rechtsstellung der Stadt Köln vor der Privilegienerteilung

Schon vor 1475 hatte die Stadt Köln sich von der erzbischöflichen Macht gelöst, indem sie bereits seit dem 12. Jh. eine selbständige Verfassungs- und Verwaltungsstruktur entwickelte.[59] So wurden städtische Gremien geschaffen, wie beispielsweise das Schöffenkollegium, welches richterliche Befugnisse inne hatte und als oberste Kommunalbehörde fungierte. Des Weiteren gab es die Richerzeche, welche z.B. für die Zunft- und Gewerbeaufsicht und die Bürgermeisterwahl zuständig war, oder die Amtleutekollegien der Sondergemeinden, welchen die niedrige Gerichtsbarkeit und die Führung der Schreinsbücher oblag.[60] Als wichtigste Institution ist der Rat zu nennen, der im frühen 13. Jh. gebildet wurde und zu der obersten Behörde der Stadt erwachsen sollte.[61] Die sich entwickelnde

---

55 BEEMELMANS, MARIA CLEMENTINE, S. 3.

56 KURTHEN, WILHELM, S. 13.

57 Vollständige Abschrift des Privilegs in Anhang 2.

58 KISKY, WILHELM, Die Erhebung Kölns S. 13. Der Begriff der *Freien Reichsstadt* ist dem Wortlaut des Privilegs an keiner Stelle zu entnehmen, was jedoch darauf zurückzuführen ist, dass diese Begrifflichkeit keinen Fachbegriff der damaligen Rechtssprache darstellte. Vgl. BRINCKEN, ANNA-DOROTHEE VON DEN, Köln 1475 des heiligen Reiches freie Stadt, S. 10.

59 KISKY, WILHELM, Die Erhebung Kölns, S. 2, 3.

60 Als Schreinsbücher wurden die Grundbücher der Stadt bezeichnet. Vgl. HERBORN, WOLFGANG, S. 289 mit weiterführender Literatur zur Richerzeche.

61 ENNEN, LEONARD, Geschichte der Stadt Köln, Volksausgabe, S. 127; HERBORN, WOLFGANG, S. 289. Anfänglich wurde zwischen dem sog. engen und dem weiten Rat dif-

kommunale Selbständigkeit der Stadt zeigte sich ferner in der Führung eines eigenen städtischen Siegels (wahrscheinlich seit Beginn des 12. Jh.) und in einem eigenen Finanz-, Münz- und Zollwesen. Die Stadt Köln betrieb also, modern ausgedrückt, bereits vor Worringen eine eigene Außen- und Sicherheitspolitik. Obwohl die Erzbischöfe zu dieser Zeit sowohl die hohe Gerichtsbarkeit als auch Zoll-, Markt-, Münz- und Geleitrechte besaßen, hatte die Stadt diese schrittweise durch Ausbildung eigener Verwaltungsorgane beschnitten.[62] Der Erzbischof war zwar noch der Landesherr über die Stadt, konnte jedoch auf die städtische Verwaltung nicht mehr umfassend einwirken.[63]

Die staatsrechtliche Stellung Kölns im 14. und 15. Jh. war jedoch noch unklar[64]: Auf der einen Seite konnte die Stadt noch nicht als Reichsstadt bezeichnet werden. Als solche wurden vom 13. Jh. bis 1806 nur diejenigen Städte angesehen, die dem König bzw. Kaiser und Reich unmittelbar unterstanden und damit *reichsunmittelbar* waren.[65] Aufgrund der immer noch in einigen Bereichen bestehenden Abhängigkeit Kölns vom Erzbischof lag Reichsunmittelbarkeit nicht vor.

Auf der anderen Seite ist jedoch auch die Titulierung Kölns als einfache Landstadt verfehlt. Landstädte, die auch als *Territorial-* oder *Municipalstädte* bezeichnet werden, unterstanden nicht unmittelbar dem Kaiser und dem Reich, sondern waren einem Landesherrn unterstellt. Im Unterschied zu den Territorialstädten konnten die Reichsstädte eine eigene Außenpolitik ohne Einflussnahme eines Landesherrn betreiben, wodurch sie in stärkerem Maße autonom waren.[66]

Da die Stadt Köln in einem gewissen Maße kommunale Selbstverwaltung bzw. Autonomie erreicht hatte, nahm sie eine Zwischenstellung ein. Neben Worms, Speyer, Mainz, Straßburg, Basel und Regensburg gehörte auch Köln zu

---

ferenziert. Der *enge* Rat setzte sich aus 15 Personen der Geschlechter zusammen. Zu den Verhandlungen des Rates wurden 82 Vertreter der Burgenossenschaften oder Kirchspiele hinzugezogen, die als weiter Rat bezeichnet wurden und bei wichtigen Verwaltungs- und Verfassungsfragen mitentschieden. Ausführungen dazu und eine Auflistung der Mitglieder des engen Rates vom Jahre 1304 finden sich bei ENNEN, LEONARD, Geschichte der Stadt Köln, 2. Band, S. 485, 486. Mit dem Verbundbrief vom 14. September 1396 entfiel die Unterscheidung in einen engen und weiten Rat. Es sollte vielmehr nur noch einen Rat geben, der aus den 22 Gaffeln hervorging. Vgl. DREHER, BERND, Einleitung, S. 23, 26.

62 HERBORN, WOLFGANG, S. 289, 290 mit weiterführenden Literaturangaben zum Siegel der Stadt Köln.

63 KISKY, WILHELM, Die Erhebung Kölns, S. 3.

64 HÖHNE, HANS, S. 100; KISKY, WILHELM, Die Erhebung Kölns, S. 4.

65 EITEL, P., Reichsstädte, HRG, Bd. IV, Sp. 754; ZEDLER, JOHANN HEINRICH, Reichsstadt, Bd. 31, Sp. 167, 168.

66 EITEL, P., Reichsstädte, HRG, Bd. IV, Sp. 754, 757, 758.

den sieben alten deutschen *Bischofsstädten*, deren Gemeinsamkeit darin bestand, dass sie alle versuchten, sich von der (erz-) bischöflichen Landeshoheit zu befreien, indem sie die unmittelbare Beziehung zum Reich und damit die kaiserliche Anerkennung der Reichsunmittelbarkeit anstrebten.[67] Alle sieben konnten dieses Ziel nach und nach verwirklichen.[68] Städte, welche ursprünglich unter der Stadtherrschaft eines Bischofs standen, sich dann aber von dieser lösen konnten und die ehemals bischöflichen stadtherrlichen Rechte für sich selbst in Anspruch nahmen, werden den *Freien Städten* oder *Freistädten*[69] zugeordnet.[70] Aus den Freistädten sind die Freien Reichsstädte spätmittelalterlicher Prägung hervorgegangen.[71]

Danach resultiert die Bezeichnung Kölns als Freie Stadt und damit ihre Zwischenstellung daher, dass die Stadt zum einen aufgrund der erlangten kommunalen Selbständigkeit frei gegenüber dem Erzbischof und daher keine Landstadt mehr war. Zum anderen aber war sie auch frei gegenüber Kaiser und Reich, weil der Kaiser sie noch nicht offiziell als Reichsstadt anerkannt hatte und sie damit den reichsstädtischen Pflichten nicht nachkommen musste.[72] Freie Städte fühlten sich, da sie eben nicht der Stadtherrschaft des Königs/Kaisers unterstanden, im Gegensatz zu den *Reichsstädten im engeren Sinne*[73], insbesondere nicht zur Zahlung von Reichssteuern verpflichtet.[74]

---

67 KISKY, WILHELM, Die Erhebung Kölns S. 4, 5. Freistädte hatten im Gegensatz zu den Reichsstädten im engeren Sinne nicht automatisch eine reichsunmittelbare Stellung inne, sondern mussten die Anerkennung ihrer Reichsunmittelbarkeit durch den Kaiser erwirken. Vgl. BRINCKEN, ANNA-DOROTHEE VON DEN, Köln 1475 des heiligen Reiches freie Stadt, S. 10.

68 KISKY, WILHELM, Die Erhebung Kölns S. 4, 5.

69 Die Bezeichnungen variieren in der Literatur. Die Begriffe Freie Stadt und Freistadt finden sich beide z.B. bei EITEL, P., Reichsstädte, HRG, Bd. IV, Sp. 754.

70 ISENMANN, EBERHARD, S. 107; LANDWEHR, G., Freie Stadt, HRG, Bd. 1, Sp. 1221. Die Bezeichnung der einstigen Bischofsstädte als Freie Städte findet sich seit der Mitte des 14. Jh., vgl. LANDWEHR, G., Freie Stadt, HRG, Bd. 1, Sp. 1222.

71 BRINCKEN, ANNA-DOROTHEE VON DEN, Köln 1475 des heiligen Reiches freie Stadt, S. 9, 10.

72 KISKY, WILHELM, Die Erhebung Kölns, S. 4- 6.

73 Unter Reichsstädten im engeren Sinne verstand man zum einen Reichsstädte, die auf Reichsgut oder Kirchengut gegründet waren (sog. Königsstädte). Zum anderen die Reichsvogteistädte, die sich zwar auf kirchlichem Boden befanden, deren Vogteirechte jedoch dem König zustanden. Vgl. EITEL, P., Reichsstädte, HRG, Bd. IV, Sp. 754.

74 EITEL, P., Reichsstädte, HRG, Bd. IV, Sp. 755; ISENMANN, EBERHARD, S. 113; SCHUBERT, ERNST, S. 292; ZEDLER, JOHANN HEINRICH, Reichsstadt, Bd. 31, Sp. 167, 168.

Auffällig ist insbesondere das Huldigungsverhalten der Stadt.[75] Köln huldigte dem Kaiser nachweislich zum ersten Mal im Jahre 1206.[76] Dieses Verhalten ist für Freistädte untypisch. Da sie den König/Kaiser nicht als ihren Stadtherrn ansahen, leisteten sie ihm, im Unterschied zu den Reichsstädten im engeren Sinne, grundsätzlich keine Huldigung und lehnten die Heerfolge (außer in Glaubenskriegen) ab.[77] Dadurch, dass Köln trotz der fehlenden königlichen/kaiserlichen Stadtherrschaft dieses Huldigungsverhalten zeigte, wird das Streben Kölns nach Reichsunmittelbarkeit und damit nach einer Lossagung von der erzbischöflichen Landeshoheit besonders deutlich. Köln huldigte jedoch auch den Erzbischöfen, und zwar regelmäßig seit dem *großen Schied* von 1258. Aus diesem doppelten Huldigungsverhalten unter Bezeichnung des Erzbischofs als *ihren Herrn* und gleichzeitiger eigener Betitelung als *freie Bürger* kommt die unklare verfassungsrechtliche Stellung Kölns zwischen Erzbischof auf der einen und Kaiser und Reich auf der anderen Seite zum Ausdruck.[78] In der Beseitigung dieser lag das Bestreben der Stadt.[79]

II. Die Rechtsstellung der Stadt Köln nach der Privilegienerteilung

Da die Stadt Köln schon vor 1475 *faktisch* den Status einer reichsunmittelbaren Stadt inne hatte, erlangte sie durch das Privileg von 1475 lediglich eine rechtliche Grundlage für ihr bisheriges Handeln. Dennoch stellte dieses Privileg eines der wichtigsten und bedeutendsten Privilegien, welches ein deutscher Kaiser jemals einer Stadt erteilt hat, dar.[80] Die Bedeutung der Urkunde lag darin, dass

---

75 Zur Huldigung vgl. DIESTELKAMP, B., Huldigung, HRG, Bd. II, Sp. 262.

76 EHRENTRAUT, ARNO MARTIN, S.94.

77 EITEL, P., Reichsstädte, HRG, Bd. IV, Sp. 755, 757; ISENMANN, EBERHARD, S. 113; SCHUBERT, ERNST, S. 292. Die Unterscheidungskriterien zwischen Reichsstädten im engeren Sinne und Freien Städten (den späteren Freien Reichsstädten) werden in der Literatur jedoch zum Teil in Zweifel gezogen. So meint z.B. EHRENTRAUT, dass nicht blindlings davon ausgegangen werden dürfe, dass die Freistädte grundsätzlich von jeglicher Kriegsdienstverpflichtung befreit waren. Er weist darauf hin, dass das Abgrenzungskriterium der Reichssteuerzahlung problematisch sei, da es keinen Beweis dafür gebe, dass die Freistädte von jeder Leistung für das Reich entbunden waren. Vgl. dazu EHRENTRAUT, ARNO MARTIN, S. 33, 34.

78 KISKY, WILHELM, Die Erhebung Kölns, S. 10, 11. Auf das Huldigungsverhalten gegenüber den Erzbischöfen und den großen Schied wird an späterer Stelle ausführlich eingegangen.

79 KISKY, WILHELM, Die Erhebung Kölns, S. 12.

80 KISKY, WILHELM, Die Erhebung Kölns, S. 14.

der Kaiser die von der Stadt mühsam errungene tatsächliche Stellung nun *rechtlich anerkannte*.

Das „Reichsstadtprivileg" der Stadt Köln beinhaltet eine so genannte *Poenformel.* Damit ist die in einem Privileg enthaltene Aufforderung an alle Untertanen gemeint, den Privilegierten nicht an der Ausübung seiner Rechte zu hindern. Aus diesem Gebot kann eine gesetzesähnliche Allgemeinverbindlichkeit der Privilegien[81] und damit auch deren objektiver Rechtscharakter hergeleitet werden. Das „Reichsstadtprivileg" beinhaltet das kaiserliche Gebot an alle Kurfürsten, den Bürgermeister, den Rat, die Bürger und die Gemeinde der Stadt Köln nicht an der Ausübung der durch das Privileg eingeräumten Rechte zu hindern.[82] Somit hatte die Stadt Köln ein Privileg mit Gesetzeskraft erlangt. Durch dieses wurde nunmehr von kaiserlicher Seite ausgedrückt, dass Köln als Freie Reichsstadt angesehen wurde und damit keine Unterordnung unter eine erzbischöfliche Landeshoheit mehr bestand. Dies sollte auch von den Kurfürsten beachtet werden. Das Privileg kann daher als ein kaiserlicher Eingriff in das erzbischöflich-städtische Ringen zugunsten der Stadt angesehen werden. Die Stadt konnte nun urkundlich nachweisen, dass sie einzig und allein dem Kaiser und dem Reich unterstand.[83]

Das Privileg stellte den Ausgangspunkt der Streitigkeiten zwischen den Erzbischöfen und der Stadt dar. Dies folgt unmittelbar aus einer Textstelle in der *„Securis ad radicem posita"* von 1687. Dort legt Erzbischof MAXIMILIAN HEINRICH dar, dass es bis zum Jahre 1475 kein Dokument gegeben habe, in welchem *„ein Wort begriffen/warauß eine immedietät oder dahin zielende kayserliche Bekendtnus [...]"* ableitbar war.[84] Daher reagierten die Erzbischöfe mit heftigem Protest auf das Privileg und versuchten, die reichsstädtische Freiheit und damit die Reichsunmittelbarkeit Kölns zu widerlegen.[85] Dies spiegelt sich in einer Reihe von RKG-Verfahren wieder. So wird u.a. von erzbischöflicher Seite behauptet, dass die Stadt Köln seit *„vielen undencklichen jaren unnd zeitten"* die Stadt des Erzbischofs sei.[86] Dieser erzbischöfliche Anspruch ergibt sich auch

---

81 Vgl. dazu und zur Darstellung der einzelnen Privilegienbestandteile MOHNHAUPT, HEINZ, Erteilung und Widerruf von Privilegien, S. 104. Die Gemeinsamkeit zwischen dem Privileg als Sonderrecht und dem Gesetzesrecht bestand daher darin, dass beide von einem Herrscher erteilt wurden und sich außerdem beide oftmals als ein „Gnadenakt" darstellten. Vgl. dazu ebendort., S. 96.

82 Vgl. Anhang 2.

83 KISKY, WILHELM, Die Erhebung Kölns, S. 14.

84 Securis, S. 144.

85 KISKY, WILHELM, Die Erhebung Kölns, S. 17.

86 HAStK, RKG, C 45, Bl. 15 r.

aus der Betitelung, die der Erzbischof gegenüber der Stadt Köln gebraucht. Erzbischof ERNST VON BAYERN verwendet beispielsweise die Bezeichnung *„Burgermeister und Rhat unser Statt Cölln"*.[87]

In der einem Verfahren von der Stadt als Beweismittel[88] beigefügten *„Memoriall und Speciall erinnerungh, dero althen und Newere Irrungen und gebrechen [...]"*[89] bezeichnet der Erzbischof die Stadt als *„unsers Ertzbisthumbs metropolien Colln"* bzw. als *„Metropolitan statt"* oder *„unser Metropoli"*.[90] Die Erzbischöfe sahen demnach die Stadt Köln als Hauptstadt ihres Erzbistums und gleichzeitig als ihren Sitz an. Sie behaupteten also ihre Landeshoheit über die Stadt. In der erzbischöflichen Einredeschrift desselben Verfahrens aus dem Jahre 1599 wird darauf hingewiesen, dass die Stadt Köln *„communi errore"* für eine Freie Reichsstadt gehalten werde, der Erzbischof dies allerdings nicht anerkenne.[91] Dem entgegnet die Stadt in ihrem *„Receß"*[92] vom 3.7.1604, dass Köln eine *„ungemittelte Reichs Statt"*[93] sei. Daraufhin bestreitet die erzbischöfliche

---

[87] HAStK, RKG, C 47, Bl. 7 r.

[88] Die Beweispflicht oblag grundsätzlich demjenigen, der eine Tatsache, die von der anderen Partei bestritten wurde, als gegeben ansah. Der Kläger musste daher die seiner Klage- und Replikschrift zugrundeliegenden streitigen Tatsachen beweisen, die beklagte Partei diejenigen Streitpunkte ihrer Einredeschrift. Wählte eine Partei den Urkundenbeweis, so wurde die Urkunde in der Regel als Anlage zu den Schriftsätzen, die auf sie Bezug nahmen, ein- bzw. nachgereicht. Dazu WIGGENHORN, HEINRICH, S. 210, 211. Dies geschah regelmäßig nur in Form einer Abschrift. Vgl. BERG, GÜNTHER HEINRICH VON, S. 276.

[89] Diese Bezeichnung des Schriftstückes kann mit „kurkölnische Denkschrift" übersetzt werden. Vgl. KORDES MATTHIAS, Mitteilungen aus dem Stadtarchiv von Köln Heft 81, C 49, Streitgegenstandsbeschreibung, S. 356 . Dabei handelt es sich um ein Schriftstück, in welchem von erzbischöflicher Seite auf die Verletzung verschiedener, näher benannter erzbischöflicher Rechte durch die Stadt Köln hingewiesen wird und durch welches sich die Stadt beleidigt fühlte.

[90] HAStK, RKG, C 49, Bl. 11 r, v, Bl. 16 r. Ähnliche Bezeichnungen finden sich in demselben Schriftstück auf den Bl. 22 r, 25 r, 29 v, 31 r und auch in HAStK, RKG, C 46, Bl. 73 r. Der Begriff *„Metropoli"* oder *„Metropolitan statt"* lässt sich wohl mit *Hauptstadt* übersetzen. Mit „Metropolitani Episcopi" wurden Bischöfe oder Erzbischöfe betitelt, „welche in der Metropoli und haupt-Stadt einer gantzen Provintz ihren Sitz hatten". Vgl. dazu ZEDLER, JOHANN HEINRICH, Metropolitani Episcopi, Bd. 20, Sp. 1383.

[91] HAStK, RKG, C 49, Bl. 59 v.

[92] Als Rezess bezeichnete man den Vortrag der Prokuratoren vor Gericht, wobei dieser in schriftlicher oder in mündlicher Form erfolgen konnte. Beim schriftlichen Rezess wurden dem gegnerischen Prokurator Schriftstücke übergeben, in welchen der Rechtsstreit sachlich dargelegt wurde. Gegenstand eines mündliche Rezesses, der auch Oralprozess genannt wurde, waren in der Regel formelle Prozessangelegenheiten, nicht hingegen rechtliche Darlegungen. Vgl. WIGGENHORN, HEINRICH, S. 116.

[93] HAStK, RKG, C 49, Bl. 83 v.

Partei in ihrer *„Schrifft an statt mündtlichen gegenreceß [...]“* vom 22.4.1605[94] nochmals nachdrücklich, dass die gegnerische Partei eine Reichsstadt sei. Der städtischen Behauptung könne auf gar keinen Fall nachgegeben werden.[95]

Bürgermeister und Rat der Stadt Köln[96] bezeichnen sich in zahlreichen Schriftstücken als *„Burgermeister unnd rhätt des heyligen Reichs freienn Statt Cölln“*.[97] In einem Verfahren führt die Stadt in ihrem Klagelibell[98] vom 5.7.1605 näher aus, dass sie seit *„unverdencklichen Jahren und Zeiten“* eine *„freie uhralte ungemittelte Reichs Stadt“* sei.[99] Es entspreche nicht der Wahrheit, dass *„die Stadt Cöln deß Ertzstiffts Cöln metropolis Glidt und membrum od deßelben Ertzbischoven subiect“* sei.[100] Ferner erkenne die Stadt Köln als Freie Reichsstadt einzig und allein die kaiserliche Majestät als *„superiorem“* an.[101] Der Erzbischof erwidert darauf in seiner Einredeschrift vom August 1606[102], dass die *„ober und gerechtigkeitt in und uber die Statt Coln, dere Ingeseßen und burgerschafft“ „aigenthumblich und allein“* dem Kurfürsten zu Köln zustünde. Diese habe er allein, wie auch schon seine Vorfahren, von den römischen Kaisern und Königen zu *„Lehn empfangen und getragen“*.[103] Des Weiteren wird beispielsweise im Rahmen der artikulierten[104] Einredeschrift (*„Exceptiones Ar-*

---

94 Das Datum wurde dem Protokolleintrag zu Q 17 entnommen. Das Prozessprotokoll zeigt in chronologischer Reihenfolge die einzelnen Verhandlungen der Parteien in den Audienzen der RKG-Senate auf. Vgl. dazu KORDES, MATTHIAS, Gangh und gerechtigkeit, S. 44.

95 HAStK, RKG, C 49, Bl. 92 r.

96 Der Rat war als eine von der Gemeinde bestellte Behörde mit der Vertretung ihrer Interessen befasst und verwaltete ihre Angelegenheiten. Die Bürgermeister wurden vom Rat zur Leitung der Geschäfte jährlich aus den Gaffelangehörigen gewählt. Vgl. dazu WALTER, FERDINAND, S. 306, 307, 311.

97 Z.B. in HAStK, RKG, C 44, Bl. 107 r, ähnlich HAStK, RKG, C 46, Bl. 58 r.

98 Mit dem Klagelibell bzw. der Klageschrift wurde der Schriftwechsel der Parteien eröffnet. Vgl. WIGGENHORN, HEINRICH, S. 107. Die Klageschrift beinhaltete insbesondere die Geschichtserzählung, den Klagegrund und die Klagebitte. Vgl. DICK, BETTINA, S. 139.

99 HAStK, RKG, C 50, Bl. 17 v.

100 HAStK, RKG, C 50, Bl. 24 v.

101 HAStK, RKG, C 50, Bl. 25 v.

102 Die Monats- und Jahresangabe wurde dem Protokoll entnommen. HAStK, RKG, C 50, Bl. 2 v.

103 HAStK, RKG, C 50, Bl. 57 r, v.

104 Der *Artikelprozess* kennzeichnete sich dadurch, dass der Kläger seine Argumente klar voneinander in einzelne rechtliche Komplexe abzugrenzen hatte und sie Punkt für Punkt vortragen musste (sog. *positiones*). Dem Beklagten oblag es, auf jeden dieser Punkte einzugehen (sog. *responsiones*). Dadurch sollte die Eindeutigkeit und Klarheit der Behaup-

ticulata notoria nullitatis sub et obreptionis") eines Verfahrens von dem Kölner Erzbischof geltend gemacht, Bürgermeister und Rat der Stadt Köln seien bzw. die Stadt Köln selbst sei dem *„hailigen Reich ohne mittell unndt immediate nicht sondern mediate unndt mit mittell undworfenn".*[105] Es werde nicht die gegnerische Auffassung akzeptiert, wonach es sich bei der Stadt Köln um einen *„ungemittelten standt"* handeln solle.[106]

Von städtischer Seite wird hingegen deren Reichsunmittelbarkeit insistiert.[107] Hinsichtlich ihres *„ungemittelten Reichsstandts"* komme der Stadt Köln seit Menschengedenken und auch jetzt noch unstreitige *„possession"* zu. Köln sei allein dem heiligen Reich *„ohn mittel zugehörigh".*[108] Zugespitzt wird im selbigen Verfahren im Rahmen der städtischen Replikschrift, der Gegenrede des Klägers auf die vorausgegangenen Einreden des Gegners[109], darauf hingewiesen, dass die Reichsunmittelbarkeit der Stadt in der erzbischöflichen Einredeschrift *„wid besser wissen undt gewissen"* geleugnet werde.[110] Im Rahmen der städtischen Replikschrift eines anderen Verfahrens setzt sich die Stadt gegen das *„vermeintlich angebenn"* des Herrn Kurfürsten von Köln zur Wehr, dass die

---

tungen erreicht werden. Vgl. dazu BUCHDA, G., Artikelprozeß, HRG, Bd. 1, Sp. 233, 234. Die RKGO von 1555 stellte dem Kläger die artikulierte *Klage* neben der sog. *summarischen Klage* zur Wahl. Vgl. LAUFS, ADOLF, RKGO 1555, 3. Teil, XII, § 8. Der JRA sah hingegen in den §§ 34, 37 eine Prozessbeschleunigung durch den summarischen Prozess vor. Es sollte verhindert werden, dass streitsüchtige Parteien oder Prokuratoren den Prozess unnötig in die Länge ziehen. Daher sollte an die Stelle des Artikelprozesses der summarische Prozess treten. Der Kläger sollte seine Klageschrift summarisch verfassen und das „Factum kurtz [...], jedoch deutlich und [...] klar" darstellen. Es wurde daneben jedoch die Möglichkeit eingeräumt, wenn es die Sache erforderte, die Klageschrift punktweise zu verfassen. Auch der Beklagte sollte auf die Klage klar und deutlich Stellung nehmen und alle Einwendungen summarisch zusammengefasst auf einmal im ersten Termin geltend machen. Vgl. dazu BUSCHMANN, ARNO, Der sog. Jüngste Reichsabschied, §§ 34, 37, S. 197-200. In der hier vorliegenden artikulierten Einredeschrift wurden von Seiten des Erzbischofs 76 klar voneinander abgrenzbare responsiones vorgetragen. Durch diese wurden Einreden gegen ein zum Nachteil des Erzbischofs ergangenes RKG-Mandat geltend gemacht.

[105] HAStK, RKG, C 44, Bl. 22 v. Ähnliche Formulierungen finden sich in HAStK, RKG, C 45, Bl. 13 v, Bl. 18 r, HAStK, RKG, C 46, Bl. 21 v, 22 r, HAStK, RKG, C 49, Bl. 61 r, HAStK, RKG, C 50, Bl. 56 v.

[106] HAStK, RKG, C 49, Bl. 92 r.

[107] Z.B. HAStK, RKG, C 49, Bl. 83 v.

[108] HAStK, RKG, C 50, Bl. 18 r-19 r.

[109] Vgl. DICK, BETTINA, S. 162, 163.

[110] HAStK, RKG, C 50, Bl. 60 r, v.

Stadt und der Rat desselben *„underthanenn"* seien.[111] Auch macht sie geltend, dass die erzbischöfliche Einredeschrift, in der u.a. auf die nicht gegebene städtische Reichsunmittelbarkeit hingewiesen wird, *„uff [...] Irrige, bauwfellige grundt in facto gesetzt"* sei.[112]

III. Die Rechtskraft des Privilegs

Die Erzbischöfe versuchten vor dem RKG, das „Reichsstadtprivileg" als Basis der städtischen Rechte anzugreifen, indem die Rechtskraft des Privilegs bezweifelt wurde. Die Urkunde von 1475 wird in der Literatur als „ständiges Rüstzeug der Stadt" gegen kaiserliche Urkunden, welche städtische Rechte missachteten, bezeichnet.[113] Es wäre daher zu erwarten gewesen, dass die Stadt Köln das Privileg von 1475 vor dem RKG gegen die Erzbischöfe zur Stützung ihrer reichsunmittelbaren Stellung in ihren Schriftsätzen anführen würde. Damit wäre insbesondere im Hinblick auf den vor dem RKG geltenden Schriftlichkeitsgrundsatzes („Quod non est in actis non est in mundo") zu rechnen gewesen. Dieser besagt, dass nur schriftlichen, in das Verfahren eingebrachten Ausführungen der rechtssuchenden Parteien rechtliche Wirkung zukommt.[114]

Gleichwohl ist das Privileg in keinem der untersuchten reichskammergerichtlichen Verfahren als Beweismittel beigefügt . Auch in den städtischen Schriftsätzen wird das Privileg zur Stützung der städtischen Reichsunmittelbarkeit nicht genannt. Dabei wäre doch diese Urkunde, die gleichsam die *Rechtsgrundlage* des städtischen Rechtsstatus darstellte, als Beweismittel der Stadt für ihre reichsunmittelbare Stellung zu erwarten gewesen. Es wird lediglich allgemein auf viele alte und neue kaiserliche Privilegien verwiesen, in welchen die *„altte wolherbrachte freihait im hailig römischenn Reich deutscher Nation confirmirt [...]"* worden sei.[115] Mit diesen Freiheiten sind, wie sich aus dem Zusammenhang ergibt, reichsstädtische Rechte gemeint. Auf welche Privilegien hier jedoch Bezug genommen wird, kann dem Schriftstück nicht entnommen werden. Ein ähnlich allgemeiner Hinweis findet sich in einem anderen Verfahren, in welchem geltend gemacht wird, dass Bürgermeister, Rat und Bürger der Stadt Köln von römischen Königen und Kaisern Privilegien erteilt wurden, durch welche ihnen *„ihre Stadtrecht freiheit, besitzungh eigendum [...] Burgban und Banmeill Gerichte Zölle [...]"* zugesprochen wurden.[116] Damit könnte das „Reichsstadt-

---

111 HAStK, RKG, C 46, Bl. 39 r.

112 HAStK, RKG, C 46, Bl. 44 v.

113 KISKY, WILHELM, Die Akten der Abteilung „Köln contra Köln", S. 117.

114 DICK, BETTINA, S. 119.

115 HAStK, RKG, C 44, Bl. 146 r, wortidentisch HAStK, RKG, C 46, Bl. 36 r.

116 HAStK, RKG, C 50, Bl. 26 r.

privileg" Kaiser FRIEDRICH III. gemeint sein. Ausdrücklich benannt wird es jedoch nicht.

An anderer Stelle heißt es: „*dergleichen wahr zum achten daß d Stadt Coln wegen Ihres ungemittelten freien Reichs Standts von vorigen gewesenen Rom. kayseren und konnig underschiedtliche uhralte privilegia zeugnuß und documenta sub aurea bulla [...] gnedigst mitgedeilt gegebenn und verlehnet [...]*" worden sind.[117] Der Sinn dieser Aussage ist, insbesondere im Hinblick auf die Formulierung „*wegen Ihres ungemittelten freien Reichs Standts*", nicht eindeutig. Dies könnte zum einen bedeuten, dass der Stadt Köln *zur* Anerkennung als freiem Reichsstand Privilegien erteilt worden sind. Bei einem solchen Verständnis könnte die Stadt daher Bezug auf das „Reichsstadtprivileg" nehmen. Die Aussage könnte aber auch dahingehend zu verstehen sein, dass der Stadt *aufgrund* ihrer Reichsfreiheit und –standschaft Privilegien erteilt worden sind. Dann wäre ein Bezug zum „Reichsstadtprivileg" nicht gegeben. Unabhängig davon ist auf den ersten Blick kein Grund für die fehlende ausdrückliche Benennung dieses bedeutenden Privilegs ersichtlich. Er könnte darin liegen, dass das Privileg der Stadt hinsichtlich ihres Rechtsstatus nicht die erhoffte Rechtssicherheit verschaffen konnte.

1. Zum Hintergrund der Privilegienerteilung

In einem der untersuchten Verfahren werden von erzbischöflicher Seite städtische Privilegien angegriffen. Es wird jedoch nicht ausdrücklich auf das Privileg Kaiser FRIEDRICH III. vom 19. September 1475 abgestellt. Es werden vielmehr im Rahmen der erzbischöflichen „*Memoriall und Speciall erinnerungh, dero althen und Newere Irrungen und gebrechen [...]*"[118] alle Privilegien, welche Bürgermeister und Rat der Stadt Köln erteilt wurden, als „*vermeintlich und nichtiglich, sub et obreptitiè*" erwirkt bezeichnet[119], also durch Täuschung erschlichen. Von diesem allgemeinen Angriff auf städtische Privilegien ist das „Reichsstadtprivileg" zwingend miterfasst.

Am deutlichsten wurde der erzbischöfliche Protest unter Erzbischof MAXIMILIAN HEINRICH. Dieser leugnete die der Stadt Köln durch das Privileg von 1475 zuerkannten Rechte und stritt insbesondere die reichsunmittelbare Stellung der Stadt ab.[120] Seine Ansicht ließ er 1653 in dem sog. „*Manifest*"[121] festhal-

---

[117] HAStK, RKG, C 50, Bl. 18 v.

[118] HAStK, RKG, C 49, Bl. 10.

[119] HAStK, RKG, C 49, Bl. 26 v.

[120] BEEMELMANS, MARIA CLEMENTINE, S. 40; KISKY, WILHELM, Die Erhebung Kölns, S. 18.

[121] Der vollständige Titel lautet: „*Manifest auß was vor erheb: und antringlichen Ursachen die Churfurstl. Durchl. zu Cölln hertzog MAXIMILIAN HENRICH in Bayern/Unser gnädigster herr/zu handthabung Ihrer und Ihres Erz-Stiffts in dero Statt Cöllen von den Römi-*

ten[122] und verlieh ihr weiteren Nachdruck, indem er in zwei umfassenden im Druck erschienenen Schriftstücken, der *„Apologia des Ertz Stiffts Cöllen"* von 1659 und der *„Securis ad radicem posita"* von 1687, seine eigenen Ansprüche auf die Stadt geltend machte und das Privileg zu entkräften suchte.[123] In der *„Securis ad radicem posita"* gestaltet sich die erzbischöfliche Argumentation im Vergleich zu der vorausgegangenen *„Apologia des Ertz Stiffts Cöllen"* detaillierter und überzeugender.[124] Die Stadt Köln versuchte, jedes der erzbischöflichen Schriftstücke zu widerlegen. So erging auf das erzbischöfliche *„Manifest"* im Jahre 1654 ein städtischer Gegenbericht.[125] Der *„Apologia des Ertz Stiffts Cöllen"* folgte ein Manifest des Rates. Es sollte ferner eine *Antiapologia* der Stadt erscheinen, die jedoch von den städtischen Beauftragten nicht zu einem zufrieden stellenden Ergebnis gebracht werden konnte und daher nicht erschien. Auf die erzbischöfliche *„Securis ad radicem posita"* reagierte die Stadt ebenfalls mit einer Gegendarstellung, einer *„Antisecuris"*, die jedoch nicht gedruckt wurde.[126] Dies ist vermutlich darauf zurückzuführen, dass die Stadt diesen Versuch einer städtischen Gegendarstellung nicht als geeignet ansah, die öffentliche Meinung auf ihre Seite zu ziehen.[127]

Erzbischof MAXIMILIAN HEINRICH nimmt sowohl in der *„Apologia des Ertz Stiffts Cöllen"* als auch in der *„Securis ad radicem posita"* direkten Bezug auf das Privileg von 1475, indem er an unterschiedlichen Stellen die Nichtigkeit des Privilegs betont[128] und darauf hinweist, dass es von *„kayser Friderico durch eine ansehentliche Summ gelts/ jedoch gantz nichtiger weise vermeintlich expracticirt [...]"* worden sei. Daher habe die Stadt Köln lediglich einen *„ungültige*

---

schen königen und kaysern zu Lehen tragender und Competirender Gerecht: und herrligkeit auff gemelter Statt Eingesessener zustendige Intraden unlängst eine Prohibition anzulegen genöthiget worden". Vgl. Druck im Anhang der Securis.

122 MILITZER, KLAUS, S. 114.

123 BEEMELMANS, MARIA CLEMENTINE, S. 40; KISKY, WILHELM, Die Erhebung Kölns, S. 18.

124 MILITZER, KLAUS, S. 115.

125 Der genaue Titel dieses Gegenberichts lautet: *„Auff Ihrer Churfürstl. Durchl. von Cölln herrn Maximilian henrichen hertzogens in Ober- und Niedern Bayern/Underm dato Bonn den 22. Decembr. nechstverfloßnen 1653 Jahrs signiert und folgends in Ende deß Monats Februarii nechsthin in offnem Truck aufgebenen Manifest abgenöhtigt wollbegründter Gegen-Bericht/Bürgermeistern und Raths der kayserl. und deß heil. Reichs Freyer Statt Cölln.* Vgl. Druck im Anhang der Securis.

126 KISKY, WILHELM, Die Akten der Abteilung „Köln contra Köln", S. 118, 119 mit weiteren Quellen.

127 MILITZER, KLAUS, S. 115.

128 Apologia, S. 187; Securis, S. 67.

brieff erworbe". Ferner wird das Privileg auch hier mehrfach als *„sub- & obreptionem (obreptitiè)"* bezeichnet.[129] An einer Stelle heißt es ausdrücklich, das Privileg sei *„per sub-& obreptionem erschlichen [...]."*[130] Die Erzbischöfe betrachteten daher das Privileg aufgrund der Art und Weise seiner Erlangung als rechtsunwirksam. Der Gedanke, der hinter dieser Argumentation steht, geht vermutlich auf das spätrömische Recht zurück. Danach entwickelte sich die Vorstellung, dass königliche Urkunden, die durch Erschleichung und Täuschung des Herrschers erlangt wurden, ungültig sein sollten. Der Unwert der Urkunde lag nicht in dem Betrug als solchem, sondern in dem Betrug gegenüber dem König. War ein Betrug gegeben, lag der Rechtsverstoß somit schon bei der Urkundenerlangung vor.[131] Durch diese erzbischöflichen Behauptungen sollte die Basis der kaiserlich anerkannten reichsstädtischen Freiheit zerstört werden.

Die Stadt Köln weist hingegen in ihrem Gegenbericht zum erzbischöflichen Manifest darauf hin, dass sie im Burgundischen Krieg *„bey der Neußischer Belagerung"* dem heiligen Römischen Reich treue Dienste geleistet habe, infolge dessen der Kaiser ihr das Privileg erteilt habe.[132] Der Grund für die Privilegienerteilung ist tatsächlich in dem tapferen Verhalten der Stadt Köln in der *Neußer Fehde* zu sehen. Die Stadt verhinderte eine Belagerung der Stadt Neuss durch den Herzog KARL VON BURGUND, der sich mit Erzbischof RUPRECHT verbündet hatte. Es war insbesondere der Verdienst der Stadt Köln, dass die linksrheinischen Gebiete dem Deutschen Reich nicht verloren gingen.[133] Kaiser FRIEDRICH III. ließ der Stadt Köln das Privileg am 19. September 1475 als Dank für ihr Verhalten in der Neußer Fehde bzw. im Burgundischen Krieg zukommen[134] und bestätigte gleichzeitig die Privilegien seiner Vorgänger. Er legte in dem „Reichsstadtprivileg" den Hintergrund der Privilegienbestätigung zugunsten der Stadt dar. Es wird das getreue Verhalten der Stadt Köln *„wider den Hertzogen von Burgundi als unnser und des Reichs veint"* hervorgehoben. Aufgrund des-

---

129 Apologia, S. 111, 187; Securis, S. 67; Bezugnahme darauf auch bei BEEMELMANS, MARIA CLEMENTINE, S. 40, Anm. 35; KISKY, WILHELM, Die Erhebung Kölns, S. 18.

130 Securis, S. 67.

131 KRAUSE, HERMANN, Der Widerruf von Privilegien, S. 130,131.

132 Securis, Anhang; Manifest, S. 10.

133 BEEMELMANS, MARIA CLEMENTINE, S. 3; KISKY, WILHELM, Die Erhebung Kölns, S. 12, 13. Eine detaillierte Darstellung des Burgundischen Krieges und dessen Hintergrundes findet sich bei ENNEN, LEONARD, Geschichte der Stadt Köln, Volksausgabe, S. 176 ff.

134 BEEMELMANS, MARIA CLEMENTINE, S. 3. Der Hinweis auf die treuen Dienste des Begünstigten in der Vergangenheit findet sich häufig in Privilegienurkunden. Durch diese Begründung der Privilegienerteilung sollte der Charakter des Privilegs als ein Gegenleistungsakt aufgezeigt werden. Vgl. dazu MOHNHAUPT, HEINZ, Erteilung und Widerruf von Privilegien, S. 104.

sen werden auf guten Rat der Kurfürsten, Fürsten und Getreuen des Reiches hin, aber auch aus *„eigener bewegnuss, rechter wissen und unnser keiserlicher machtvollkomenheit"* Bürgermeister, Rat, Bürger und Gemeinde der Stadt Köln alle oben erwähnten Freiheiten, Privilegien und Gerechtigkeiten[135] konfirmiert. Gleichzeitig wird auf das feindliche erzbischöfliche Verhalten in der Neußer Fehde Bezug genommen. Erzbischof RUPRECHT ZU KÖLN habe den Herzog von Burgund *„zu abbruch und mynndrung des Heiligen Reichs in den stift Collen bracht"* und beide hätten sich *„als unnser unnd des Reichs veint"* erwiesen.[136] Daher werden Privilegien, die zugunsten der Erzbischöfe ergangen sind, durch das Privileg von 1475 aufgehoben.[137] Insoweit erweist sich der erzbischöfliche Vorwurf, das Privileg sei erschlichen, als haltlos.

2. Die Vereinbarkeit des Privilegs von 1475 mit der Goldenen Bulle Kaiser Karls IV. von 1356

Vor dem RKG wird von erzbischöflicher Seite außerdem behauptet, die der Stadt erteilten Privilegien seien „[...] gege die gulden Bull und diesses Ertzbisthumbs und Churfurstenthumbs Coln recht uraltesten privilegien zu nachtheill nulliter sub et obreptitiè außbracht, gantz und ghar revociert cassiert und annulliert [...]."[138]

Damit wird das „Reichsstadtprivileg" zwar nicht ausdrücklich erwähnt, jedoch zwingend erfasst. Ein Verstoß des Privilegs von 1475 gegen die Goldene Bulle Kaiser KARLS IV. wird ausdrücklich in der *„Apologia des Ertz Stiffts Cöllen"* gerügt. Kaiser FRIEDRICH III. habe in Anbetracht der Goldenen Bulle *„keine macht gehabt dem Ertzstifft zu nachtheill ein solche confirmation [...] und newe concession anmaßlich zuertheilen [...]"*. Jede unparteiische Person könne erkennen, dass dieser *„actus"* (gemeint ist das „Reichsstadtprivileg") gegen die *„gulden Bullen Caroli Quarti"* verstoße und daher *„ipso iure, & facto nichtig und krafftloß seye [...]."*[139] Mit diesen Behauptungen wird von erzbischöflicher Seite die Existenz des Privilegs geleugnet.

---

[135] Damit sind die in dem Privileg integrierten Anfangs- und Schlussworte vorausgegangener städtischer Privilegien gemeint.

[136] Von erzbischöflicher Seite wird hingegen geltend gemacht, dass anderweitige Hilfe (bei dem Herzog von Burgund) ersucht wurde, um die ungehorsamen Untertanen zu bezwingen. Dass ein Fürst ein solches Verhalten zeige, sei *„nicht newes"*. Vgl. Apologia, S. 188.

[137] Vgl. Anhang 2.

[138] HAStK, RKG, C 49, Bl. 26 v.

[139] Apologia, S. 187, 188.

Hinsichtlich der Beziehungen der Stadt Köln zu Kurköln kann die Goldene Bulle[140] als eine Niederlage für die Stadt angesehen werden.[141] Insbesondere Kapitel XIII des Gesetzes beinhaltet eine Regelung, die städtefeindlicher und kurfürstenfreundlicher kaum sein könnte.[142] Die Streitigkeiten zwischen der Stadt Köln und dem Erzbischof um die Hoheitsrechte in der Stadt und die kurfürstliche Erbostheit über einige der Stadt zuvor erteilten kaiserlichen Privilegien haben die Nürnberger Reichsverhandlungen im Hinblick auf das Schicksal der städtischen Privilegien und damit auch das Endergebnis, die Regelungen in Kapitel XIII der Goldenen Bulle, stark beeinflusst.

Kaiser KARL IV. hatte zugunsten der Stadt Köln im Februar 1349 einige wichtige Privilegien erlassen, am 8.10.1355 städtische Privilegien bestätigt und am 8.12.1355 der Stadt das Befestigungsrecht, besondere Marktrechte, Zollfreiheiten und das Stapelrecht verliehen. Erzbischof WILHELM VON GENNEP traf am 23.12.1355 in Nürnberg zu den Reichsverhandlungen ein. Da dieser seine eigenen Interessen durch die städtischen Privilegien beeinträchtigt sah (insbesondere war das am 4.1.1356 vom Kaiser erlassene Privileg, durch welches dem Erzbischof ein Geleitszoll eingeräumt wurde, nicht mit dem städtischen Privileg vom 8.12.1355 zu vereinbaren), hob der Kaiser alle erzbischoffeindlichen Privilegien am 5.1.1356 wieder auf. Mann kann davon ausgehen, dass der Kaiser in seinem Handeln ganz entscheidend von Erzbischof WILHELM VON GENNEP beeinflusst und Kapitel XIII der Goldenen Bulle auf Betreiben des Erzbischofs eingeführt wurde.[143] Es ist offensichtlich, dass der Erzbischof die Kraftloserklärung städtischer Privilegien auf das XIII. Kapitel der Goldenen Bulle stützt. So bestimmt

---

140 Eine gedruckte Übertragung des lateinischen Textes findest sich bei BUSCHMANN, ARNO, Das Reformwerk Karls IV., S. 104 ff.

141 FOERSTER, HANS, Kurköln und Stadt Köln, S. 68. Die Goldene Bulle sichert in ihrer Gesamtheit eine bevorzugte Rechtsstellung der Kurfürsten. So bezeichnete KARL IV. die Kurfürsten in Kapitel II (4) der Goldenen Bulle als die *„vornehmsten Glieder des Heilligen Reiches"* und in Kapitel XII als *„die Grundfesten und unverrückbaren Säulen des Reiches"*. Vgl. BUSCHMANN, ARNO, Das Reformwerk Karls IV., S. 121, 133. In dem RKG-Verfahren C 46 wird von erzbischöflicher Seite die Bezeichnung *„privilegirte Seulen deß h. Reichs"* verwendet. Dies ist eine eindeutige Anlehnung an die Formulierung in der Goldenen Bulle. Vgl. HAStK, RKG, C 46, Bl. 86 r.

142 FOERSTER, HANS, Kurköln und Stadt Köln, S. 53.

143 Vgl. LADEWIG PETERSEN, ERLING, S. 233, 234 mit Quellenangaben; ZEUMER, KARL, 1. Teil, S. 68, 69; HERGEMÖLLDER, BERND-ULRICH, Der Nürnberger Reichstag von 1355/56 und die „Goldene Bulle" Karls IV., S. 328 ff. Man geht davon aus, dass Kapitel XIII der Goldenen Bulle nach dem 8.12.1355 aber vor dem 4.1.1356 verfasst wurde. Vgl. dazu und zu Näherem ZEUMER, KARL, 1. Teil, S. 71, 72, 121.

Kapitel XIII[144] der Goldenen Bulle, *„[...] daß sämtliche Privilegien und Urkunden, die irgendwelchen Personen, welchen Ranges, Standes und welcher Würde diese auch sein mögen, oder um welche Gemeinschaften in Städten, Orten und Ortschaften [es sich auch handeln mag], über irgendwelche Rechte, Bewilligungen, Freiheiten, Gewohnheiten oder andere Gegenstände [...] von Uns oder den erhabenen römischen Kaisern und Königen, Unseren Vorgängern seligen Angedenkens, in irgendeiner Weise ausgestellt worden sind oder von Uns und Unseren Nachfolgern, den römischen Kaisern und Königen, künftighin ausgestellt werden sollten, allen [vorerwähnten] Freiheiten, Gerichtsbarkeiten, Rechten, persönlichen Würden und Herrschaften der geistlichen und weltlichen Kurfürsten des Heiligen Reiches oder eines von ihnen in keiner Weise nachteilig sein dürfen oder sollen, selbst wenn in den Privilegien und Urkunden der vorerwähnten Personen [...] ausdrücklich bestimmt sein oder künftig in ihnen bestimmt werden würde, daß diese unwiderrufliche Geltung haben sollen, ausgenommen daß sie ihrem ganzen Inhalt nach in diesem Widerruf erwähnt sind und der Inhalt Wort für Wort in dem Widerruf inseriert ist. Privilegien und Urkunden dieser Art aber [...] werden von Uns nach bestem Wissen und Gewissen (ex certa scientia) widerrufen und für aufgehoben erklärt und aus kaiserlicher Machtvollkommenheit verordnet, daß sie [auf immer] für widerrufen und aufgehoben erachtet werden sollen“.*[145]

Dieses Kapitel der Goldenen Bulle stellt klar, dass den kurfürstlichen Privilegien der absolute Vorrang vor jeglichen antikurfürstlichen Privilegien eingeräumt werden sollte. Die Bestimmung geht wesentlich weiter als alle vorausgehenden, die Kurfürsten begünstigenden Urkunden[146] und führte zu einer starken Beeinträchtigung städtischer Interessen. Diese bestand darin, dass die Bestimmung des XIII. Kapitels der Goldenen Bulle den Widerruf antikurfürstlicher Privilegien bereits dann festsetzte, wenn diese lediglich mit Interessen der Kurfürsten unvereinbar waren. Weiterer Voraussetzungen für den Widerruf bedurfte es nicht. Selbst städtische Privilegien, die nur unter engen Voraussetzungen widerrufen werden konnten, galten gemäß Kapitel XIII der Goldenen Bulle ohne Erschwerung durch eine wörtliche Inserierung *ipso iure* als widerrufen.[147]

---

[144] Der Titel des XIII. Kapitels der Goldenen Bulle lautet: *„Über den Widerruf von für die Kurfürsten nachteiligen Privilegien“*, vgl. BUSCHMANN, ARNO, Das Reformwerk Karls IV., S. 134.

[145] BUSCHMANN, ARNO, Das Reformwerk Karls IV., S.134, 135.

[146] FOERSTER, HANS, Kurköln und Stadt Köln, S. 53.

[147] Vgl. FOERSTER, HANS, Kurköln und Stadt Köln, S. 51-53 und auch BRINCKEN, ANNA-DOROTHEE VON DEN, Privilegien Karls IV. S. 252-255. Die bis zu diesem Zeitpunkt oftmals nachzuweisende Erschwerung der Privilegienwiderrufung durch Inserierungsvorschriften wird am folgenden Beispiel deutlich. Am 8.12.1355 erteilte Kaiser KARL IV. der Stadt Köln ein Privileg, in welchem ihr u.a. die vollständige Zollfreiheit gewährt wurde.

In Anbetracht dessen ist aus erzbischöflicher Perspektive die Bezugnahme auf die Regelung des XIII. Kapitels der Goldenen Bulle nachvollziehbar. So erklärten sie mit Hinweis auf dieses in der *„Apologia des Ertz Stiffts Cöllen"*, dass die *„newe concession"* (gemeint ist das „Reichsstadtprivileg") keinen Bestand haben könne.[148] Der Rückgriff auf die Goldene Bulle findet sich in diesem Zusammenhang auch in zahlreichen kaiserlichen Schriftstücken. Städtische Privilegien (auch solche, die vor dem „Reichsstadtprivileg" ergingen) wurden wiederholt unter ausdrücklichem oder zumindest inhaltlichem Bezug zur Goldene Bulle widerrufen.[149]

Die Nachfolger Kaiser KARLS IV. nahmen in ihren Privilegienwiderrufungen entweder ausdrücklich oder zumindest inhaltlich Bezug zur Goldenen Bulle und gaben dabei stets den Wortlaut des XIII. Kapitels des Reichsgesetzes wieder. Kaiser MAXIMILIAN I. legte beispielsweise in einem von erzbischöflicher Seite dem Verfahren als Urkundenbeweis beigefügten Widerrufsprivileg vom 19.9.1518 dar, dass Bürgermeister und Rat der Stadt Köln unter Berufung auf *„etliger vermeinter freiheitenn vonn weilanndt unserm liebenn hernn und vatter loblicher gedechtnuß kaiser Friederichen"*, dem Vorfahren des regierenden Erzbischofs, das Einreiten in die Stadt verwehrt haben.[150] Dieses Verhalten stelle einen Verstoß *„wied die ordnung d. guildenn Bullenn weilannt keiser Carls deß viertenn"* dar.[151] Diese bestimme in einem (nicht benannten) Artikel eindeutig, dass Privilegien oder Freiheiten, welche in irgendeiner Form kurfürstliche Freiheiten oder Privilegien beeinträchtigen, *„krafftloß"* und *„tot"* sei-

---

Dieses Privileg wurde jedoch am 5.1.1356 widerrufen, da es mit den erzbischöflichen Interessen im Widerspruch stand. Der Widerruf erfolgte, obwohl dem Privileg vom 8.12.1355 durch eine Unwiderruflichkeitsklausel eine besondere Sicherstellung zukam. Kaiser KARL IV. hatte sich jedoch ein „Hintertürchen" offen gehalten. Er hatte in dem Privileg vom 8.12.1355 vorgesehen, dass künftige Widerrufe des stadtkölnischen Privilegs dann nicht kraftlos sein sollten, wenn der jeweilige Widerruf die Bestimmungen des Kölner Privilegs Wort für Wort und unter ausdrücklicher Nennung des Namens Köln wiedergeben würde. Allgemein gehaltene Widerrufe hingegen sollten das stadtkölnische Privileg in keiner Weise berühren. In dem Revokationsprivileg vom 5.1.1356 musste daher, um die Unwirksamkeit des Privilegs der Stadt zu erreichen, ausdrücklich in der geforderten Form auf dieses Bezug genommen werden. Diese Erschwerung entfiel durch Kapitel XIII der Goldenen Bulle. Vgl. ebendort.

148 Apologia, S. 191.

149 Vgl. Anhang 3.

150 HAStK, RKG, C 49, Bl. 68 r, v.

151 HAStK, RKG, C 49, Bl. 69 r. Die Blattangaben der Bl. 69 r, v wurden vertauscht. Vom logischen Zusammenhang ergibt sich, dass Bl. 69 r eigentlich Bl. 69 v entspricht und umgekehrt. Hier wurde als Quellenangabe auf die tatsächliche (fälschliche) Blattangabe abgestellt.

en. Daher werden mit Bestätigung der erzbischöflichen Freiheiten und Privilegien gleichzeitig Privilegien, welche *„daß einreittenn, obrigkeit, herligkeit, hohe unndt anndere Gericht, rechte, gerechtigkeit, alt herkommen [...]“* der Erzbischöfe berühren bzw. verletzen *„gennzlich unnd gar“* aufgehoben.[152] Das Privileg von 1475 wird dabei nicht ausdrücklich erwähnt. Wenn jedoch schon städtische Privilegien, die einzelne erzbischöfliche Rechte beeinträchtigen, als Verstoß gegen die Goldene Bulle angesehen werden, dann muss dies erst recht für ein Privileg gelten, welches die Basis aller städtischen Rechte und damit gleichzeitig die Grundlage aller Verstöße gegen die erzbischöfliche Oberhoheit darstellt. Kaiser RUDOLF II. wiederrief am 23.12.1605 städtische Privilegien unter ausdrücklicher Erwähnung der Goldenen Bulle und inhaltlicher Wiedergabe des XIII. Kapitels. Gleichzeitig bestätigte er die erzbischöflichen Privilegien. Damit einher ging das Gebot an alle Untertanen des Reiches, den Erzbischof nicht am Gebrauch seiner Privilegien zu hindern.[153]

Die Bestandskraft des „Reichsstadtprivilegs“ ist daher im Hinblick auf zwei rechtliche Faktoren zu untersuchen: Zum einen muss seine Vereinbarkeit mit der Goldenen Bulle als „Rechtsakt der Vergangenheit“ überprüft werden. Zum anderen müssen die dem „Reichsstadtprivileg“ zeitlich nachfolgenden Widerrufungen, die sich auf das XIII. Kapitel der Goldenen Bulle stützen, rechtlich gewürdigt werden.

Kapitel XIII der Goldenen Bulle erklärt auf *Rechtsfolgenseite* den Widerruf von kurfürstenfeindlichen Privilegien. Überprüft man das Privileg von 1475 anhand der *Tatbestandsvoraussetzungen* des XIII. Kapitels der Goldenen Bulle, so ergibt sich Folgendes: Voraussetzung ist zunächst, dass ein kaiserliches oder königliches Privileg vorliegt, welches *„irgendwelchen Personen, welchen Ranges, Standes und welcher Würde diese auch sein mögen, oder um welche Gemeinschaften in Städten, Orten und Ortschaften [es sich auch handeln mag] [...]“* Rechte irgendeiner Art einräumt.[154] Durch das „Reichsstadtprivileg“ von 1475 wurden Bürgermeister, Rat, Bürger und Gemeinde der Stadt Köln zunächst zahlreiche Privilegien kaiserlicher Vorfahren bestätigt. Außerdem wurde die Reichsunmittelbarkeit Kölns offiziell anerkannt.[155] Dabei ist unschädlich, dass dieses Privileg erst 119 Jahre nach dem Inkrafttreten der Goldenen Bulle erteilt wurde, da Kapitel XIII alle Privilegien umfasst, also auch die zeitlich nachfol-

---

152 HAStK, RKG, C 49, Bl. 69 r, 70 r, v.

153 Vgl. Anhang 3.

154 BUSCHMANN, ARNO, Das Reformwerk Karls IV., S. 134.

155 Vgl. Anhang 2.

genden. Kaiser KARL IV. hat das XIII. Kapitel der Goldenen Bulle vorausschauend ausgearbeitet.[156]

Ferner muss das Privileg den *„[vorerwähnten] Freiheiten, Gerichtsbarkeiten, Rechten, persönlichen Würden und Herrschaften der geistlichen und weltlichen Kurfürsten des Heiligen Reiches [...]"* nachteilig sein bzw. entgegenstehen.[157] Es ist offensichtlich, dass das „Reichsstadtprivileg" der Stadt Köln, welches gleichzeitig die Konfirmation früherer Privilegien beinhaltet, den kurfürstlichen Rechten und Freiheiten entgegenstand. Es stellte für die Stadt Köln und ihre Bürger die Grundlage für die Lösung von der erzbischöflichen Hoheit und damit zwangsläufig auch eine Beeinträchtigung kurfürstlicher Rechte dar. Es kann also ein Verstoß gegen das in Kapitel XIII der Goldenen Bulle verankerte Gebot, kurfürstliche Rechte nicht zu beeinträchtigen, festgestellt werden. Die Rechtsfolge wäre daher der in Kapitel XIII angeordnete Widerruf des „Reichsstadtprivilegs". Damit stellt sich die Frage nach dem *Rangverhältnis* von Privileg und Reichsgesetz. Dabei sind zunächst folgende Überlegungen anzustellen: Bei der Goldenen Bulle handelt es sich um eines der Reichsgrundgesetze, welches auf die Verfassung des Alten Reiches bis 1806 einwirkte.[158] Kaiser KARL IV. setzte an unterschiedlichen Stellen in der Goldenen Bulle fest, dass es sich bei seinem Gesetz um eine *„allzeit gültige kaiserliche Verordnung"*[159] handele. In Anbetracht dessen liegt es nahe, der Goldenen Bulle gegenüber dem „Reichsstadtprivileg" den Vorrang einzuräumen und das Privileg als kraft Gesetzes widerrufen zu betrachten. Es erscheint jedoch befremdlich, ein Privileg, welches 119 Jahre nach dem Inkrafttreten der Goldenen Bulle erlassen wurde, aufgrund einer Regelung in derselben als hinfällig anzusehen. Dies hätte eine erhebliche Beeinträchtigung der Macht des jeweils regierenden Kaisers, in diesem Fall Kaiser FRIEDRICH III., zur Folge. Kann es aber sein, dass ein Kaiser durch die gesetzliche Verankerung der *ewigen Gültigkeit* seines Gesetzes die kaiserliche Gesetzgebungsmacht seiner Nachfolger derart beschränkt, dass alle von diesen erlassenen Rechtsakte, die nicht im Einklang mit dem Gesetz stehen, hinfällig werden? Muss die Gesetzgebungsmacht nicht vielmehr bei dem jeweils regierenden Kaiser liegen, so dass dem Privileg von 1475 der Vorrang gegenüber der Goldenen Bulle einzuräumen und damit ein Verstoß unschädlich wäre? Es stellt sich daher neben der Frage des Rangverhältnisses von Privileg und Goldener Bulle diejenige der zeitlichen Geltungsdauer von Rechtsakten. Zu klären ist also, ob das Privileg *trotz* des Verstoßes gegen die Goldene Bulle als rechtswirksam betrachtet werden kann.

---

[156] FOERSTER, HANS, Kurköln und Stadt Köln, S. 53.

[157] BUSCHMANN, ARNO, Das Reformwerk Karls IV., S. 134, 135.

[158] WOLF, ARMIN, S. 1.

[159] BUSCHMANN, ARNO, Das Reformwerk Karls IV., S. 111, 122.

Dem allgemeinen Rechtsdenken des Mittelalters entsprach es, bei Unvereinbarkeit älterer und jüngerer Urkunden, dem älteren Rechtsakt den Vorrang vor neuerem Recht einzuräumen. Ferner ist das gesamte Mittelalter geprägt von einem Streben nach Bestätigung alter Rechte, welches bis zum Ende des 18. Jh. anhielt. „Konfirmationsobjekte" waren Urteile, Privilegien und auch Gesetze. Auch Reichsgesetze wurden durch Privilegien konfirmiert, so beispielsweise die Kapitel XIV und XVII der Goldenen Bulle durch ein an den Erzbischof von Köln adressiertes Privileg Kaiser KARLS IV. von 1356.[160] Der Grund der *Konfirmationen*, insbesondere gleichstufiger[161], kann in dem Ringen um Rechtsbeständigkeit gesehen werden; das Recht sollte vor Eingriffen der nachfolgenden Herrscher abgesichert werden. Es stellt sich die Frage, ob die Rechtskraft eines Rechtsaktes an die Lebenszeit desjenigen gebunden war, der ihn gesetzt hat, und somit die Vergänglichkeit wesentliches Charakteristikum des Rechts bildete. Als Indiz für die Sorge des jeweiligen Herrschers um die Beständigkeit der von ihm geschaffenen Rechtsposition kann der Inhalt von Privilegienbestätigungen angeführt werden. Diese gaben oftmals als Motiv des Bestätigenden die Bekräftigung der Rechtsakte des vorangegangenen Herrschers und die Hoffnung, dass sich der Nachfolger durch seine Rechtsakte verpflichtet fühlen würde, an.[162] Die Bestätigungen können wohl als „Angsterzeugnisse" angesehen werden, die für Rechtssicherheit sorgen sollten.[163] Resultat dieser Sorge der Machtinhaber waren die sog. *Dauerformeln*. Durch diese wurde in dem jeweiligen Rechtsakt festgesetzt, dass dieser auch für alle Nachkommen gelten sollte (personengebunden) oder dass dem Rechtsakt ewige Gültigkeit zukomme (gegenstandsgebunden). Beweggrund für die Verwendung von Dauerformeln war also, dass die ewige Dauer des Rechts eben nicht automatisch gegeben war.[164] So wurden vorsorglich Akte der Nachfolger, welche einen Rechtsakt kassieren oder in irgendeiner Form in Widerspruch zu diesem stehen könnten, vorsorglich für kraftlos erklärt.

---

160 KRAUSE, HERMANN, Dauer und Vergänglichkeit, S. 209-213, Anm. 34.

161 Damit ist gemeint, dass der Bestätigende und derjenige, der das Recht gesetzt hat, rechtlich den gleichen Rang inne hatten, vgl. KRAUSE, HERMANN, Dauer und Vergänglichkeit, S. 214.

162 KRAUSE, HERMANN, Dauer und Vergänglichkeit, S. 216, 217, 219.

163 KERN, FRITZ, Recht und Verfassung im Mittelalter, in: HZ 120 (1919), S. 35. Aus der Sicht desjenigen, dem durch eine Urkunde ein subjektives Recht eingeräumt wurde, bestand immer die Gefahr, dass diese Urkunde von einem „Gegeninteressenten" durch eine neuere Urkunde, die etwa eine Widerrufung der älteren Urkunde beinhaltete, ausgehebelt werden könnte. Den Ausweg suchte man durch Bestätigungen der eigenen Rechte durch den jeweils neuen Regenten zu finden. Vgl. ebendort, S. 36, vgl. zum Ganzen auch KERN, FRITZ, Recht und Verfassung im Mittelalter, S. 52-59.

164 KRAUSE, HERMANN, Dauer und Vergänglichkeit, S. 219-221.

Diese Feststellungen dürfen jedoch nicht vorschnell zu dem Schluss verleiten, dass alle mittelalterlichen Privilegien und andere Rechtsakte per se, falls eine Konfirmation durch die Nachfolger unterblieb, kraftlos wurden.[165] Es bestand allerdings immer die Gefahr, dass die Nachfolger die Rechtsakte der Vorgänger missachteten.[166] Rechte, Verleihungen, Privilegien und Konstitutionen zeichneten sich daher aufgrund der engen Verbundenheit zu den jeweiligen Kaisern und Königen, die sie erlassen hatten, – im Gegensatz zum alten Recht[167] – durch eine Geltungsschwäche aus.[168]

Die Frage der Dauer und Vergänglichkeit von Rechtsakten im Mittelalter wurde erst durch das *kanonische Recht*[169] mit GRATIAN in ein System gebracht, welches auf die Gesetzgebung im weltlichen Bereich einwirkte und bis heute als herrschend betrachtet werden kann.[170] Danach setzte sich die Ansicht durch, der Papst könne unabhängig von früheren Synodalbeschlüssen Recht setzen[171], wobei Rechtsakte des Papstes und – auf den weltlichen Bereich übertragen – des jeweiligen Imperators auch durch dessen Tod nichts an Gültigkeit einbüßen sollten. Gleichzeitig wurde den Dauerformeln jedoch ihre Bedeutung abgesprochen. Keinem Gesetzgeber sollten stärkere Befugnisse zugesprochen werden als den nachfolgenden. Ihm wurde nicht die Macht zugesprochen, seine Nachfolger durch die Forderung der ewigen Gültigkeit seines Rechtsaktes rechtlich zu binden. Dem gegenwärtigen Gesetzgeber wurde daher im Vergleich zu den frühmittelalterlichen Vorstellungen eine „Rangerhöhung" zugesprochen. Ihm wurde die Macht eingeräumt, frühere Rechtsakte aufzuheben. Diese Erkenntnisse wurden auch zu den bestimmenden Positionen für das neuzeitliche Rechtsbild.[172]

---

165 KRAUSE, HERMANN, Dauer und Vergänglichkeit, S. 223, 224.

166 WAITZ, GEORG, S. 620.

167 Damit ist dasjenige Recht gemeint, dessen Gültigkeit nicht an eine bestimmte Person gebunden war, so etwa die Volksrechte, „Überlieferungen des Rechtszustandes, wie er immer war". Für das Hochmittelalter kann auf das nicht aufgezeichnete Gewohnheitsrecht verwiesen werden, vgl. dazu KRAUSE, HERMANN, Dauer und Vergänglichkeit, S. 228.

168 KRAUSE, HERMANN, Dauer und Vergänglichkeit, S. 228.

169 Dabei hatte das *kanonische Recht* die Vorstellungen des *römischen Rechts* in sich aufgenommen, vgl. KRAUSE, HERMANN, Dauer und Vergänglichkeit, S. 231.

170 KRAUSE, HERMANN, Dauer und Vergänglichkeit, S. 231.

171 KRAUSE, HERMANN, Dauer und Vergänglichkeit, S. 234.

172 KRAUSE, HERMANN, Dauer und Vergänglichkeit, S. 236-239. Im kirchlichen Bereich setzen sich diese Vorstellungen insgesamt schneller durch als im mittelalterlichen Staat. Vgl. ebendort, S. 235.

Das im Mittelalter verfolgte Ziel, die Unantastbarkeit und ewige Gültigkeit von Rechtsakten zu erwirken, konnte nicht erreicht werden.[173] Dies zeigt, unabhängig von den rechtlichen Bedenken der Kanonistik, die damalige Rechtspraxis. So weist WAITZ darauf hin, dass die jeweiligen Regenten sich oftmals trotz der Dauerformeln an frühere Verleihungen nicht gehalten haben.[174] Diese Missachtung von Dauerformeln kann an folgendem Beispiel aufgezeigt werden: Obwohl Kaiser KARL IV. an unterschiedlichen Stellen der Goldenen Bulle auf die ewige Gültigkeit seines Gesetzes hingewiesen hat, erfuhr das Gesetz in der Öffentlichkeit nicht die vom Gesetzgeber erhoffte Würdigung.[175] Dies lässt sich darauf zurückführen, dass er selbst sein eigenes Gesetz mehrfach aushebelte, indem er durch kaiserliche Urkunden Bestimmungen der Goldenen Bulle außer Kraft setzte.[176] Dadurch zeigte sich, dass dieser sein eigenes Gesetz nicht befolgte. Sein Nachfolger tat es ihm gleich, denn das Gesetz trat unter Kaiser WENZEL sogar ganz zurück.[177]

Zusammenfassend lässt sich daher festhalten, dass der jeweils gegenwärtige Regent die Macht hatte, Gesetze seiner Vorgänger aufzuheben, und zwar unabhängig von darin enthaltenen Dauerformeln.[178] Diese konnten nach der damaligen Rechtsauffassung und auch tatsächlich nicht bewirken, dass sich die Nachfolger durch Rechtsakte ihrer Vorgänger verpflichtet sahen. Die Goldene Bulle war daher über den Tod Karls IV. hinaus, bis zum Untergang des alten Reiches, rechtsgültig. Sie wurde formell niemals geändert.[179] Dennoch konnten die in ihr an zahlreichen Stellen enthaltenen Dauerformeln (Bezeichnung der Goldenen

---

[173] KRAUSE, HERMANN, Dauer und Vergänglichkeit, S. 249.

[174] WAITZ, GEORG, S. 620.

[175] LAUFS, A., Goldene Bulle, HRG Bd. 1, Sp. 1743, 1744; ZEUMER, KARL, 1. Teil, S. 228.

[176] So hob er beispielsweise am 10.8.1356 das in der Goldenen Bulle verankerte Pfahlbürgerverbot zugunsten elsässischer Reichsstädte auf, vgl. dazu und zu weiteren Beispielen ZEUMER, KARL, 1. Teil, S. 228.

[177] ZEUMER, KARL, 1. Teil, S. 228, 229.

[178] KRAUSE, H., Gesetzgebung, HRG Bd. 1, Sp.1615. Streitigkeiten über die Frage der Gültigkeit eines Rechtsaktes zogen sich jedoch weiter durch die Jahrhunderte. Die Vorstellung, dass der Monarch lediglich eine abstrakte Staatsperson ist und folglich dem von ihm geschaffenen Recht auch über seinen Tod hinaus Gültigkeit zugesprochen werden kann, wurde erst im 19. Jh. vollendet. KRAUSE führt als Beispiel einen Streit evangelischer Juristen des 17. Jh. über die Frage, ob auch nachfolgende Kaiser an den Religionsfrieden gebunden seien, an. Vgl. KRAUSE, HERMANN, Dauer und Vergänglichkeit, S. 240, 241.

[179] ZEUMER, KARL, 1. Teil, S. 233.

Bulle als *„allzeit gültige kaiserliche Verordnung“*[180]), durch welche ewige Gültigkeit des Gesetzes gefordert wurde, nicht bewirken, dass ihr Inhalt von den nachfolgenden Regenten und auch von Kaiser KARL IV. selbst die gesetzlich geforderte Beachtung erfuhr.

Kaiser FRIEDRICH III. war folglich befugt, ein Privileg kraft *seiner* kaiserlichen Macht zu erlassen, auch wenn dieses gegen das in Kapitel XIII der Goldenen Bulle verankerte Gebot verstieß. Die in Kapitel XIII der Goldenen Bulle angeordnete ewige Gültigkeit des Gesetzes mit einhergehender Kraftloserklärung zukünftig erteilter (also nach 1356) kurfürstenfeindlicher Privilegien (*„sämtliche Privilegien und Urkunden, die [...] von Uns und Unseren Nachfolgern, den römischen Kaisern und Königen, künftighin ausgestellt werden sollten [...] werden von Uns [...] widerrufen und für aufgehoben erklärt [...]“*[181]), konnte folglich nicht greifen. Es liegt damit zwar formell gesehen in dem „Reichsstadtprivileg“ von 1475 ein Verstoß gegen die Goldene Bulle vor, jedoch kann dieser nicht losgelöst von den mittelalterlichen Macht- und Rechtsverhältnissen betrachtet werden. Dem Privileg von 1475 kann demnach trotz dieses Verstoßes Rechtswirksamkeit zugesprochen werden. Die von den Kölner Erzbischöfen gegen die Reichsunmittelbarkeit der Stadt Köln ins Feld geführten Behauptungen, das Privileg von 1475 bzw. alle die kurfürstlichen Rechte beeinträchtigenden Privilegien verstießen gegen die Goldene Bulle, waren zwar richtig. Jedoch konnten sie weder rechtlich noch tatsächlich die von den Erzbischöfen erhoffte Wirkung, nämlich deren Nichtigkeit, begründen. Der erzbischöfliche Hinweis, Kaiser FRIEDRICH III. habe in Anbetracht der Goldenen Bulle keine Macht gehabt, das „Reichsstadtprivileg“ zugunsten der Stadt Köln zu erlassen, ist daher nicht haltbar.

3. Bedeutung und Auswirkungen kaiserlicher Widerrufungen und Bestätigungen des „Reichsstadtprivilegs“

Privilegien der Stadt Köln wurden des Öfteren widerrufen bzw. kassiert. So hob am 04.04.1495 König MAXIMILIAN I. unter Bezugnahme auf die Goldene Bulle und inhaltlicher Wiedergabe des XIII. Kapitels alle kurfürstenfeindlichen, städtischen Privilegien auf.[182] Ebenso am 24.05.1510 und am 26.04.1515. Am 19.09.1518 erklärte MAXIMILIAN I. erneut bestimmte städtische Privilegien für *„krafftloß“* und *„tot“*. Diese kaiserliche Privilegienwiderrufung legte die erzbi-

---

180 BUSCHMANN, ARNO, Das Reformwerk Karls IV., S. 111, 122. Weitere Beispiele für in der Goldenen Bulle enthaltenen Dauerformeln finden sich bei KRAUSE, HERMANN, Dauer und Vergänglichkeit, S. 220.

181 BUSCHMANN, ARNO, Das Reformwerk Karls IV., S. 134, 135.

182 Vgl. dazu und zu weiteren Privilegienwiderrufungen Anhang 3.

schöfliche Partei einem RKG-Verfahren als Beweismittel bei.[183] Auch RUDOLF II. widerrief am 23.12.1605 kurfürstenfeindliche Privilegien der Stadt Köln. Dabei ist zu berücksichtigen, dass das „Reichsstadtprivileg" der Stadt zwar nicht ausdrücklich in den kaiserlichen Privilegienwiderrufungen genannt wird, jedoch aufgrund seiner Kurfürstenfeindlichkeit zwingend miterfasst war.

Verliert das Privileg von 1475, welches die Stadt Köln von Kaiser FRIEDRICH III. erhalten hatte, wenn nicht *ipso iure* wegen Verstoßes gegen die Goldene Bulle, durch diese Privilegienwiderrufungen seine Rechtswirksamkeit?

Die Frage nach der Widerrufbarkeit von Privilegien, der „revocatio privilegiorum" zählt zu den zentralen Fragen des Privilegienrechts.[184] Sie berührte nicht nur das Mittelalter, sondern spielte auch im 17. und 18. Jh. noch eine wichtige Rolle.[185] Dabei waren die Rechtsgedanken GRATIANS sowohl für das 12. als auch für das 20. Jh. von großer Bedeutung.[186] Die auf dem römischen und kanonischen Recht basierende Privilegienlehre, die vom weltlichen Recht absorbiert wurde[187], trug zur Bewältigung zahlreicher Rechtsprobleme bei.[188] Wie bereits festgestellt, lag die Macht nach der kanonistischen Lehre immer bei dem jeweiligen Regenten. Dieser konnte unabhängig von seinen Vorgängern entscheiden und demnach auch früheres Recht widerrufen. Da jedoch nicht alle als störend empfundenen Privilegien von dem jeweils regierenden Herrscher ohne weitere Voraussetzungen aufgehoben werden sollten, musste die Widerrufsmöglichkeit von Privilegien reguliert werden. Zu diesem Zweck knüpften die Kanonisten den Widerruf von Privilegien an bestimmte Voraussetzungen. Ein Privileg sollte nur bei Vorliegen einer „iusta causa" widerrufen werden[189]können. Der Widerruf sollte also einen Rechtfertigungsgrund erfordern. Der durch das Privileg Begünstigte konnte sich gegebenenfalls durch den Hinweis auf vertragliche Elemente nach dem Grundsatz „pacta sunt servanda" zur Wehr setzen.[190] Vertragliche Elemente wurden dann angenommen, wenn das Privileg einen Gegenleistungsakt für die Erbringung „treuer Dienste" darstellte,

---

[183] HASTK, RKG, C 49, Bl. 68 r-73r.

[184] MOHNHAUPT, HEINZ, Erteilung und Widerruf von Privilegien, S. 104.

[185] MOHNHAUPT, H., Privileg neuzeitlich, HRG, Bd. III, Sp. 2009.

[186] KRAUSE, HERMANN, Der Widerruf von Privilegien, S. 119.

[187] KRAUSE, HERMANN, Dauer und Vergänglichkeit, S. 244.

[188] MOHNHAUPT, H., Privileg neuzeitlich, HRG, Bd. III, Sp. 2009.

[189] POTZ, RICHARD, S. 56.

[190] KRAUSE, H., Privileg mittelalterlich, HRG, Bd. III, Sp. 2004; MOHNHAUPT, HEINZ, Erteilung und Widerruf von Privilegien, S. 117; POTZ, RICHARD, S. 59.

da es sich dann eben nicht um einen einseitigen Rechtsakt handelte. Die grundsätzlich bestehende Widerrufsmöglichkeit wurde dadurch beschränkt.[191]

Im Hinblick auf das „Reichsstadtprivileg" der Stadt Köln von 1475 lag ein solches vertragliches Element vor. Kaiser FRIEDRICH III. hatte der Stadt das Privileg für ihr tapferes Verhalten in der Neußer Fehde[192] und damit als Gegenleistungsakt eingeräumt. Die Widerrufsmöglichkeit erscheint daher als problematisch. Trotz Vorliegens eines vertraglichen Elements war ein Privilegienwiderruf jedoch gestattet, wenn dieser als für das „gemeine Beste" erforderlich betrachtet wurde. Das „gemeine Beste" wurde daher als „iusta causa" gewertet. Dem gemeinen Wohl wurde also gegenüber den Begünstigungen des Privilegierten der Vorrang eingeräumt. Was jedoch genau unter dem „gemeinen Besten" zu verstehen war, blieb offen.[193] Es kann daher auch nicht geklärt werden, ob für die kaiserlichen Widerrufungen[194] des „Reichsstadtprivilegs" eine „iusta causa" gegeben war oder nicht.

Ob für die Widerrufung des „Reichsstadtprivilegs" ein solcher Rechtfertigungsgrund vorgelegen hat, kann jedoch offen bleiben. Die Einschränkung der Privilegienwiderrufungen durch das Erfordernis einer „iusta causa" wurde nämlich durch eine Differenzierung nach *Können und Dürfen* relativiert.[195] Widerrief der Kaiser ein Privileg, obwohl eine „iusta causa" nicht gegeben war, wurde der Widerruf zwar als unerlaubt oder sogar strafbar angesehen (es konnte, aber durfte nicht widerrufen werden), galt aber als gültig.[196] Im Ergebnis konnte der Regent daher nicht am Privilegienwiderruf gehindert werden.[197] Selbst wenn folglich eine „iusta causa" für den Widerruf des „Reichsstadtprivilegs" nicht vorlag, durfte selbiges zwar nicht, konnte aber widerrufen werden. Damit sind die Widerrufungen des „Reichsstadtprivilegs" jedenfalls als rechtswirksam zu betrachten.

---

191 MOHNHAUPT, HEINZ, Erteilung und Widerruf von Privilegien, S. 104, 118, 119.

192 Vgl. Anhang 2.

193 MOHNHAUPT, HEINZ, Erteilung und Widerruf von Privilegien, S. 120, 121.

194 Vgl. Anhang 3.

195 KRAUSE, HERMANN, Der Widerruf von Privilegien, S. 117.

196 POTZ, RICHARD, S. 56.

197 KRAUSE, HERMANN, Dauer und Vergänglichkeit, S. 249. Die Möglichkeit der Privilegienwiderrufung war für die Verwirklichung des modernen Staats von grundlegender Bedeutung, da nur durch die Widerrufsmöglichkeit einer „politischen Zementierung" entgegengesteuert werden konnte, so z.B. durch den Widerruf von Privilegien, die mit dem Landfrieden nicht zu vereinbaren waren. Vgl. dazu MOHNHAUPT, HEINZ, Erteilung und Widerruf von Privilegien, S. 114; POTZ, RICHARD, S. 56.

Das „Reichsstadtprivileg“ wurde auf der anderen Seite auch konfirmiert, z.B. am 10.03.1495 durch Kaiser MAXIMILIAN I.[198] Sinn und Zweck einer Konfirmation war die Schaffung von Rechtssicherheit. Durch eine Konfirmation wollte der gegenwärtige Herrscher dem Privileg weiterhin Geltungskraft zukommen lassen.[199]

In dem Bestätigungsprivileg der Stadt wird zunächst geschildert, dass die Vorstehenden des Rates und die treuen Bürger „unserer und des heiligen Reichs“ Stadt Köln (*„Magistri civium Consilium et cives nobiles Civitatis Colonien nostri et Imperii sacri fideles [...]“)* die kaiserliche Majestät demütig um die Erneuerung und Bestätigung all ihrer Privilegien gebeten haben, und zwar insbesondere in Erinnerung an Kaiser FRIEDRICH, um die Erneuerung und Bestätigung ihrer Freiheitsrechte (*„ [...] presertim ad [...] momorie friderico Romanorum Imperatore patre nostro super [...] Juribus libertatibus [...]“*). Dieser Bitte wird nachgekommen. Es werden städtische Freiheiten und Privilegien (*„civitatis Juribus libertatibus“*[200]), insbesondere zur Erinnerung an Kaiser FRIEDRICH[201] in gesamtem Inhalt, Wort für Wort (*„ [...] in omnibus suis tenoribus articulis punctis et clausulis de verbo ad verbum [...]“)* ratifiziert, erneuert und bestätigt. Es ist davon auszugehen, dass damit insbesondere das „Reichsstadtprivileg“ der Stadt Köln gemeint war. Es lässt sich in jedem Fall mit Sicherheit feststellen, dass dieses von der Bestätigung mit umfasst war. Ob dasselbe auch durch die Nachfolger Kaiser MAXIMILIANS Bestätigung erfuhr, konnte nicht geklärt werden.[202]

---

198 HAStK, HUA, Nr. 3/14700. Ein Hinweis auf dieses Bestätigungsprivileg MAXIMILIANS I. findet sich auch bei KISKY, WILHELM, Die Erhebung Kölns, S. 19, jedoch ohne Quellenangabe. Der Bestand, in welchem sich das Privileg befindet und die entsprechende Nr. konnten durch die freundliche Auskunft von Herrn Dr. JOACHIM DEETERS ermittelt werden.

199 MOHNHAUPT, HEINZ, Confirmatio privilegiorum, S. 53.

200 Nach freundlicher Auskunft von Herrn Dr. JOACHIM DEETERS war es typisch für die frühe Neuzeit, derartige weitgefassten Bezeichnungen zu wählen, wie hier *„civitatis Juribus libertatibus“*, was daher mit Rechte und Freiheiten im *umfassenden Sinne* übersetzt werden muss. Damit sollte vermieden werden, irgendwelche Rechte versehentlich auszuschließen.

201 Dem Privileg kann nicht entnommen werden, dass es sich dabei um Kaiser FRIEDRICH III. handelt. In Anbetracht des Hinweises auf städtische Freiheiten und Rechte, kann jedoch davon ausgegangen werden, dass dieser gemeint ist. Ausdrücklich KISKY, WILHELM, Die Erhebung Kölns S. 19.

202 KISKY behauptet dies zwar, belegt diese Behauptung jedoch nicht. Vgl. KISKY, WILHELM, Die Erhebung Kölns, S. 19. Andere behaupten, das Privileg sei niemals bestätigt worden. Vgl. BRINCKEN, ANNA-DOROTHEE VON DEN, Köln 1475 des heiligen Reiches freie Stadt, S. 75.

Auf die Bestätigung ihrer Privilegien verweist die Stadt in den zugrundegelegten Akten nur in sehr allgemeiner Form. So wird von städtischer Seite in einem Schriftsatz auf viele alte und neue kaiserliche Privilegien Bezug genommen, in welchen reichsstädtische Rechte konfirmiert wurden.[203] In dem städtischen Schriftsatz wird jedoch nicht klar, welche Rechte aus welchen kaiserlichen Privilegien gemeint sind, ob also von einer Bestätigung des „Reichsstadtprivilegs" die Rede ist.

Auch die erzbischöflichen Privilegien erfuhren Bestätigung vom Kaiser. Darauf wiesen die Erzbischöfe vor dem RKG hin. So wird beispielsweise betont, dass Privilegien, welche den Kölner Erzbischöfen die Jurisdiktionsgewalt in der Stadt Köln einräumen, immer wieder aufs Neue bestätigt wurden („*[...] de novo confirmirt unnd von aller hochstge. kay. Maytt. mit eigen handen unnd siegeln [...] underschrieben, unnd versieglett werden*").[204] Dies wird im Zusammenhang mit der Frage der städtischen Reichsunmittelbarkeit erörtert.[205] Die Erzbischöfe wollten verdeutlichen, dass durch die kaiserliche Bestätigung der erzbischöflichen Jurisdiktionsgewalt innerhalb der Stadt Köln gleichzeitig die erzbischöfliche Landes- bzw. Stadthoheit anerkannt bzw. die städtische Reichsunmittelbarkeit aberkannt wird.[206]

Kaiserliche Widerrufungen von städtischen Privilegien gingen oftmals mit Bestätigungen erzbischöflicher Privilegien einher. So beispielsweise die Erklärung RUDOLF II. vom 23.12.1605, die als „*Rudolphi Imperatoris generalis confirmatio omnium Privilegiorum Archiepiscopalium cum inserto cassatorio omnium Privilegiorum in contrarium obtentorum [...]*" betitelt war. Ziel dieser Erklärung war, dass der Erzbischof an der Ausübung seiner Privilegien nicht gehindert werden sollte.[207]

KISKY nimmt trotz kaiserlicher Widerrufungen bzw. Ungültigkeitserklärungen des „Reichsstadtprivilegs" dessen Rechts- und Bestandskraft an. Eine rechtlich wirksame Widerrufung und Kassierung läge nicht vor. Als Begründung verweist er darauf, dass das „Reichsstadtprivileg" von den nachfolgenden Kaisern nicht nur widerrufen wurde, sondern auf der anderen Seite auch Bestätigung erfuhr.[208] Auch der Versuch der Erzbischöfe, die kaiserlichen Bestätigungen ihrer Privilegien als Anerkennung der erzbischöflichen Landeshoheit über die Stadt Köln auszulegen, könne, so KISKY, nichts an der Rechts- und Bestandskraft des Pri-

203 HAStK, RKG, C 44, Bl. 146 r.

204 HAStK, RKG, C 49, Bl. 62 r.

205 HAStK, RKG, C 49, Bl. 61 r-62 r.

206 Zum Zusammenhang von Territorial- und Jurisdiktionshoheit vgl. Teil 3 der Arbeit.

207 Vgl. Anhang 3.

208 KISKY, WILHELM, Die Erhebung Kölns, S. 18, 19.

vilegs von 1475 ändern.[209] Diese Aussage KISKYS muss jedoch relativiert werden, da das „Reichsstadtprivileg" in jedem Fall, unabhängig von der Anzahl seiner Bestätigungen, mit Rechtsunsicherheit versehen war. Die Rechtssicherheit der Stadt wurde durch jeden Widerruf, der zeitlich nach einem Bestätigungsprivileg, wie dem MAXIMILIANS vom 10.03.1495, erfolgte, erneut erschüttert. Die Rechtssicherheit die das „Reichsstadtprivileg" durch diese Bestätigung erfahren hatte, verlor es z.B. schon wieder durch einen Widerruf MAXIMILIANS vom 04.04.1495, also knapp einen Monat später. Es lag demnach, zumindest in formeller Hinsicht, ein „Auf- und Ableben" der städtischen Reichsfreiheit vor.
Im Hinblick auf die vorliegende Untersuchung ist dabei insbesondere Folgendes zu berücksichtigen: Kaiser RUDOLF II. kassierte am 23.12.1605 städtische Privilegien, welche den Rechten der Erzbischöfe in irgendeiner Form entgegenstanden. Die hier untersuchten Verfahren waren in der Zeit von 1581 bis 1657 am RKG anhängig. Eines der Verfahren endete bereits im Jahre 1588[210] und damit zeitlich vor der Privilegienkassation durch Kaiser RUDOLF II. Die anderen fünf Verfahren[211] hingegen waren zur Zeit der Kassation noch am RKG anhängig. *Während* dieser Verfahren wurden daher von kaiserlicher Seite alle kurfürstenfeindlichen Privilegien der Stadt für kraftlos erklärt und gleichzeitig die erzbischöflichen Privilegien in ihrer Gesamtheit bestätigt. Das „Reichsstadtprivileg" bzw. Bestätigungen desselben waren aufgrund derer Kurfürstenfeindlichkeit zwingend von dieser Kassation mit erfasst.
Mit Blick auf die zu Beginn aufgeworfene Frage, warum die Stadt Köln in Verfahren, in welchen ihre Reichsunmittelbarkeit in Zweifel stand, das „Reichsstadtprivileg" nicht als Beweismittel für sich ins Feld führte und in ihren Schriftsätzen auf dieses keinen Bezug nahm, lässt sich darin vielleicht ein Erklärungsansatz sehen. Sich auf ein Privileg zu berufen, welches während der laufenden Verfahren und daneben auch wiederholt in der Vergangenheit widerrufen wurde, erschien aus städtischer Perspektive vermutlich wenig sinnvoll. Auch eine Bezugnahme auf das Bestätigungsprivileg MAXIMILIANS vom 10.03.1495 wäre als Argument für die städtische Reichsunmittelbarkeit wenig stichhaltig gewesen, da Widerrufungen zeitlich nach diesem stattfanden, wie beispielsweise am 04.04.1495. Dem von erzbischöflicher Seite in einem Verfahren als Beweismittel beigefügten Privilegienwiderruf zuungunsten der Stadt durch Kaiser MAXIMILIAN am 19.09.1518[212] hatte die Stadt offensichtlich keine Urkunde entgegenzusetzen, die diesen Widerruf entkräften konnte.

---

209 KISKY, WILHELM, Die Erhebung Kölns, S. 18, 19.

210 HAStK, RKG, C 47.

211 HAStK, RKG, C 44, C 45, C 46, C 49, C 50.

212 HAStK, RKG, C 49, Bl. 68 r-73 r.

B. Huldigung und Einreiten

Der erzbischöfliche Versuch, die Reichsunmittelbarkeit der Stadt zu widerlegen, erschöpfte sich nicht in einem Angriff auf das „Reichsstadtprivileg“ als Rechtsgrundlage des städtischen Rechtsstatus. Außerdem wiesen die Erzbischöfe darauf hin, dass bestimmte Verhaltensweisen der Stadt zu dem Status Freie Reichsstadt in Widerspruch standen. Dabei kommt dem erzbischöflichen Einreiten in die Stadt und der damit zusammenhängenden städtischen Huldigung große Bedeutung zu.

Die Erzbischöfe führten vor dem RKG ihr Recht, in die Stadt Köln einzureiten, und die damit verbundene Huldigungspflicht der Stadt als Nachweis der städtischen „Untertänigkeit“ an. Die vorgebrachten Argumente ähneln einander sehr. Es wird immer betont, dass den Erzbischöfen *von jeher* aufgrund kaiserlicher und königlicher Regalien, Privilegien und Erklärungen das Recht zustehe, in die Stadt Köln einzureiten und von Bürgermeister, Rat und gemeiner Bürgerschaft die *„gewönliche huldigung Juramentu fidelitatis et subiectionis zu forderen unndt zuempfangenn“.*[213]

Mit dem feierlichen Einreiten der Erzbischöfe ging ein besonderes Zeremoniell einher. Dieses zeichnete sich zum einen durch die städtische Huldigung und die erzbischöfliche Privilegienbestätigung aus. Ferner gehörte dazu von erzbischöflicher Seite „ein Hochamt im Dom, die symbolische Inbesitznahme des Hohen weltlichen Gerichts am Domhof und das Niederlassen in einem steinernen Sessel in der Kirche St. Johann Ev.“[214] Städtische Huldigungen gegenüber den Kölner Erzbischöfen reichen weit in die Vergangenheit zurück. Schon im Jahre 1074 leisteten die Bürger Erzbischof Anno II. den Treueid, was als Huldigung aufgefasst werden könnte.[215] 1261 huldigten die Kölner Bürger Erzbischof Engelbert II. und leisteten ihm den Treueid.[216] Eine feste Huldigungsformel ist seit 1326 nachweisbar. Diese lautete:„ *[...] huldin wir vrie burgere van Colne unsme herren dem erczbischove van Colne N. hoilt inde getruwe zu syn also lange, als he uns in reichte helt ind in eren, inde unse gude alde gewoynde, de wir ind unse vurvaren herbraicht hain [...].“*[217] Diese Formel findet sich auch

---

[213] HAStK, RKG, C 44, Bl. 20 v, 21 r; fast wortgleich C 45, Bl. 15 v, 16 r und C 46, Bl. 23 v, 24 r.

[214] Kisky, Wilhelm, Die Erhebung Kölns, S. 10, 11; Militzer, Klaus, S. 78.

[215] Militzer, Klaus, S. 80 mit Verweis auf Knipping, Richard, Bd. 1, Nr. 1033.

[216] Knipping, Richard, Bd. 3, 2. Hälfte, Nr. 2182; Militzer, Klaus, S. 79. Vgl. dazu auch Kisky, Wilhelm, Die Erhebung Kölns, S. 11.

[217] Abdruck dieser dem Grossen Privilegienbuch der Stadt von 1326 entnommenen Formel bei Kisky, Wilhelm, Die Erhebung Kölns, S. 11, Anm. 2.

noch im 15. Jh.[218] Unklar ist jedoch, zu welchem Zeitpunkt die Kölner Bürger diesen Eid zum ersten Mal ausgesprochen haben.[219]

Die erste Privilegienbestätigung der Erzbischöfe gegenüber der Stadt geht auf Erzbischof PHILIPP VON HEINSBERG im Jahre 1180 zurück. Mit dieser ging jedoch vermutlich noch keine städtische Huldigung als „Gegenleistung" einher.[220] Das Gegenseitigkeitsverhältnis zwischen erzbischöflicher Privilegienbestätigung und städtischer Huldigung könnte auf Erzbischof SIGFRIED VON WESTERBURG zurückgehen, was sich jedoch nicht mit Sicherheit klären lässt.[221] Der Grund dafür, dass Privilegienbestätigung und Huldigung in Abhängigkeit voneinander erfolgten, ist offensichtlich. Jede Partei benutzte das eigene, von der anderen Partei angestrebte Verhalten – die Stadt die Huldigung, der Erzbischof die Privilegienbestätigung – als Druckmittel, um das eigene Ziel zu erreichen.[222] Durch die erzbischöflichen Privilegienbestätigungen erlangte die Stadt ein Mittel, mit welchem sie die Erzbischöfe an die Wahrung der städtischen Rechte und Freiheiten erinnern konnte. Da die Leistung des Treueids an die erzbischöfliche Anerkennung städtischer Rechte gekoppelt war, wird deutlich, dass die Stadt Köln den Erzbischof nicht unbedingt als ihren Landesherrn anerkannte. Aus erzbischöflicher Sicht war die Huldigung dennoch Beweis der städtischen „Untertänigkeit".[223]

Daher überrascht es nicht, dass vor dem RKG von erzbischöflicher Partei auf die Huldigungsformel Bezug genommen wird. In diesem Zusammenhang finden sich auch Hinweise auf die gegenseitige Titulatur. Diese brachte aus erzbischöflicher Sicht das „Untertanenverhältnis" der Stadt besonders deutlich zum Ausdruck. Es wird betont, dass sich Bürgermeister, Rat und Bürger der Stadt selbst als *„ire liebe getreuwen"* (also Getreue des Erzbischofs) und die Stadt sich als *„Sein Statt"* (also als Stadt des Erzbischofs) schon seit *„vielen undencklichen jaren und Zeitten"* *„unverhindert"* bezeichnet haben.[224] Es wird auch hervorge-

---

[218] Die Formel von 1437 ist gedruckt bei STEIN, WALTHER, S. 637. Verweis darauf auch bei KISKY, WILHELM, Die Erhebung Kölns, S. 11, Anm. 2.

[219] MILITZER, KLAUS, S. 81.

[220] MILITZER, KLAUS, S. 81 mit Verweis auf KNIPPING, RICHARD, Bd. 2, Nr. 1148.

[221] MILITZER, KLAUS, S. 82. KISKY vermutet dieses Gegenseitigkeitsverhältnis bereits seit Erzbischof ENGELBERT II. KISKY, WILHELM, Die Erhebung Kölns, S.10, 11. Vgl. zu dieser Vermutung KNIPPING, RICHARD, Bd. 3, 2. Hälfte, Nr. 2182.

[222] MILITZER, KLAUS, S. 84.

[223] KISKY, WILHELM, Die Erhebung Kölns, S. 11.

[224] HAStK, RKG, C 45, Bl. 14 v, 15 r; wortgleich C 44, Bl. 20 r, C 46, Bl. 22 v, 23 r.

hoben, dass die Erzbischöfe und Kurfürsten die Stadt Köln als *„Ihre Statt"* und die Bürger als ihre *„underthanen und liebe getreuen"* bezeichnet hätten.[225]

Der erste feierliche Einritt eines Erzbischofs in die Stadt Köln lässt sich für FRIEDRICH III. VON SAARWERDEN im Jahre 1372 nachweisen. Ausführlichere Schilderungen finden sich zu dem feierlichen Einritt DIETRICH II. VON MOERS im Jahre 1415. Städtische Huldigung und erzbischöfliche Privilegienbestätigung waren hier Teil einer Reihe feierlicher Ereignisse, insbesondere fand die symbolische Platznahme auf dem steinernen Stuhl in der Kirche St. Johann Ev. statt.[226]

RUPRECHT VON DER PFALZ, DIETRICHS Nachfolger, hingegen bestätigte der Stadt weder ihre Privilegien noch ritt er festlich in die Stadt ein. Eine städtische Huldigung ihm gegenüber fand ebenfalls nicht statt. Die Gründe für das Ausbleiben des feierlichen Zeremoniells, welches sich zu dieser Zeit bereits gefestigt hatte, sind nicht ersichtlich.[227]

Durch das Privileg von 1475 wurde mit den Worten: *„[...] Und ob die gemelten von Collen bisher zu abbruch unnser und des reichs oberkeit, herlichkeit, recht und gerechtigkeit aus vergessenheit oder in annder weise einichem ertzbischoven daselbs huldung oder eide getan hetten, dieselben sollen doch craftloss, unmechtig und unpundig sein und furter mer von in noch iren nachkomen in ewig zeit nicht getan werden [...]"*[228] unmissverständlich zum Ausdruck gebracht, dass die Stadt Köln keine Huldigungspflicht gegenüber den Erzbischöfen mehr treffen sollte. Daneben wurden sogar Huldigungen, die in der Vergangenheit erbracht wurden, für kraftlos erklärt. Damit konnte die Stadt von nun an der erzbischöflichen Forderung nach Huldigung mit einem starken Gegenargument parieren.[229] Es ist daher von Interesse, ob die Stadt nach Erlangung des „Reichsstadtprivilegs" dem Erzbischof weiterhin als „ihrem Herrn" huldigte und ihre Betitelung durch den Erzbischof als „seine Stadt" bzw. „seine Bürger" akzeptierte. Denn durch das Privileg wurde das „Untertanenverhältnis" der Stadt gegenüber den Erzbischöfen auch mit Blick auf die Titulatur aufgehoben. So bestimmte Kaiser FRIEDRICH III.: *„[...] Wir ordnen, setzen und ercleren auch, das nu hinfur ewigclich [...] dhein Ertzbischove zu Collen burgermeister, rate, burger noch gemeinde der gemelten Stat Collen fur 'sein burger und getrewen' noch auch dieselb Stat in seinen schrifften oder reden 'sein Stat' schreiben oder*

---

225 HAStK, RKG, C 46, Bl. 73 r.

226 MILITZER, KLAUS, S. 85, 86. Dort findet sich auch eine Aufstellung der städtischen Kosten, die mit dem erzbischöflichen Einritt verbunden waren.

227 MILITZER, KLAUS, S. 87.

228 Vgl. Anhang 2.

229 KISKY, WILHELM, Die Erhebung Kölns, S. 14.

nennen sollen".[230] Man hätte eigentlich erwarten können, dass die Stadt Köln unter Berufung auf dieses Privileg den Erzbischöfen gegenüber die Huldigung verweigern würde.

Trotz der urkundlichen Befreiung von jeglicher Huldigungspflicht konnte Erzbischof HERMANN IV. VON HESSEN seinen feierlichen Einritt in die Stadt einschließlich dazugehöriger städtischer Huldigung durchsetzen.[231] Es ist nicht bekannt, aus welchem Grund die Stadt trotz ihrer Huldigungsbefreiung den feierlichen Einritt zuließ. MILITZER vermutet als Grund für dieses widersinnige Verhalten der Stadt die von ihr nach der Privilegienerlangung im Jahre 1475 durchgesetzten erheblichen Änderungen bezüglich des feierlichen Einreitens der Erzbischöfe. Die wesentlichste Änderung war, dass die Huldigung erst nach der Privilegienbestätigung durch den Erzbischof geleistet wurde. Dieser war also vorleistungspflichtig. Die Bestätigung musste außerdem erfolgen, bevor der Erzbischof in die Stadt einritt. Unter DIETRICH VON MOERS wurden diese beiden Akte im Gegensatz dazu noch zeitgleich geleistet. Durch die Vorleistungspflicht des Erzbischofs fürchtete die Stadt, wie MILITZER vermutet, vielleicht keine Nachteile durch die Huldigung mehr.[232]

Es fragt sich jedoch, warum die Stadt das Risiko, dass die Erzbischöfe aus ihrer Huldigung ein „Untertanenverhältnis" der Stadt ableiten würden, überhaupt einging. Diese Gefahr konnte durch eine erzbischöfliche Vorleistungspflicht höchstens abgeschwächt, aber keinesfalls beseitigt werden. Auch wenn zwischen HERMANNS Wahl und seinem feierlichen Einritt in die Stadt am 17.2.1488 mehr als sieben Jahre lagen und somit der Schluss gezogen werden kann, dass sich die Stadt zunächst geweigert hat, dem Erzbischof sein feierliches Zeremoniell zu gewähren, bedeutete das endliche Nachgeben der Stadt im Ergebnis einen Sieg für den Erzbischof.[233] Die Stadt betrachtete die Huldigung vermutlich nur noch als eine „leere Formalität"[234] und als Mittel zum Zweck. Für die Erzbischöfe hingegen hatte sie eine weitaus größere Bedeutung: Da die Stadt Köln *trotz* des Privilegs von 1475 die Huldigung leistete, konnten die Erzbischöfe die verfassungsrechtliche Stellung Kölns als Feie Reichsstadt zumindest bezweifeln.

Wie sich aus der *„Securis ad radicem posita"* ergibt, hat die Stadt nach der Privilegienerlangung, *„ihren Ertzbischoffen nur respectum spiritualem zugetragen und verfolglich das praedicatum, unseren gnädigsten herren Ertzbischoffen*

---

230 Vgl. Anhang 2.

231 Eine ausführliche Schilderung des feierlichen Einritts HERMANNS VON HESSEN findet sich bei MILITZER, KLAUS, S. 90-104.

232 MILITZER, KLAUS, S. 89, 90.

233 MILITZER, KLAUS, S. 88.

234 KISKY, WILHELM, Die Erhebung Kölns, S. 16.

pro titulo reverentiae spiritualis außgedeutet". Damit wollte sie betonen, dass sich die Bezeichnung *„unseren herren"* lediglich auf den geistlichen, aber nicht mehr auf den weltlichen Bereich bezog. Von erzbischöflicher Seite wurde dem jedoch niemals nachgegeben. Die Erzbischöfe haben daher den üblichen Titel *„unsere Statt Cöllen"* weiterhin in allen Schriften und Dokumenten verwendet *„wie solches Reichskündig und unwiedersprechlich ist"*.[235] Da sie nicht von der herkömmlichen Betitelung der Stadt ablassen wollten, waren diesbezügliche Streitigkeiten zwingend.[236]

Das Fehlverhalten der Stadt wird in der erzbischöflichen *„Securis ad radicem posita"* hervorgehoben. Dort wird argumentiert, dass die Stadt das 1475 erlangte Privileg stets *„in höchster Stille gehalten"* habe, da es erschlichen worden sei. Daher habe die Stadt Köln trotz des Privilegs dem Erzbischof VON HESSEN *„als ihrem Landtsfürsten die gewöhnliche Erbhuldigung in solemni ejus intrada anno 1488 unweigerlich abgestattet"*.[237] Aus erzbischöflicher Sicht drückt das städtische Verhalten also die Wertlosigkeit des Privilegs aus. Der Erzbischof hatte somit seinen „Hebel", mit welchem er versuchen konnte, die Freie Reichsstadt Köln zu einer Territorialstadt „herabzudrücken", wieder zurückgewonnen.[238]

Der Rat erkannte – wenn auch zu spät – die Bedeutung dieses Fehlverhaltens, und beschloss am 22. Dezember 1505 einen Eintrag in das vierte Eidbuch[239], wodurch das Recht der Huldigungsverweigerung gegenüber dem Erzbischof Gesetzeskraft erlangen sollte.[240] In dem Eintrag wird Bezug genommen auf das Privileg Kaiser FRIEDRICH III. von 1475. Es wird dargelegt, dass von kaiserlicher Majestät bestimmt wurde, dass *„dese loeveliche frye stat Coelne"* nur dem heiligen römischen Reich unterworfen sei und damit auch nur dem römischen Kaiser die Huldigung leisten müsse. Ferner wird darauf hingewiesen, dass eine Huldigung, die trotz der Befreiung *„uyss vergesslicheit"* einem Erzbischof gegenüber geleistet wurde, von kaiserlicher Majestät für kraftlos erklärt worden

---

235 Securis, S. 86.

236 KISKY, WILHELM, Die Erhebung Kölns, S. 17.

237 Securis, S. 67.

238 MILITZER, KLAUS, S. 104.

239 MILITZER, KLAUS, S. 105.

240 BRINCKEN, ANNA-DOROTHEE VON DEN, Köln 1475 des heiligen Reiches freie Stadt, S. 86. Diese Eidbücher beinhalten die geltenden Verfassungsgesetze und sind für Köln seit 1321 bekannt. Dem hier genannten Eidbuch, welches auf das Jahr 1471 zurückgeht, ist der Verbundbrief, das städtische „Grundgesetz" voran gestellt. Vgl. ebendort, S. 86. Er regelte z.B. die Besetzung des Rates und die durch diesen auszuübende Stadtregierung. Vgl. BOCK, ULRICH, S. 20, 21.

ist.[241] Die Ratsleute mussten den Schwur leisten, nie mehr einen Erzbischof „nach Köln einzuführen", noch ihre Zustimmung zu einem Einritt abzugeben.[242] Dieser Eintrag kann wohl als „Rettungsversuch" der Stadt betrachtet werden, nachdem sie erkannt hatte, dass sie durch ihr Verhalten den erzbischöflichen Versuchen, ein städtisches „Untertanenverhältnis" zu beweisen, Tür und Tor geöffnet hatte. Die Erzbischöfe konnten sich nämlich seitdem auf dieses Präjudiz stützen.[243]

Im Jahre 1513 jedoch ließ der Rat das in das Eidbuch eingetragene Huldigungsverbot von 1505 aufheben.[244] Grund dafür könnte das Streben nach erzbischöflicher Privilegienbesiegelung in Folge des Umsturzes im Januar 1513[245] gewesen sein. Vielleicht wurde Rückhalt beim Erzbischof gesucht, so dass ihm

---

241 Druck bei STEIN, WALTHER, Nr. 309, S. 549.

242 BRINCKEN, ANNA-DOROTHEE VON DEN, Köln 1475 des heiligen Reiches freie Stadt, S. 86.

243 MILITZER, KLAUS, S. 105.

244 Druck bei STEIN, WALTHER, Nr. 309, S. 548, Anm. a. Dies folgt aus der dortigen Randbemerkung *„retractata est"*. Vgl. dazu BRINCKEN, ANNA-DOROTHEE VON DEN, Köln 1475 des heiligen Reiches freie Stadt, S. 88, die jedoch den Begriff *„retractatio"* zitiert und diesen mit *Verwerfung* übersetzt.

245 Der Umsturz im Jahre 1513 ist vor dem Hintergrund der Bewegung von 1482 zu sehen. In Folge von vielfältigen niederrheinischen Wirren, insbesondere dem Burgundischen Krieg, war es zu einer hohen Verschuldung der Stadt gekommen. Die Schuldenlasten sollten durch Erhebung städtischer Zölle und erhöhter Akzisen abgebaut werden. Diese Belastungen wiederum wirkten sich jedoch negativ auf Handel und Gewerbe aus. Es kam in Folge dessen zu einer allgemeinen Unzufriedenheit und es entstand der Wunsch, den für die Misere als verantwortlich betrachteten Rat zu entmachten. Am 18. Februar entfachte sich ein gewaltsamer Aufstand gegen den Rat, in dessen Verlauf einige Beamte gefangen genommen wurden. Die Zünfte jedoch richteten sich gegen die Rebellion und befreiten die Gefangenen. Nach dieser Niederlage suchte man nach einer erneuten Möglichkeit, die Entmachtung des Rates zu erreichen. Als im Jahre 1512 aufgrund von Zwistigkeiten unter den Steinmetzen der Rat eingriff und einige der Steinmetze gefangen nehmen ließ, entschlossen sich auch die Zünfte, gegen den Rat vorzugehen. Sie forderten die Freilassung der Steinmetze, Reduzierung der bürgerlichen Belastungen und Strafen bei Verletzungen bürgerlicher Rechte. Zusammen mit dem Pöbel entschieden sie am 4. Januar 1513, ihre Ziele gewaltsam durchzusetzen. Durch die Errichtung einer provisorischen Regierung wurde die Autorität des Rates völlig ausgelöscht. Der Rat gab allen Forderungen der Aufständischen nach und wurde „von den missliebigen Elementen gesäubert und durch anerkannte Revolutionäre ergänzt". Die alten Ratsherren wurden von dem Hohen Gericht wegen Verletzung von Amtspflichten und Bestimmungen des Verbundes schuldig gesprochen. Im Zuge dieser Rebellion kam es zur Besiegelung einer Reformurkunde, dem sog. „Transfix", welcher eine Ergänzung zum Verbundbrief darstellte und durch welchen die Rechte der Zünfte in unterschiedlichen Bereichen erweitert wurden. Vgl. dazu und zu Näherem ENNEN, LEONARD, Geschichte der Stadt Köln, Volksausgabe, S. 186-188, 192-195.

mit der Kassation des Eintrages entgegengekommen werden sollte. In der Aufhebung des Eintrags ist wiederum ein Verzicht auf die 1475 zuerkannten Rechte zu erblicken.[246] Die Stadt hat daher in doppelter Hinsicht und in selbstschädigender Weise auf ihre kaiserlich anerkannten Rechte verzichtet: Zuerst gewährte sie Erzbischof HERMANN IV. VON HESSEN ohne ersichtlichen Grund (kaiserliche Anordnungen lagen hier nicht vor) *trotz* des Privilegs den Einritt in die Stadt. Nachdem sie dann das Recht der Huldigungsverweigerung in das Eidbuch hatte eintragen lassen, wurde dieser Eintrag einige Jahre später wieder aufgehoben. Vor diesem Hintergrund ist nachvollziehbar, dass die Erzbischöfe das Fehlverhalten der Stadt vor dem RKG aufgriffen, um ihre eigenen Rechte durchzusetzen.

Auch gegenüber Erzbischof PHILIPP GRAF VON DAUN-OBERSTEIN gab die Stadt dem Druck nach. Dieser starb jedoch 1515 bevor er seinen feierlichen Einritt vollziehen konnte.[247]

Auf die Einritte der Erzbischöfe HERMANN VON WIED und ADOLPH VON SCHAUENBURG nimmt die erzbischöfliche Partei vor dem RKG ausdrücklich Bezug. Es wird dargelegt, dass Erzbischof HERMANN VON WIED *„am dinstag nach S. Margreten"* im Jahre 1522 und Erzbischof ADOLPH VON SCHAUNBURG *„am S. Panthaleons tag"* im Jahre 1550[248] nicht nur *„zu Cöln [...] eingeritten [...]"* seien und die *„per Imperatoris Caroli Quinti decretum erkandte schuldige gewondliche huldigung unnd Juramentum fidelitatis [...]"* gefordert haben, sondern dass insbesondere Bürgermeister, Rat und die gemeine Bürgerschaft der Stadt Köln den damaligen Erzbischöfen *„solche huldigungh glubdt unnd aids"*, mit welchem sie versicherten *„getrew unnd holt zu sein[...]"*, geleistet hätten.[249] In einem anderen RKG-Verfahren wird, nach Hinweis auf den Einritt Erzbischof ADOLPHS, besonders betont, dass Bürgermeister und Rat den Huldigungseid *„ohne einige Contradiction"* geleistet hätten.[250]

---

246 BRINCKEN, ANNA-DOROTHEE VON DEN, Köln 1475 des heiligen Reiches freie Stadt, S. 88.

247 MILITZER, KLAUS, S. 105, 106. Darstellungen zu den erzbischöflichen Einritten in die Stadt finden sich in ausführlicher Schilderung in der *„Securis ad radicem posita"* von 1687. In dieser ist das gesamte 11. Kapitel dem erzbischöflichen Einreiten und der damit zusammenhängenden städtischen Huldigungspflicht gewidmet. Die Betitelung des 11. Kapitels lautet: *„De Probatione Superioritatis Territorialis ex jure homagii, quod civitas Coloniensis omnibus Archiepiscopis in solemni eorum Intrada, à tempore S. Brunonis, per plura saecula, successiva serie, in signum & recognitionem subiectionis praestirt"*, Securis, S. 67.

248 Wie sich im Folgenden zeigt, stimmen die den unterschiedlichen Quellen entnommenen Datumsangaben zum Einritt des Erzbischofs ADOLPH VON SCHAUENBURG nicht überein.

249 HAStK, RKG, C 44, Bl. 21 r, v; fast wortgleich, jedoch etwas verkürzt C 46, Bl. 24 r, v.

250 HAStK, RKG, C 49, Bl. 60 v, 61 r.

Der nähere Hintergrund des Einritts Erzbischof Hermann V. Graf von Wied lässt sich anhand der *„Securis ad radicem posita“*, der in den zugrundegelegten RKG-Akten befindlichen Beweismittel und des Bestandes „Köln contra Köln“ im HAStK genau rekonstruieren: Als im Jahre 1521 Erzbischof Hermann von Wied in die Stadt einreiten wollte, von dieser die *„huldigung mit dem von uralten Zeiten geführten Titul“* ausdrücklich verlangte und die Stadt ganz in Anlehnung an den alten Brauch als „seine Stadt“ betitelt hatte[251], verweigerte diese, da sie den alten Titel ablehnte und auf einen neuen Titel beharrte, den Einritt.[252] Dieses Verhalten der Stadt bedingte eine Erklärung Kaiser Maximilians, welche in zwei RKG-Verfahren von der erzbischöflichen Partei als Beweismittel beigefügt wurde.[253] Diese *„kay. Maximiliani primi Erclärung wegen des Einreittens Inn die Statt Cölln“* vom 5. Mai 1516[254] ist auch im Urkundenanhang der *„Securis ad radicem posita“* abgedruckt.[255] In dieser Urkunde, die den Verfahren als Kopie beigefügt ist, deklarierte Kaiser Maximilian, dass Erzbischof Hermann und seine Nachfolger das Einrittsrecht *„wie von alters herkomen und geprauchs“* ausüben sollten, ohne daran von Bürgermeister und Rat der Stadt gehindert zu werden. Das Einreiten sollte dem Erzbischof, so gebot der Kaiser, *„uff sein begeren“* gestattet werden. Würde dem nicht nachgekommen, so sollte diese *„unbillich übung unnd handlung“* innerhalb von 45 Tagen nach Verkündung seines Gebots abgestellt werden. Für den Fall, dass sich jemand *„frävenlich“* verhalte und das Gebot nicht beachte, so sollte er eine Strafe von 500 Mark *„lottigs goldts“* zahlen.[256]

Am 19.9.1518 erklärte der Kaiser im Zusammenhang mit der Bestätigung erzbischöflicher Privilegien und Freiheiten[257], dass es einem Kölner Erzbischof

---

[251] Dreher, Bernd, Einleitung, S. 16.

[252] Securis, S. 86.

[253] Die kaiserliche Erklärung folgt in beiden Verfahren der erzbischöflichen Einredeschrift nach und weist zumindest in einem der Verfahren auch den geforderten Bezug zu dieser auf. So wird in der Einredeschrift desselben Verfahrens auf die als Nr. 3 gekennzeichnete und beigefügte Kopie der kaiserlichen Erklärung hingewiesen. Daher ist sie eindeutig der erzbischöflichen Partei zuzurechnen. Vgl. HAStK, RKG, C 44, Bl. 22 r. Im Verfahren C 45 ist das Beweismittel nicht mit einer Nummer versehen.

[254] HAStK, RKG, C 44, Q 8, C 45, Q 5, selbiges Schriftstück findet sich auch in HAStK, KcK, Nr. 13, Bl. 13 r, v.

[255] Securis, Urkundenanhang, Nr. 61, S. 55, 56.

[256] HAStK, RKG, C 45, Bl. 26 r, 27 r, v.

[257] Vgl. Anhang 3.

„zusteet und geburt sein Einreiten in die Statt Collenn zuthunn [...]"[258] Diese Erklärung fügte die erzbischöfliche Partei einem anderen Verfahren als Beweismittel bei.[259] Darin betonte Kaiser MAXIMILIAN, dass eine städtische Verweigerung des erzbischöflichen Einritts *„wied die ordnung d guildenn Bullenn weilennt keiser Carls deß viertenn unsers Vorfahren"* verstoßen würde. Die Goldene Bulle bestimme in einem Artikel, dass Privilegien, welche den kurfürstlichen Privilegien schädlich sind, kraftlos seien.[260] Es wurden daher alle städtischen Privilegien, aus welchen die Stadt das Recht ableiten konnte, den feierlichen Einritt der Erzbischöfe zu verweigern, als hinfällig betrachtet.[261]

Kaiser MAXIMILIAN konnte jedoch trotz dieser Gebote nicht erreichen, dass die Stadt HERMANN VON WIED den Einritt gewährte und die Huldigung leistete. Sein Nachfolger, Kaiser KARL V., versuchte zunächst auf anderem Wege eine Lösung der Streitfrage zu erwirken. Am 28.5.1521 setzte er den Erzbischof von Trier zum *„Commissario"* ein. Dieser sollte die Parteien bezüglich der streitigen Punkte, insbesondere des Einreiten und der Titulatur, verhören und einen Vergleich zwischen ihnen erzielen.[262] Da ein solcher jedoch nicht zustande kam, setzte die kaiserliche Kommission den 5. November 1521 für den erzbischöflichen Einritt fest.[263] Diese Anordnung führte jedoch ebenfalls zu keinem Erfolg, da die Stadt Köln den erzbischöflichen Einritt auch an diesem festgesetzten Tag nicht gestattete.[264]

---

[258] HAStK, RKG, C 49, Bl. 68 r; Selbiges Schriftstück findet sich auch im Urkundenanhang der Securis Nr. 62, S. 56-58.

[259] Der Schriftsatz folgt als Nr. zwei signiert der erzbischöflichen Einredeschrift nach.

[260] HAStK, RKG, C 49, Bl. 69r, 70 r. Bl. 70 r müsste vom logischen Zusammenhang her direkt Bl. 69 r folgen. Es ist hier von einem Beschriftungsfehler auszugehen. Zu diesem Artikel der Goldenen Bulle vgl. S. 40.

[261] In der Urkunde wird ausdrücklich Bezug genommen auf städtische Privilegien von 1467, 1469 und 1474. Vgl. Securis, Urkundenanhang Nr. 62, S. 56, Überschrift.

[262] Securis, S. 68, Urkundenanhang Nr. 63, S. 58. Die Urkunde ist betitelt als *„Sententia Caroli Quinti Imperatoris, daß die Statt Cöllen ihrem Ertz-Bischoffen den Einritt gestatten/und von selbigem den Titel/wie von alters/annahmen sollen"*. Selbiges Schriftstück findet sich auch in HAStK, KcK, Nr. 12, Bl. 13 v-14 r und in HAStK, RKG, C 44, Bl. 69 r, v, C 45, Bl. 67 r, v.

[263] Securis, S. 68, Urkundenanhang Nr. 64, S. 59. Selbiges Schriftstück findet sich auch in HAStK, RKG, C 44, Bl. 71 r-72 r, C 45, Bl. 42 r-43 v und HAStK, KcK, Nr. 12, Bl. 18 v-21 r.

[264] Securis S. 68.

Daraufhin ergriff Kaiser KARL V. rigorosere Maßnahmen. Er gebot der Stadt in einem Poenalmandat vom 8.2.1522[265], welches von erzbischöflicher Seite als Beweismittel beigefügt war[266], unter Androhung einer Strafe von *„Thausent marcks löttigs goldts"*, dem Erzbischof *„seinen Inridt inn die Statt Cöllen, one alle belaidigung"* zu gestatten und ihm den Huldigungseid zu leisten. Für den Fall, dass die Stadt sich nicht daran halten sollte, müsse sie die Strafe zahlen und würde aller Privilegien, Freiheiten und Gnaden entsetzt.[267] Erst nach dieser Androhung haben sich am 14. Juli 1522, *„Montag nach Margarethae"*, Erzbischof HERMANN und Bürgermeister und Rat der Stadt Köln dahingehend „vertragen", dass der Erzbischof und Kurfürst von Köln *„uff Dinstag nach Margarethae"* in die Stadt Köln einreiten sollte,[268] was dann auch *„sambt der huldigung [...] dem herkommen nach solenniter"* geschah.[269]

Hinsichtlich der Titulatur, die der Erzbischof gegenüber der Stadt gebrauchte, kam es zu einer Abänderung der herkömmlichen Formel. In diesem Zusammenhang wird von erzbischöflicher Seite auf eine im Jahre 1522 in Brüssel unter Kaiser KARL V. getroffene Abrede zwischen Erzbischof HERMANN VON WIED und Bürgermeister und Rat der Stadt Köln verwiesen. KARL V. habe zunächst folgenden Titel *„declarirt und decretirt"*: *„Den Ersamen, weisen unsern lieben getrewen Burgmaister und Rhat und andern unsern Burgern zu Colln"*. Diesen Titel sollte der Kurfürst gebrauchen und Bürgermeister und Rat der Stadt akzeptieren,[270] was letztere jedoch nicht taten.[271] Es konnte dann jedoch ein Vergleich zwischen den Parteien hinsichtlich der städtischen Titulatur erreicht werden. Der abgeänderte Titel, den der Erzbischof gegenüber der Stadt verwenden sollte, lautete: *„Den Ersamen weisen Burgermeistern und rhat und andern unsern Burge zu Colln lieben getrewen"* und ist in dieser Form von der städtischen Seite angenommen worden.[272]

---

265 HAStK, RKG, C 44, Bl. 74 r-78 v, C 45, Bl. 36 r-41 v; HAStK, KcK, Nr. 12, Bl. 14 v-18 v; Securis, Urkundenanhang, Nr. 65.

266 In den Verfahren C 44 und C 45 folgt der Schriftsatz im Anschluss an weitere Beweismittel der erzbischöflichen Einredeschrift nach.

267 HAStK, RKG, C 45, Bl. 38 v-39 v.

268 Securis, Urkundenanhang Nr. 66, S. 61. Selbiges Schriftstück findet sich auch in HAStK, KcK, Nr. 12, Bl. 35 v-39 r.

269 Securis, S. 69.

270 HAStK, RKG, C 46, Bl. 23 v.

271 Securis, S. 86.

272 HAStK, RKG, C 46, Bl. 23 v. Auf diesen am 14. Juli 1522 geschlossenen Vergleich wird auch in der *„Apologia des Ertz Stiffts Cöllen"* Bezug genommen. Vgl. Apologia, S. 113. Der Vergleich befindet sich unter dem Titel: *„Articulen/so fur dem Einreitten Ertzbi-*

Auf den ersten Blick scheinen die erzbischöflichen Rechte im Hinblick auf die Titulatur durch diesen Vergleich geschmälert worden zu sein. Durch die neu festgesetzte Titulatur war es den Erzbischöfen verwehrt, die Stadt als „unsere Stadt" zu bezeichnen. Einen wesentlichen Erfolg hatte die Stadt durch diese Änderung jedoch nicht erzielt. Es wurde lediglich eine Abmilderung des erzbischöflichen „Besitzanspruchs", der auf die herkömmliche Betitelung „unsern lieben getrewen Burgmaister und Rhat" (verkürzt „unsere Stadt") gestützt werden konnte, erreicht.[273] Auch der neue Titel wurde, wie sich aus der *„Apologia des Ertz Stiffts Cöllen"* ergibt, von den Erzbischöfen weiterhin als Nachweis dafür angesehen, dass die Bürger der Stadt Köln *„den Ertzbischoffen subiect, und deren subditi seyen"*.[274]

Der letzte Erzbischof, der einen feierlichen Einritt in die Stadt Köln abhalten konnte, war ADOLF III. GRAF VON SCHAUENBURG.[275] Auch diesem Einritt setzte die Stadt jedoch ihren Widerstand entgegen, wie in der *„Securis ad radicem posita"* geschildert wird. Am 18. (8.)[276] Mai 1548 sei ein kaiserliches Befehlsschreiben ergangen, in welchem die Stadt aufgefordert worden sei, den Erzbischof einreiten zu lassen und ihm *„alle Fürderung und Ehrerbiethung"* entgegenzubringen. Die Stadt weigerte sich jedoch, so dass der Kaiser vermittelnd versicherte, durch den Einritt und die Ableistung des Huldigungseides würde keine Partei Verluste hinsichtlich ihrer Rechte, Privilegien und Freiheiten erleiden.[277] Am 3.2.1551[278] ist Erzbischof ADOLPH *„den Morgen umb neun Uhren"* *„auff den Eigelstein geritten"*.[279] Der Einritt war damit verbunden, dass die gesamte Bürgerschaft dem Erzbischof das *„Homagium"*, also einen Huldigungseid, durch welchen ihm die ewige Treue versprochen wurde, leistete. Gleichzeitig bestätigte der Erzbischof der Stadt ihre Privilegien.[280]

---

schoff hermann abgeredt/Anno 1522. Montag nach Margarethae den 14. Julii" im Urkundenanhang der Securis Nr. 66, S. 61-62.

[273] MILITZER, KLAUS, S. 106.

[274] Apologia, S. 113.

[275] Eine Beschreibung des Einritts ADOLF VON SCHAUENBURGS findet sich bei MILITZER, KLAUS, S. 109-112.

[276] Das genaue Datum lässt sich nicht ermitteln, da in der Securis an einer Stelle vom 18. Mai, an anderer Stelle hingegen vom 8. Mai die Rede ist.

[277] Securis, S. 69, 70.

[278] In den RKG-Akten wird der Einritt auf das Jahr 1550 datiert. Vgl. S. 59.

[279] Securis, Urkundenanhang Nr. 68, S. 64, 65.

[280] Securis, S. 70.

Es wird also deutlich, dass die Stadt Köln all diesen zuletzt genannten Erzbischöfen den Einritt in die Stadt zwar gewährte, dies jedoch nicht freiwillig tat, sondern stets durch kaiserliches Eingreifen dazu „genötigt" wurde. Dies konnte natürlich nichts daran ändern, dass jeder dieser Einritte, unabhängig davon, aus welchem Grund er schließlich von der Stadt zugelassen worden ist, für die Erzbischöfe einen Sieg bedeutete.

Weder ANTON GRAF VON SCHAUENBURG, noch JOHANN GEBHARD I. GRAF VON MANSFELD, noch FRIEDRICH IV. GRAF VON WIED ritten feierlich in die Stadt Köln ein.[281] Dies kann zum einen auf ihre kurze Amtszeit, zum anderen aber auch auf deren persönliche Schwäche und fehlende Durchsetzungskraft zurückgeführt werden. SALENTIN GRAF VON ISENBURG hatte zwar mit der Stadt Vorverhandlungen über einen feierlichen Einritt geführt, trat jedoch vor einem solchen von seinem Amt zurück.[282]

Der nachfolgende Erzbischof GEBHARD II. TRUCHSESS VON WALDBURG habe laut MILITZER jegliche Versuche, die Zustimmung der Stadt zu seinem feierlichen Einritt zu erlangen, unterlassen. Auch die nachfolgenden Erzbischöfe ERNST HERZOG VON BAYERN und FERDINAND HERZOG VON BAYERN hätten auf ihren Einritt verzichtet. Die ganze Zeremonie sei anders gestaltet gewesen und hätte mit dem Einritt keine Ähnlichkeit mehr gehabt. Dies wird auf äußere Verwicklungen des Erzstifts zurückgeführt, zum einen im Zusammenhang mit dem spanisch-holländischen, zum anderen mit dem Dreißigjährigen Krieg. Daher hätten die Erzbischöfe für die Stadt Köln keine ernsthafte Gefahr darstellen können.[283]

Ein unterlassener Einrittsversuch von Seiten des Erzbischofs GEBHARD II. TRUCHSESS VON WALDBURG und ein Verzicht des Erzbischofs ERNST VON BAYERN auf seinen feierlichen Einritt in die Stadt nebst dazugehöriger Huldigung ist zweifelhaft. Sowohl unter Erzbischof GEBHARD II. TRUCHSESS VON WALDBURG, als auch unter Erzbischof ERNST VON BAYERN waren Verfahren am RKG anhängig, in welchen die Rechtsstellung der Stadt Köln gegenüber den Erzbischöfen und damit einhergehend auch die Frage des feierlichen Einreitens der Erzbischöfe in die Stadt und die Frage der städtischen Huldigungspflicht streitig waren.[284] So stand in zwei RKG-Verfahren[285] Erzbischof GEBHARD I.

---

281 Vgl. dazu Anlage 1. Wie in der *„Securis ad radicem posita"* geschildert wird, erwirkte auch Erzbischof ANTONIUS GRAF VON SCHAUNBURG, Bruder des ADOLPHS, am 18. Martii 1558 ein kaiserliches Poenalmandat, in welchem Kaiser FERDINAND, unter Bezugnahme auf das Poenalmandat Kaiser KARLS V. vom 26.2.1522, anordnete, dem Erzbischof den Einritt zu gestatten. Vgl. Securis, Urkundenanhang Nr. 69, S. 65-67. Dazu kam es jedoch nicht mehr, da der Erzbischof am 18. Juli 1558 verstarb. Vgl. dazu Securis, S. 70.

282 MILITZER, KLAUS, S. 112 mit weiteren Literatur- und Quellennachweisen.

283 MILITZER, KLAUS, S. 112, 113.

284 HAStK, RKG, C 44, C 45, C 46, C 49.

TRUCHSESS VON WALDBURG nebst seinen Nachfolgern und in zwei anderen Verfahren[286] ERNST VON BAYERN der Stadt als Prozessgegner gegenüber. Die Tatsache, dass am RKG derartige Verfahren anhängig waren, zeigt, dass die Erzbischöfe auf dem Rechtsweg versuchten, ihr Einrittsrecht und die damit zusammenhängende städtische Huldigungspflicht durchzusetzen. Auf ihren Einritt und insbesondere die daraus ableitbaren Rechte wollten sie daher keineswegs verzichten. Dies zeigen ihre vor dem RKG erhobenen Ansprüche. Sie leiten von dem Einreiten der erzbischöflichen Vorgänger in die Stadt Köln und dem städtischen Huldigungsverhalten diesen gegenüber auf das noch bestehende Einrittsrecht der erzbischöflichen Nachfolger und die immer noch bestehende städtische Huldigungspflicht über. So wird von erzbischöflicher Seite angeführt, dass Bürgermeister, Rat und die gemeine Bürgerschaft der Stadt Köln verpflichtet seien, dem regierenden Erzbischof und Kurfürsten *„iuramentum fidelitatis [...] zu leisten [...].“*[287] In einem anderen Verfahren wird betont, dass das erzbischöfliche Recht, in die Stadt Köln einzureiten und von Bürgermeister, Rat und Bürgerschaft die gewöhnliche Huldigung zu empfangen, auch heute noch bestehe.[288]

Gegen einen Einrittsverzicht der aus dem Hause BAYERN stammenden Erzbischöfe spricht auch der Wortlaut einer Passage in der *„Securis ad radicem posita“*. Dort heißt es, dass diese Erzbischöfe aufgrund der *„Religion und kriegs Empörungen im Reich“*, durch welche *„absonderlich im Cöllnischen Ertzstifft so viel Unruhe gestifftet“* wurde, den *„punctum homagii“* einschließlich der Huldigung *„reserviren“* mussten.[289] Dabei liegt die Betonung auf der Begrifflichkeit *„reserviren“*, welche wohl kaum einen Verzicht meint, sondern vielmehr im Sinne eines Aufschubs aufgrund der damaligen Geschehnisse zu verstehen ist.

Zu fragen ist, ob die in den untersuchten Verfahren auftretenden Erzbischöfe GEBHARD II. TRUCHSESS VON WALDBURG und ERNST VON BAYERN aus dem gewöhnlichen Einreiten ihrer Vorgänger einen eigenen rechtlichen Anspruch auf Einreiten ableiten konnten. In Ansehung der Ausführungen Erzbischof MAXIMILIAN HEINRICHS in seiner *„Apologia des Ertz Stiffts Cöllen“* von 1659 kann, da diese zeitlich nach den am RKG anhängigen Verfahren (1581-1657[290]) verfasst wurde, rückblickend festgestellt werden, dass weder Erzbischof GEBHARD

---

285 HAStK, RKG, C 44, C 45.

286 HAStK, RKG, C 46, C 49.

287 HAStK, RKG, C 49, Bl. 60 v, ähnlich auch C 49, Bl. 11 r und C 46, Bl. 73 r.

288 HAStK, RKG, C 46, Bl. 24 r.

289 Securis, S. 71.

290 Bei dieser Zeitangabe wurden nur diejenigen Verfahren berücksichtigt, in welchen das feierliche Einreiten der Erzbischöfe Streitgegenstand war.

II. noch Erzbischof ERNST VON BAYERN in die Stadt Köln eingeritten sind. Daraus kann jedoch nicht der Rückschluss auf ein nicht bestehendes Einrittsrecht einschließlich nicht bestehender Huldigungsverpflichtung der Stadt gezogen werden. Es ist davon auszugehen, dass sich das RKG mit dieser Frage beschäftigt haben wird, so dass eine rechtliche Würdigung angebracht erscheint.

Mit der Schilderung der Einritte ihrer Vorgänger und die in der Vergangenheit geleistete Huldigung der Stadt stützen die Erzbischöfe ihren eigenen Anspruch auf die *alten Gewohnheiten* ihrer Vorfahren. „Bey denen Juristen ist die Gewohnheit oder das herkommen, so durch einen langen Gebrauch in einer Societät, Policey oder Gemeine, daß es ein Recht sey, vernünfftig eingeführet und hergebracht ist, auch vor Recht gehalten, ob es gleich nicht durch Gesetze geboten".[291] Die Erzbischöfe erwähnen in den zugrundegelegten Akten stets im Zusammenhang mit ihrem behaupteten Einrittsrecht kaiserliche und königliche Privilegien, Regalien und Urteile („*in crafft kayserlichen und königlichen Regalien privilegien declaration urtheile und erclerung*"),[292] aus welchen ihr Einrittsrecht ableitbar sei. Erklärung dafür könnte Folgendes gewesen sein: Wollte sich jemand auf alte Gewohnheiten stützen und eigene Rechte aus diesen ableiten, so traf ihn die Beweislast. Die Handlungen, durch welche die Gewohnheit „induciret seyn solle" musste umfassend bewiesen werden. Dieser Beweis galt als vollständig erbracht, wenn eine Konfirmation der hohen Obrigkeit vorlag. Dann kam der Gewohnheit die gleiche Wirkung wie dem geschriebenen Recht zu.[293] Einige der kaiserlichen Erklärungen, die das erzbischöfliche Einrittsrecht und die städtische Huldigungspflicht bestätigen, wurden als Beweismittel beigefügt. So beispielsweise die „*Copia kay. Maximiliani primi Erclärung wegen des Einreittens Inn die Statt Cölln*" aus dem Jahre 1516.[294] Folglich konnten die Erzbi-

---

[291] Voraussetzung einer „beständigen Gewohnheit" war, dass diese nicht unbillig sein durfte. Unbilligkeit lag bei Verstößen gegen das natürliche und göttliche Recht oder Völkerrecht vor. Vgl. ZEDLER, JOHANN HEINRICH, Gewohnheit, Bd. 10, Sp. 1398, 1399. Was das Entstehungsmerkmal des langen Gebrauchs angeht, so wurde von den Legisten eine 10-jährige und von den Kanonisten eine 40-jährige Mindestzeit gefordert, wobei es innerhalb derselben zu mindestens zwei Übungen kommen musste. Vgl. KRAUSE, H., Gewohnheitsrecht, HRG, Bd. 1, Sp. 1680. Das feierliche Einreiten der Erzbischöfe einschließlich städtischer Huldigungen wie auch die oben beschriebene Titulatur gehen, wie gezeigt, weit in die Vergangenheit zurück, so dass diese Verhaltensweisen das beschriebene Merkmal des langen Gebrauchs erfüllen. Von einer Unbilligkeit kann weder bezüglich des erzbischöflichen feierlichen Einreitens in die Stadt noch hinsichtlich der gegenseitigen Titulatur ausgegangen werden, so dass eine Gewohnheit vorlag.

[292] HAStK, RKG, C 46, Bl. 24 r.

[293] ZEDLER, JOHANN HEINRICH, Gewohnheit, Bd. 10, Sp. 1398-1400.

[294] HAStK, RKG, C 45, Bl. 26 r.

schöfe vor dem RKG den Beweis der alten Gewohnheit erbringen und auf diese Urkunden ihre eigenen Ansprüche stützen.[295]

Erzbischof MAXIMILIAN HEINRICH HERZOG VON BAYERN, der selbst zwar keinen feierlichen Einritt in die Stadt erhielt, jedoch *„incognito"* in die Stadt eingeritten ist, argumentiert in seinen bereits beschriebenen Werken, der *„Apologia des Ertz Stiffts Cöllen"* von 1659 und der *„Securis ad radicem posita"* von 1687 ähnlich wie seine Vorgänger am RKG. Wie diese nimmt er Bezug auf erzbischöfliche Einritte in der Vergangenheit, um die „Untertänigkeit" der Stadt Köln nachzuweisen. Er führt die feierlichen Einritte seiner Vorgänger, und zwar insbesondere die damit einhergehenden Huldigungen gegenüber denselben, als Argument für die immer noch bestehende erzbischöfliche Oberhoheit über die Stadt ins Feld, obwohl seit Erzbischof ADOLF III. ein solcher feierlicher Einritt keinem Erzbischof mehr gewährt wurde.[296] Dabei wird auch die Bedeutungslosigkeit des „Reichsstadtprivilegs" betont. So wird in der *„Apologia des Ertz Stiffts Cöllen"* ausgeführt, die Bürger der Stadt Köln hätten bis zum Jahre 1554[297] allen Erzbischöfen, die den *„gewöhnlichen Einritt in die Statt gethan"* haben, das *„Iuramentum fidelitatis, & subiectionis" „gutwillig"* geleistet. Dies sei *„uneracht"* dessen geschehen, dass die Stadt durch das von Kaiser FRIEDRICH III. im Jahre 1475 erlangte Privileg *„von solchem Homagio befreyet"* worden ist. Dies wird im Zusammenhang mit der Kassierung des angeblich erschlichenen Privilegs gesehen. Die Landeshuldigung, die die Bürger gegenüber den Erzbischöfen geleistet haben (*„hulden Unserm hern")* sei der Nachweis dafür, dass *„Sie [...] der Ertzbischoffen/und Lands Fürsten subdicti seyen"*. So müsse auch den regierenden Erzbischöfen nach ihrem *„jus Intradae"*, dem gewöhnlichen Einritt in die Stadt Köln, von der Bürgerschaft *„mit gewönlicher solennität"* die Landeshuldigung geleistet werden. Auch findet sich ein Hinweis darauf, dass die *„zeitliche Ertzbischoffen"* die Bürger der Stadt jederzeit *„Ihre*

---

295 Nachdem mehrere Erzbischöfe nicht mehr in die Stadt eingeritten sind, ergeben sich in Bezug auf Erzbischof FERDINAND VON BAYERN Anhaltspunkte für einen Einritt am 5. Januar 1621 im Bestand „KcK". Dort heißt es: *„Anno 1621 den 5. Januari ist der Churfurst hertzog ferdinandt in bayern mit den adlichen Landtständen und ungepfer hundert gewapfneter Reiter alhin zu St. Severinspforten einkommen, welchem auß eines Erb Rhats befelch dieser Statt bestelter Oberster Sintzig vor St. Severinspforten binnen dem Schlagbaum mit seinen beyhabenden Soldaten erwartet und ist neben dem Churf. Marschall [...] zu dem Colnischen hoff in die dranckgaß eingeritten [...]."* Es wird des Weiteren geschildert, dass bei seinem Einritt großes Geschütz aufgefahren wurde. HAStK, KcK, Nr. 16, Bl. 9. Ob es sich dabei jedoch um einen feierlichen Einritt einschließlich städtischer Huldigung handelte, kann diesem Eintrag nicht entnommen werden.

296 MILITZER, KLAUS, S. 114, 115.

297 Unklar ist, warum hier auf das Jahr 1554 abgestellt wird, da Erzbischof ADOLF VON SCHAUENBURG nach obigen Quellenangaben schon 1550/1551 eingeritten ist.

liebe getrewe" genannt hätten. Die Briefe, in denen sich diese Betitelung findet, seien von Bürgermeister und Rat akzeptiert worden.[298]

In der „*Securis ad radicem posita*" erfolgt eine ähnliche Mitteilung. Die Stadt Köln und die Bürger hätten die „*zeitliche Ertzbischoffen*" als „*ihre herren*" anerkannt und die Erzbischöfe die Stadt schon immer als „*ire Statt*" und die Bürger als „*ihre Burgere*" bezeichnet. Dies hätten die Bürger und auch die Stadt „*ohne Widerrede*" akzeptiert. In diesem Zusammenhang wird ausdrücklich auf den Huldigungseid der Stadt („*hulden wir freye Burger von Cöllen unserem herren Ertzbischoffen*") abgestellt. Durch die Formulierung „*hulden wir unserem herren*" habe die Stadt die „*zeitliche Ertzbischoffen*" jedes Mal erneut als ihren Herrn und Landesfürsten anerkannt.[299]

Die Stadt nimmt lediglich in einem Verfahren auf das feierliche Einreiten der Erzbischöfe Bezug. In diesem wird vorgetragen, dass Bürgermeister und Rat der Stadt Köln nicht verpflichtet seien, dem Kurfürsten „*Juramentum fidelitatis zueleisten, unnd das einreitten zuegestatten [...].*" Diesbezüglich könne dem gegnerischen Anwalt nicht nachgegeben werden.[300] Begründungen dafür fehlen jedoch. Auch hinsichtlich der gegenseitigen Titulatur findet sich eine städtische Reaktion nur in einer Verfahrensakte. Die städtische Partei sei „*nicht gestendig*", dass der Kurfürst die Stadt und die Bürger als „*seine underthane oder liebe getrewen*" nennen dürfe. In diesem Zusammenhang erscheint der städtische Hinweis auf „*statlichenn privilegiis*", durch welche dies „*abgetriebenn*" werden könne, besonders bedeutsam.[301] Mit diesen Privilegien, die aus städtischer Sicht dem erzbischöflichen Anspruch auf die begehrte Titulatur entgegenstehen, könnten das „Reichsstadtprivileg" und dessen Bestätigung gemeint sein, da durch diese das „Untertanenverhältnis" der Stadt gegenüber den Erzbischöfen aufgehoben wurde. Jedoch werden auch in diesem Zusammenhang die Privilegien nicht durch ein Datum oder eine nähere Bezeichnung konkretisiert. Der Hinweis BEEMELMANS[302] und KISKYS, die Stadt habe auch gegen die vom Erzbischof gewählte Bezeichnung Kölns als „seine Stadt" mit Verweisen auf das „Reichsstadtprivileg" pariert, kann daher nicht bestätigt werden. Es lässt sich lediglich vermuten, dass die Stadt diese Privilegien meint. Fraglich ist jedoch – unterstellt, dass die Stadt tatsächlich auf das „Reichsstadtprivileg" anspielte –, ob dieses dem vom Erzbischof geltend gemachten Anspruch auf Einritt und

---

298 Apologia, S. 111, 112.

299 Securis, S. 78. Auf den folgenden Seiten wird dies in Bezug auf die einzelnen Erzbischöfe dargelegt.

300 HAStK, RKG, C 49, Bl. 83 r.

301 HAStK, RKG, C 46, Bl. 94 r, v.

302 BEEMELMANS, MARIA CLEMENTINE, S. 19; KISKY, WILHELM, Die Erhebung Kölns, S. 17.

Huldigung überhaupt entgegenstand. Durch das „Reichsstadtprivileg“ wurde die Stadt von der alten Gewohnheit der Huldigung gegenüber den Erzbischöfen befreit. Der Verstoß des Privilegs gegen die Goldene Bulle führte zwar nicht zur Rechtsunwirksamkeit desselben.[303] Das „Reichsstadtprivileg“ und damit auch die städtische Befreiung von der Huldigungspflicht wurde sogar von Kaiser MAXIMILIAN I. am 10.03.1495 bestätigt[304]. Derselbe Kaiser gebot jedoch am 5. Mai 1516 der Stadt, den Erzbischof einreiten zu lassen und ihm zu huldigen. Daher erkannte er die alte Gewohnheit des Einreitens an, obwohl er dies noch einige Jahre zuvor anders entschieden hatte. Da die Rechtssetzungsbefugnis immer bei dem jeweils regierenden Kaiser lag und daher ein Auf- und Ableben des „Reichsstadtprivilegs“ die Folge war, bestand für die Stadt auch im Hinblick auf ihre Huldigungsbefreiung und das erzbischöfliche Einrittsrecht Rechtsunsicherheit.

Neben der Rechtsunsicherheit, mit welcher das „Reichsstadtprivileg“ behaftet war, könnte das Verhalten der Stadt ein weiterer Grund dafür gewesen sein, dass sie dieses weder den Akten als Beweismittel beifügte noch in ihren Schriftsätzen auf dieses Bezug nahm. Aus Sicht der Stadt erschien es vermutlich wenig sinnvoll, sich auf ein Privileg zu stützen, zu welchem sie sich durch das Gewährenlassen der erzbischöflichen Einritte und ihrem Huldigungsverhalten in Widerspruch gesetzt hatte. Die Stadt hat dadurch das Privileg selbst entwertet.

Der Hinweis auf die Einritte der Vorgänger in die Stadt Köln, das Huldigungsverhalten der Stadt, die Bestätigung der städtischen Pflichten durch kaiserliche Erklärungen und die gewohnheitsrechtliche Wirkung, die durch das Verhalten der Vorgänger geschaffen wurde, müssen daher insgesamt als starke Argumente der erzbischöflichen Partei betrachtet werden.

C. DIE REICHSSTANDSCHAFT DER STADT KÖLN UND IHRE EINTRAGUNG IN DIE REICHSMATRIKEL

Als Nachweis für ihren Status als Freie Reichsstadt und für ihre Reichsunmittelbarkeit führte die Stadt Köln vor dem RKG zahlreiche Kriterien ins Feld, wobei der oftmalige Hinweis auf ihre *Reichsstandschaft* und ihre Eintragung in die *Reichsmatrikel* auffällig ist.

I. Die Reichsstandschaft der Stadt Köln

Die Stadt weist darauf hin, dass sie auf allen Reichstagen erschienen und von der kaiserlichen Majestät jederzeit als eine Reichsstadt „*beschribenn*“ worden sei. Köln habe „*vonn der Zeitt ahn, als die Reichsabschiede vonn den stenden versiegelt worden [...]*“ sind, „*als die erste unnd fuernembste Reichsstatt ahnn*

[303] Vgl. dazu die obigen Ausführungen zur Dauerwirkung von Rechtsakten.

[304] Vgl. S. 50.

den Reichsabscheiden mitgesiegeltt", wie auf dem Reichstag zu Köln im Jahre 1512 als auch auf dem Reichstag zu Worms im Jahre 1521 und allen folgenden Reichstagen.[305] Diese Ausführungen wiederholen sich im städtischen *„Libellus articulatus [...]"* eines Verfahrens. In diesem sehr umfassenden Schriftsatz wird in 179 positiones[306] nachzuweisen versucht, dass die Stadt Köln eine Freie Reichsstadt ist.[307] Es wird dargelegt, dass Bürgermeister und Rat der Stadt Köln als *„die ordentliche Obrigkheidt"* der Stadt seit *„Menschen gedencken"* bis zum heutigen Tag von den regierenden römischen Kaisern und Königen *„hochlöblicher gedechtnuß"* als Mitglied und Stand des heiligen Reichs *„zu den Reichs dagen und gemeinen Reichs Versamlung beschrieben, erfordert und beroiffen worden"* seien.[308] Auch hier wird der Reichstag zu Köln im Jahre 1512 explizit hervorgehoben. Die Stadt Köln habe, wie auch Kurfürsten, Fürsten und andere Stände, ihr *„Insiegell an den Reichs Abschiedt [...] zu bedrefftigungh gehenckt [...]."*[309] Bestimmte Argumentationsstrukturen ziehen sich zum Zwecke der Glaubhaftmachung der eigenen Rechtsauffassung durch die Schriftsätze.

Reichsstandschaft meinte das Recht, Sitz und Stimme auf den Reichstagen[310] zu haben. Sie war Ausdruck des Treueverhältnisses zwischen König und Reichsstädten. Die Reichsstädte sollten dem Reich durch die Leistung von Reichshilfe verpflichtet sein, welche in Form der Reichssteuerzahlung zu erfüllen war. Dafür wurde den Reichsstädten seit dem ausgehenden 15. Jh. ein Mitspracherecht auf den Reichstagen eingeräumt. Je größere Leistungen von den Reichsstädten gefordert wurden, desto stärker wurde ihr Anspruch auf dieses Mitspracherecht.[311] Das Mitspracherecht wiederum kam nur Reichsunmittelba-

---

305 HAStK, RKG, C 44, Bl. 145 v, 146 r; wortidentisch (lediglich andere Schreibweisen) HAStK, C 46, Bl. 35 v.

306 Vgl. zum Artikelprozess S. 32, 33, Anm. 104.

307 HAStK, RKG, C 50, Bl. 17 r-41 v. Der Schriftsatz findet sich ebenfalls in HAStK, KcK, Nr. 94.

308 HAStK, RKG, C 50, Bl. 19 v.

309 HAStK, RKG, C 50, Bl. 20 v. Dieser Hinweis erklärt sich folgendermaßen: Am Ende eines Reichsgesetzgebungsverfahrens wurde der Reichsabschied zweifach ausgefertigt und mit dem kaiserlichen und dem Siegel einiger Reichsstände versehen. Dabei handelte es sich in der Regel um das Siegel des Kurfürsten von Mainz und dasjenige der Reichsstadt, in welcher der Reichstag tagte. Vgl. HOKE, R., Reichsabschiede, HRG, Bd. IV, Sp. 520.

310 Der Begriff Reichstag hat sich erst zum Ende des 15. Jh. unter Kaiser MAXIMILIAN I. verfestigt und geht auf die Repräsentation des Reiches durch die Reichsstände zurück. Es wurde daher auch von *Versammlung des Reichs* gesprochen. Vgl. dazu und zum Vorgänger des Reichstages, dem Hoftag, SCHUBERT, ENRST, S. 324-326.

311 EITEL, P., Reichsstädte, HRG, Bd. IV, Sp. 758.

ren zu.[312] Wenn die Stadt Köln folglich in ihren Ausführungen auf ihren Sitz auf den Reichstagen verweist und damit auf ihre Reichsstandschaft aufmerksam macht, soll dies Beweis für ihre Reichsunmittelbarkeit sein.

Unter den Reichsabschieden wurden vom kurmainzischen Reichstagsdirektorium die Namen der Reichstagsteilnehmer verzeichnet, und zwar in der Reihenfolge: Kurfürsten, Fürstbischöfe, weltliche Mitglieder des Reichsfürstenrats, Mitglieder der Prälaten- und der Grafenbank und zuletzt die Reichsstädte.[313] Um die Richtigkeit der städtischen Behauptung, sie habe von alters her Sitz und Stimme auf dem Reichstag gehabt, zu überprüfen, muss folglich die Namensverzeichnung unter den einzelnen Reichsabschieden herangezogen werden. Dabei sind insbesondere die von der Stadt Köln ausdrücklich angeführten Reichstage zu Köln im Jahre 1512 und zu Worms im Jahre 1521 zu berücksichtigen.

Die Behauptung der Stadt hinsichtlich ihrer Reichstagsbeteiligung lässt sich bestätigen.[314] Die Stadt hat in der Tat den Reichstagen zu Köln im Jahre 1512 und zu Worms im Jahre 1521 und auch schon früher stattfindenden Reichstagen beigesessen. Von besonderer Bedeutung erscheint, dass die Stadt Köln schon vor ihrer förmlichen Anerkennung als Reichsstadt im Jahre 1475 auf Reichstagen anwesend war. So beispielsweise auf dem Reichstag zu Regensburg im Jahre 1471. Dadurch kommt ihre schon zu einem früheren Zeitpunkt bestehende faktische Stellung als Reichsstadt zum Ausdruck. Nachdem die Stadt 1475 de jure als Reichsstadt anerkannt worden war und von nun an formal dem reichsstädtischen Kollegium angehörte, kam der Stadt auf der rheinischen Bank der erste Platz zu.[315]

Mit der Reichstagsbeteiligung steht der städtische Hinweis auf die *Reichsdeputation* bzw. die Reichsdeputationstage in Zusammenhang. Die Stadt macht geltend, dass sie *„auff des hailigenn Reichsdeputation tägen geraumbe Zeitt allain unnd volgents mitt der Reichsstatt Nurnnberg deputiert word"* sei.[316] Hiermit wird argumentativ belegt, dass Köln eine *„ungemittelte Reichs Statt"* sei und Reichstandschaft inne habe.[317] Auch in dem schon genannten *„Libellus articulatus [...]"* findet sich der Hinweis auf die Hinzuziehung Kölns zu den Reichsdeputationstagen – erst allein und später zusammen mit Nürnberg – wie-

---

312 MITSCH, R., Reichsstände, LexMA, Bd. VII, Sp. 639; ZEDLER, JOHANN HEINRICH, Reichs Stand, Bd. 31, Sp. 170.

313 HOKE, R., Reichsabschiede, HRG, Bd. IV., Sp. 521.

314 Vgl. Anhang 4.

315 DREHER, BERND, Einleitung, S. 15.

316 HAStK, RKG, C 44, Bl. 146 r; fast wortidentisch HAStK, RKG, C 46, Bl. 35 v.

317 HAStK, RKG, C 49, Bl. 83 v.

der.[318] Unter einer Reichsdeputation verstand man Ausschüsse des Reichstages, die während aber auch außerhalb der Reichstage bestimmte Aufgaben zu erledigen hatten. Es waren ordentliche und außerordentliche Reichsdeputationen zu unterscheiden.[319] Die ordentliche Reichsdeputation ist seit 1548 nachweisbar. Diese kam in dringenden Fällen, wenn der Reichstag nicht mehr einberufen werden konnte, zu einem Reichsdeputationstag, einem „engeren Reichstag", zusammen.[320] Was die Zusammensetzung der ordentlichen Reichsdeputation angeht, so bestand sie zunächst aus 16 Mitgliedern. Dabei handelte es sich um reichsständische Gruppen, die zur Teilnahme am Reichstag berechtigt waren. Der städtische Hinweis auf ihre Mitgliedschaft in der Reichsdeputation entsprach den Tatsachen. So nahmen an dem Reichsdeputationstag zu Worms im Jahre 1564 gemäß § 53 des Deputationstagsabschieds „*PHILIPS GAYL, Rentmeister, und alter Burgermeister, CASPAR VON GEYLENKIRCHEN, Rathsverwandter, und PETRUS SCHULDING VON STEINWICH, der Rechten Licentiat, Syndicus*" als städtische Vertreter teil. An dem Frankfurter Reichsdeputationstag des Jahres 1571 vertraten, wie sich aus § 43 des Deputationsabschieds ergibt, „*CONSTANTINUS VON LIßKIRCHEN, alter Burgermeister und Rentmeister, HEINRICH KRUDNER, Rathsrichter, UND LORENTZ WEBER VON HAGEN, Secret.*" die Stadt Köln. Auf dem Reichsdeputationstag zu Speyer im Jahre 1600 trat gemäß § 152 des Deputationsabschieds „*Von wegen der Stadt Cölln, ADAM HÜLß, und JOHANN MICHAEL CRONEBURGER, beyde der Rechten D. und Synd.*" für die Stadt Köln auf. Auf den genannten Reichsdeputationstagen waren als Vertreter der Frei- und Reichsstädte, wie von städtischer Seite behauptet, immer Nürnberg und Köln beteiligt.[321]

II. Eintrag der Stadt Köln in die Reichsmatrikel

Zum Nachweis ihrer Reichsunmittelbarkeit wird von städtischer Seite ferner in mehreren Verfahren auf die Eintragung Kölns in die Reichsmatrikel verwiesen.

---

318 HAStK, RKG, C 50, Bl. 20 v.

319 Die ordentliche Reichsdeputation erhielt eine genau bestimmte Funktion im Rahmen eines Verfahrens zur Wiederherstellung des Reichslandfriedens und war darüber hinaus mit innenpolitischen Fragen, die beispielsweise die Münz- oder Reichspolizeiordnung betrafen, betraut. Sie waren daher von einem hohen Maß „verfassungsmäßiger Eigenständigkeit" geprägt. Die außerordentlichen Reichsdeputationen hingegen waren gegenüber dem Reichstag weisungsgebunden und leiteten ihre Legitimation aus Einsetzungsbeschlüssen des Reichstages ab. Ihr Aufgabenbereich erstreckte sich z.B. auf die Bereiche der Türkenhilfe oder die Beseitigung von Missständen am RKG. Vgl. dazu und zum Näheren NEUHAUS, H., Reichsdeputation, HRG, Bd. IV, Sp. 549-552.

320 SCHRÖDER, RICHARD/KÜNßBERG, EBERHARD VON, S. 909.

321 Vgl. Neue und vollständigere Sammlung der Reichs-Abschiede, Bd. III.

In der *„matricula Imperii"* sei die Stadt Köln bei *„der zall der Reichs Stett"* genannt.[322] Der von städtischer Seite behauptete kausale Zusammenhang zwischen Reichsstandschaft der Stadt Köln und deren Eintragung in die Reichsmatrikel kommt durch den Hinweis zum Ausdruck, dass die Stadt Köln eine *„ungemittelte Reichs Statt"* und ein Reichsstand sei, *„der gestaltt"* sie *„auch der Reichs matricul ainverleibtt"* sei.[323] Köln sei *„von althers"* her in *„deß heilig Reichs Register matricul [...]"* eingetragen.[324] In diesem Zusammenhang wird geltend gemacht, dass die Stadt Köln zur Unterhaltung des kaiserlichen Kammergerichts *„Ihre quotam und gebur als ein ungemittelte Reichsstadt und Standt [...] jedesmalß erlegt [...]"* habe.[325] Der kaiserliche Fiskal fordere die Reichskontribution zur Unterhaltung des kaiserlichen Kammergerichts aber lediglich von den unmittelbaren Reichsständen, nicht jedoch von denjenigen, *„welche einen anderen Superiorem alß die kaiserliche Maytt. und daß h. Reich recognoscirn"*.[326] Der Eintrag in die Reichsmatrikel wird als eine *„gewiße unfelbare anzeigh"* für die Reichsunmittelbarkeit angesehen.[327]

Selbstsicher wird von städtischer Seite vor dem RKG vorgetragen, dass die Reichsunmittelbarkeit der Stadt sowohl aus deren Eintragungen in die Reichsmatrikeln als auch durch die Reichs- und Reichsdeputationsabschiede *„unnd anderenn notoriis probationibus dermassen lauter unnd offenbar"* werde, dass *„es Ir keiner special handlung, od außfuhrens bedurfftig"* sei, unabhängig davon *„was Churfurstlich anwald dagegenn mit weitleuffige einlag zubestreiten vergeblich [...]"* versucht.[328]

Eine Reaktion der erzbischöflichen Seite findet sich in den untersuchten Prozessen nicht. Allerdings nimmt Erzbischof MAXIMILIAN HEINRICH in seiner *„Securis ad radicem posita"* von 1687 auf die städtischen Eintragungen in den Reichsmatrikeln Bezug. Er behauptet zunächst, dass die Stadt Köln vor 1475 *„in einiger Reichs-Matricul nit zu finden"* sei.[329] Daraus ergibt sich, dass der Erzbischof das im Jahr 1475 von der Stadt erlangte „Reichsstadtprivileg" im Hinblick auf die Rechtsstellung der Stadt, wenn auch nicht als gültige Rechtsgrundlage, so doch wenigstens als Gefahrenquelle angesehen haben muss. An anderer

---

[322] HAStK, RKG, C 44, Bl. 145 v, HAStK, RKG, C 46, Bl. 35 r.

[323] HAStK, RKG, C 49, Bl. 83 v.

[324] HAStK, RKG, C 50, Bl. 19 r.

[325] HAStK, RKG, C 50, Bl. 21 v.

[326] HAStK, RKG, C 50, Bl. 22 r.

[327] HAStK, RKG, C 50, Bl. 24 r.

[328] HAStK, RKG, C 46, Bl. 45 r, v.

[329] Securis, S. 144.

Stelle heißt es, die Stadt sei erstmals im Jahre 1521 in der Reichsmatrikel verzeichnet. Damit soll jedoch nicht die reichsunmittelbare Stellung der Stadt seit dieser Zeit eingestanden werden. Vielmehr leugnet der Erzbischof einen Zusammenhang zwischen Matrikeleintrag und Reichsunmittelbarkeit, indem er erklärt, dass *„Burgermeister und Rath mit der Reichs-Matricul zu Bescheinung der berühmbter Freyheit [...] gar nit bestehen mögen"*.[330] Er spricht daher dem Eintrag in die Reichsmatrikel keinerlei rechtliche Bedeutung zu.

In der *„Apologia des Ertz Stiffts Cöllen"* hingegen erkennt der Erzbischof der Eintragung Kölns in die Reichsmatrikel im Hinblick auf den Status einer freien Reichsstadt rechtliche Bedeutung zu. So führt Erzbischof Maximilian Heinrich aus, dass die Stadt den Eintrag in die Reichsmatrikel *„mit unfugen"* erwirkt habe. Sie hätte *„mit keinem bestandt rechtens in die Reichs matricul eingesetzt"* werden dürfen *„und zu einer freyer Reichsstatt der kirchen und dem Ertzstifft zu nachtheil gemacht werden können"*.[331]

In die Reichsmatrikel sollten seit 1422 all diejenigen Stände eingetragen werden, denen die Pflicht zur Heerfahrt und zur Reichssteuerzahlung gegenüber dem König oblag.[332] Sie beinhalteten „Anschläge auf Truppen oder Geld"[333] und wurden von den Reichsständen und dem Kaiser verfasst.[334] Nur Reichsunmittelbare waren gegenüber dem Reich, Landstände hingegen gegenüber ihrem Landesherrn, steuerpflichtig. Es ist jedoch zu berücksichtigen, dass den Eintragungen in die Reichsmatrikel in der Tat, wie von erzbischöflicher Seite geltend gemacht, kein allgemein anerkannter Rechtscharakter zukam. Durch sie wurde nur der Zustand schriftlich fixiert, den man am Königshof und in der Reichskanzlei als richtig ansah.[335] Dem Eintrag in der Reichsmatrikel kann daher lediglich Indizcharakter hinsichtlich der Frage der Reichsunmittelbarkeit zugesprochen werden. Die Reichsmatrikel, die unter Kaiser Karl V. auf dem Reichstag zu Worms im Jahre 1521 errichtet wurde, wird als die zuverlässigste Matrikel angesehen.[336]

---

330 Securis, S. 153, 154.

331 Apologia, S. 265.

332 Diestelkamp, Bernhard, Rechtsfälle, S. 40. Daher waren der Reichsmatrikel die von dem jeweiligen Stand zur Verfügung gestellten Truppen und die entrichteten Geldleistungen zu entnehmen.

333 Willoweit, D., Matrikel, HRG Bd. 3, Sp. 389, 390.

334 Zedler, Johann Heinrich, Reichs-Matrickel, Bd. 31, Sp. 114.

335 Diestelkamp, Bernhard, Rechtsfälle, S. 40. Stände, die in der Reichsmatrikel aufgeführt waren, jedoch von einem Reichsfürst nicht als Reichsstand anerkannt wurden, konnten aus der Reichsmatrikel eximiert werden. Vgl. dazu ebendort.

336 Zedler, Johann Heinrich, Reichs-Matrickel, Bd. 31, Sp. 114.

Die Stadt Köln war in zahlreichen Reichsmatrikeln aufgeführt.[337] Sie war, entgegen der erzbischöflichen Behauptung, schon vor 1475 in derjenigen von 1422 eingetragen und daher gegenüber dem Reich von alters her leistungspflichtig. Die Stadt war ferner z.B. in dem *„Anschlag der Reichs-Stände zu dem hussiten krieg auf dem Reichstag zu Franckfurt Anno 1427"* erwähnt. Auf dem Reichstag zu Frankfurt im Jahre 1486 war die Stadt Köln in dem *„Anschlag im Reich zu einer grossen hülffe wieder könig Matthias in Ungarn und den Türcken"* mit einer Leistung von *„8000 Fl.*[338] *Reinisch"* vorgesehen. Der *„Anschlag auf dem Tag zu Worms gemacht, anno 1495"* sah die Stadt beispielsweise mit einer Leistungspflicht in Höhe von *„2345 Güld"* vor. In der Matrikel, welche auf dem Reichstag zu Worms im Jahre 1521 erstellt wurde, ist Köln unter der Rubrik *„Frey-und Reichs-Städte"* mit *„30 zu Roß 322 zu Fuß [...]"* verzeichnet. Anhand dieser Eintragungen der Stadt Köln in die Reichsmatrikeln erweisen sich die dargestellten städtischen Behauptungen als wahr, so dass ein weiteres Indiz für die städtische Reichsunmittelbarkeit vorliegt.

D. DIE STÄDTISCHE TEILNAHME AN DEN KREISTAGEN[339]

Zum Nachweis ihrer Reichsunmittelbarkeit behauptet die Stadt darüber hinaus, dass sie als ein *„ungezweiffeltes Glidt deß Reichs"* dem *„westphalischen Craiß"* angehöre. Der ehrsame Rat der Stadt sei von *„deß Craiß außschreibenden Chur: und Fursten, darunder mit beclagter her Churfurst alß Bischoff zu Munster" „zu allen [...] Craiß versamblungen [...] erfordert und beschrieb worden"*. Diese habe der Rat auch größtenteils durch seine Gesandten besuchen lassen.[340] Es sei noch niemals vorgekommen, dass eine Stadt, welche einer anderen Obrigkeit als dem heiligen Reich *„immediate"* unterworfen ist, zu *„kreiß [...] dagen"* berufen wurde.[341] Die entscheidende Frage ist, ob die Kreisstandschaft die Reichsunmittelbarkeit des jeweiligen Standes zwingend voraussetzte. Ist dies zu bejahen, muss geprüft werden, ob der Stadt Köln Kreisstandschaft zukam.

Die Teilnahme an den Kreistagen hatte im Hinblick auf die Frage nach der Reichsunmittelbarkeit gegenüber der bloßen Eintragung in die Kreismatrikel eine weitaus stärkere Aussagekraft. Nach JOHANN JACOB MOSER liegt bei einem Eintrag in die Matrikel zwar eine „Praesumtion pro Immedietate" vor. Durch Kammergerichtsurteile sei jedoch schon oftmals ein in die Matrikel Eingetrage-

---

337 Vgl. Anhang 5.

338 Fl. = florenus = Gulden, Vgl. DEMANDT, KARL E., S. 101.

339 Synonym werden oftmals auch die Begriffe Kreiskonvent oder Kreisversammlung gebraucht.

340 HAStK, RKG, C 50, Bl. 22 r, v.

341 HAStK, RKG, C 50, Bl. 23 v.

ner als Landsasse erklärt worden. Daher sei die „Praesumtion eben nicht gar zu starck". Wenn hingegen jemand mehrmals, ohne dass sich ein anderer darüber beschwert hat, auf Kreistagen mitwirkte, so sei dies im Hinblick auf seine Reichsunmittelbarkeit viel aussagekräftiger. Dies treffe jedoch lediglich dann zu, wenn es sich um so genannte „ursprüngliche Crays-Stände" handele. Unter solchen seien diejenigen Kreisstände zu verstehen, die wegen ihrer „alten Fundations- oder Stamm-Güter" an den Kreistagen teilnahmen, nicht hingegen solche, die „als Innhabere gewisser erst in neueren Zeiten acquirirten unmittelbarer Lande, Sitz und Stimme auf Crays-Tagen haben".[342] Ein ursprünglicher Kreisstand kennzeichne sich durch seine gleichzeitige Reichsstandschaft. Zu dem Zeitpunkt, als die Kreise angeordnet wurden, sei jeder Kreisstand auch Reichsstand gewesen. Die alten „Güter-Innhabere", die auf den Kreistagen anzutreffen waren, hätten auch gleichzeitig Sitz und Stimme auf den Reichstagen gehabt. Später habe es dann jedoch auch Kreisstände gegeben, die nicht auch gleichzeitig Reichsstände waren.[343]

Die Stadt Köln wirkte schon vor 1500 bei den Reichstagen mit,[344] und gehörte daher nachweislich zu den ursprünglichen Kreisständen, die auch gleichzeitig Reichsstände waren. Aus der Reichsstandschaft leitete sich zwar die Reichsunmittelbarkeit ab. Jedoch darf dieser Aspekt hier nicht den Blick auf die städtische Argumentation, dass die Kreisstandschaft für die Reichsunmittelbarkeit Kölns spreche, verstellen. Da Köln zu den ursprünglichen Kreisständen zählte, kann bei nachweisbarer Beteiligung der Stadt an den Kreistagen ein Rückschluss auf ihre Reichsunmittelbarkeit gezogen werden.

An dem Kreistag zu Erfurt im Jahre 1567 nahm beispielsweise gemäß § 66 des Kreistagsabschieds *„von wegen des Niderländischen und Westphälischen Crayß"* als Vertreter der Interessen der Stadt Köln *„CONSTANTIN VON LEYßKIRCHEN, Burgermeister der Stadt Cölln"* teil.[345] Auch bei dem Kreiskonvent vom 8. Oktober 1594 (Köln), demjenigen vom 14. November 1598 (Dortmund) und dem Konvent vom 26. Mai 1599 (Münster) war die Stadt Köln vertreten.[346] Von den insgesamt 13 Kreiskonventen des westfälischen Kreises, die FRIDERICH

---

342 MOSER, JOHANN JACOB, Teutsches Staats-Recht, 26. Teil, S. 325, 326.

343 MOSER, JOHANN JACOB, Teutsches Staats-Recht, 26. Teil, S. 319, 320.

344 Vgl. Anhang 4.

345 Neue und vollständigere Sammlung der Reichs-Abschiede, Bd. III.

346 Vgl. dazu und zu weiteren Kreiskonventen Anhang 6.

Carl Moser in seiner Sammlung[347] aufgeführt hat, wurden die Vertreter der Stadt Köln als Teilnehmer bei sieben namentlich genannt.[348]

Diese Teilnahme Kölns an den aufgeführten Kreistagen ist zumindest ein Anhaltspunkt für die städtische Reichsunmittelbarkeit. Die Stadt konnte mit dem Hinweis auf ihre Kreistagsbeteiligung jedenfalls ein Indiz für ihre Reichsunmittelbarkeit vorbringen.

E. Die städtische Autonomie

Als weiteren Beweis für ihre Reichsunmittelbarkeit führt die Stadt vor dem RKG die städtische Verwaltungsautonomie an. Es wird zunächst vorgebracht, dass sowohl die gesamte städtische Ämterbesetzung als auch die Besoldung der Amtsträger in den Händen von Bürgermeister und Rat der Stadt liege.

So wird dargelegt, dass es Bürgermeister und Rat der Stadt obliege, *„zween Renthmeister“* zu erwählen, welche die gemeinen Stadtgebühren *„an Pforten Thurmen Bolwercken straßen“* und anderen Orten einfordern.[349]

Die seit 1303 sicher nachweisbaren Rentmeister waren in Köln die höchsten Finanzbeamten, denen die Verwaltung städtischer Einnahmen und Ausgaben oblag.[350] Bei ihnen handelte es sich um die höchsten vom Rat gewählten Beamten.[351] Des Weiteren wird als Begründung der städtischen Autonomie auf die

---

[347] Moser, Friederich Carl, Crays-Abschiede.

[348] Diese sieben Konvente sind im Anhang 6 aufgeführt. Im Hinblick auf die weiteren im Anhang nicht aufgeführten Kreiskonvente des westfälischen Kreises vom 9.5.1596, vom 6.10.1596, vom 9. (19.) 6. 1599 und vom 4.9.1599 wurden die Teilnehmer nicht namentlich genannt. Es fand sich lediglich die Bemerkung: *„mit etlicher der herren Gesandten Pittschaften, zu Urkund der Wahrheit versiegelt und gegeben zu Cöllen [...].“* Daher kann nicht ausgeschlossen werden, dass Vertreter der Stadt Köln auch an diesen Kreiskonventen teilgenommen haben. Im Konvent des westfälischen Kreises vom 9.4.1599 hingegen erfolgte zwar eine namentliche Nennung der teilnehmenden Vertreter, jedoch ohne Nennung der Stadt Köln. Bei einem weiteren Kreiskonvent vom 28.5.1599 handelte es sich um einen von den Kreis-Obristen gehaltenen Konvent, an welchem auch nur diese teilnahmen. Im Anhang werden nur diejenigen Konvente berücksichtigt, bei denen die Vertreter der Stadt Köln ausdrücklich als Teilnehmer genannt waren, da nur diese für die Untersuchung aussagekräftig sind. Anzumerken ist weiterhin, dass Friderich Carl Moser in seiner „Vorerinnerung“ weitere in seiner Sammlung nicht dargestellten Rezesse aufführt, von denen er erst nach Druck seines Werkes Kenntnis erlangt hat. An zwei dieser genannten Konvente, einem vom 6.6.1590 und einem anderen vom 23.8.1590 war auch der westfälische Kreis beteiligt. Eine namentliche Nennung der einzelnen Vertreter fehlt jedoch in Mosers Nachtrag, so dass auch diese beiden Konvente im Anhang nicht berücksichtigt werden konnten.

[349] HAStK, RKG, C 50, Bl. 27 r.

[350] Lau, Friedrich, S. 337, 338.

[351] Ennen, Leonard, Geschichte der Stadt Köln, Volksausgabe, S. 129.

zwei Gewaltrichter abgestellt, die *„alle jahrs"* vom Rat der Stadt *„gemeinlich angesezt beaidet unnd verordnet werden"*. Zu den Amtspflichten der Gewaltrichter gehöre die Abschaffung aller Gewalt *„in der Stadt uf Geist: und Weltlichen örtern und platzen in kirchen und klösteren"* und die Bestrafung bzw. Inhaftierung dieser Missetäter.[352] Auch diese Aussage der Stadt entsprach den Tatsachen. Die Gewaltrichter, die seit 1341 nachweisbar sind, wurden für zwei Jahre vom Rat gewählt. Die Zuständigkeit der Gewaltrichter erstreckte sich auf Gewalttaten jeglicher Art. Die von ihnen verhängten Strafen waren in der Regel Geldstrafen. Bei Zahlungsverweigerung konnte jedoch die Strafe der Turmhaft und bei besonders schwerwiegenden Taten auch Leibesstrafen verhängt werden.[353]

Ferner wird von der Stadt dargelegt, dass *„von alters hero"* zwei Schöffenherren *„auß mittell der Rhadtspersohnen"* erwählt werden. Diese haben für den Fall, dass an einem kölnischen Schöffengericht ein Urteil ergehen sollte, welches zu den städtischen Freiheiten, Gesetzen *„alt herkhomme unnd gewonheidt"* in Widerspruch steht, den ehrsamen Rat davon in Kenntnis zu setzen. Auch auf *„zween Inhibition meister"* wird verwiesen.[354] Die Aufgabe der Schöffenherren bestand in der Überwachung des Gerichtswesens in der Form, dass gerichtliche Urteile nicht in Widerspruch zu den städtischen Privilegien stehen durften. Ferner waren sie verpflichtet, den Gerichten alle Ratsbeschlüsse, die das Gerichtswesen betrafen, mitzuteilen, darauf zu achten, dass die Gerichtssitzungen pünktlich stattfanden und auf eine schleunige Verurteilung von Verbrechern hinzuwirken. Den zwei vom Rat erwählten Inhibitionsmeistern oblag die Entscheidung, wenn es zu Zuständigkeitsstreitigkeiten zwischen geistlichen und weltlichen Gerichten kam. Außerdem mussten sie die von dem einen Gericht gegenüber dem anderen Gericht erhobenen Einreden oder Inhibitien nachprüfen und die die Inhibition betreffenden Ratsbeschlüsse beachten.[355]

Es wird des Weiteren behauptet, dass es einzig und allein dem ehrsamen Rat zustehe, *„jemandt zum Burger auff und anzunhemmen die Burgerliche frey und Gerechtigkheidt mitzutheillen"* oder aus der Stadt auszuweisen.[356] Die Bürgerschaft für die Stadtgemeinde wurde seit (spätestens) 1365 vom Rat verliehen. Das seit 1355/56 geführte Kölner Bürgerbuch beinhaltet die Aufnahmebedingungen und den Eid, der geleistet werden musste. Durch den Eid gelobte der Neubürger u.a., sich als treu und hold gegenüber dem Rat und der Stadt zu er-

---

[352] HAStK, RKG, C 50, Bl. 27 r, v.

[353] LAU, FRIEDRICH, S. 113, 114.

[354] HAStK, RKG, C 50, Bl. 27 v, 28 r.

[355] ENNEN, LEONARD, Geschichte der Stadt Köln, Volksausgabe, S. 137, 138.

[356] HAStK, RKG, C 50, Bl. 28 v.

weisen.[357] Es lag demnach in den Händen des Rates, ob jemand in die Bürgerschaft aufgenommen wurde.

Zudem verweist die Stadt auf die Gesetzgebungskompetenz des Rates. Er habe die *„volkomliche macht und gewaldt"* inne, *„burgerliche und andere Statuta ordnunng und gesezt zu machen aufzurichten und zu publiciren"*. Auch für den Erlass der Schreinsordnungen, die auf alle in- und außerhalb der Stadt Köln gelegenen Güter Anwendung finden, sei der Rat zuständig. In diesem Zusammenhang wird ebenfalls auf Gesetze und Verordnungen abgestellt, durch welche die Einfuhr von Viktualien in die Stadt geregelt wurde und auf die im Hinblick auf die Fisch- und Fettwaren errichtete Stapelordnung.[358] Für all diese städtischen Angelegenheiten sei *„eintzigh und allein"* der Rat *„alß der ordentliche Magistrat"* zuständig.[359] Auch seien alle Ratsverwandten und Zunftmitglieder nur gegenüber dem Rat zur Einhaltung ihrer eidlichen Verpflichtungen gehalten. Die Zünfte oder Gaffeln erhielten *„Ihre amptzbrieff gerechtigkheidt, gesetz statuta und Ordnung"* seit jeher und auch noch heute vom Rat der Stadt Köln.[360]

Der Erlass von Verordnungen, z.B. polizeilicher, fiel in den Aufgabenbereich des Rates.[361] Nach dem Sturz der Richerzeche[362] war der enge Rat außerdem dafür zuständig, die Statuten der Zünfte nach seiner Vorstellung zu gestalten.[363] Auch Zunftversammlungen wurden nur mit Wissen des Rates einberufen.[364]

Ferner verweist die Stadt auf das (städtische) Militärwesen. So sei nur der Rat befugt, *„haubtleuth und Befelchaber [...] zubestellen Soldaten und besatzungen [...] zubesolden"*. Dabei wird insbesondere betont, dass der Erzbischof bzw. das Erzstift keinerlei Befugnisse inne habe.[365] Für die Besetzung städtischer Ämter

---

357 DREHER, BERND, Einleitung, S. 32. Zu Näherem, insbesondere den Aufnahmebedingungen und den diesbezüglichen Veränderungen nach dem Verbundbrief, vgl. ebendort, S. 32 ff.

358 HAStK, RKG, C 50, Bl. 29 r-30 r.

359 HAStK, RKG, C 50, Bl. 31 r.

360 HAStK, RKG, C 50, Bl. 28 r, v.

361 ENNEN, LEONARD, Geschichte der Stadt Köln, Volksausgabe, S. 128.

362 Die Richerzeche als „Genossenschaft der Reichen" entwickelte sich Mitte des 12. Jh. und agierte wie eine kommunale Behörde, obwohl sie de jure keine solche war. Sie verlieh u.a. die Zunftgerechtigkeit. Der Rat stand zunächst in einem Konkurrenzverhältnis zur Richerzeche, übernahm dann aber 1370 nach ihrer Auflösung die Aufgaben derselben. Vgl. dazu und zu Näherem DREHER, BERND, Einleitung, S. 17-20.

363 ENNEN, LEONARD, Geschichte der Stadt Köln, 2. Band, S. 600.

364 DREHER, BERND, Einleitung, S. 28.

365 HAStK, C 50, Bl. 29 r, v.

war grundsätzlich der Rat, als *„die oberste regierende Behörde der Stadt“*[366] zuständig.[367] Die Beamten sollten ihn bei der Bewältigung der Stadtverwaltung entlasten. So waren, wie von der Stadt dargelegt, im Militärwesen, bei der Polizei und im Finanzwesen vom Rat bestellte Amtsträger tätig. Diese wurden jedes halbe Jahr entweder aus der Mitte des Rates oder aber aus der gesamten Bürgerschaft gewählt.[368]

Von städtischer Seite wird immer wieder darauf hingewiesen, dass das Erzstift bzw. der Kurfürst mit der *„bestellung, besetzungh beaidungh des raths ampter und Officien“* nicht das Geringste zu tun habe. Daher obliege es dem Kurfürsten schon gar nicht, den Amtsträgern gegenüber Befehle zu erteilen oder *„die Erwählte zubestettigen“*.[369] Durch den Hinweis auf die alleinige städtische Zuständigkeit in unterschiedlichen Bereichen der Verwaltung und der wiederholt genannten Unzuständigkeit des Erzbischofs hebt die Stadt ihre Autonomie hervor. In diesem Zusammenhang ist auch die Ausbildung des städtischen Besteuerungsrechts zu sehen. Die Stadt trat dem Versuch des Erzbischofs, die finanziellen und militärischen Kräfte der Bürger zu seinem Vorteil zu nutzen, entgegen. Die Forderungen des Erzbischofs wusste die Stadt dadurch zu beschränken, dass sie seine landesherrlichen Rechte auf ein Minimum reduzierte.[370] Die Entwicklung des städtischen Steuerwesens geht weit in die Vergangenheit zurück. Schon im Jahre 1242 gestattete Erzbischof CONRAD den Bürgern, Schöffen und dem Rat der Stadt, Kosten, die der Stadt angefallen waren, auf die gesamte Bürgerschaft zu verlagern. Dadurch, dass Erzbischof ENGELBERT den Bürgern von Köln das Recht einräumte, nach ihrem Belieben die Akzise festzusetzen, und Kaiser RUDOLF im Jahre 1274 das Recht der Stadt anerkannte, Gut und Waren der Bürger mit Abgaben zu belegen, wurde das städtische Besteuerungsrecht gefestigt. Die Kehrseite war zwangsläufig eine Beschränkung der erzbischöflichen Rechte. Das städtische Recht, die Bürgerschaft zum Zwecke von Kriegen, der städtischen Befestigung und anderen öffentlichen Bedürfnissen mit Steuern zu belegen, hatte die Stadt für sich gewonnen.[371] Der Rat der Stadt war die höchste Finanzbehörde für Köln nebst Burgbann. In Kriegszeiten wurde z.B. die 100. Pfennigskollekte angeschlagen, welche auch die im Burgbann gelegenen

---

366 ENNEN, LEONARD, Geschichte der Stadt Köln, Volksausgabe, S. 127.

367 WALTER, FERDINAND, S. 353.

368 ENNEN, LEONARD, Geschichte der Stadt Köln, Volksausgabe, S. 136.

369 HAStK, RKG, C 50, Bl. 28 r, v.

370 ENNEN, LEONARD, Geschichte der Stadt Köln, Bd. 2, 407, 408, 413-415 mit einer Aufzählung der dem Erzbischof diesbezüglich verbliebenen Rechte.

371 ENNEN, LEONARD, Geschichte der Stadt Köln, Bd. 2, S. 419, 420.

Güter betraf.[372] Abgaben, die für die Einfuhr und den Verkauf von Handelsware zu zahlen waren, nährten zu einem großen Teil den städtischen Finanzhaushalt.[373]

Die Gesetzgebungsgewalt, das eigene Behördenwesen sowie die Finanz- und Steuerhoheit der Stadt Köln stellten die konstitutiven Merkmale der städtischen Autonomie dar.[374] Die Autonomie einer Stadt war wiederum als ein reichsstädtisches Charakteristikum zu betrachten. Die Bezugnahme der Stadt auf die städtische Verwaltungsstruktur soll vermutlich den schon oben beschriebenen Emanzipationsprozess der Stadt von ihrem Stadtherrn in Erinnerung rufen. Da diese Unabhängigkeit nicht von jeher bestand – unter Erzbischof BRUNO stand z.B. das gesamte städtische Finanz- und Steuerwesen noch unter erzbischöflicher Kontrolle[375] – soll vermutlich diese Veränderung herausgestellt werden. Der Hinweis auf die städtische Ämterbesetzungsbefugnis und die gleichzeitige kurze Skizzierung der jeweiligen Amtsaufgaben untermauert daher den Rechtsstatus Kölns als Freie Reichsstadt und hebt damit auch die reichsunmittelbare Stellung und Unabhängigkeit der Stadt von den Kölner Erzbischöfen hervor.

F. DIE ERZBISCHÖFLICHEN „ERBLANDESVEREINIGUNGEN“

Zur Stützung ihrer reichsunmittelbare Stellung weist die Stadt des Weiteren darauf hin, dass sie nicht in des Erzbischofs *„Erblands vereinigungh begriffen [...]“* sei und auch niemals *„steuren bewilligt und erlegt habe“*.[376] In der Erblandesvereinigung von 1463, welche im Jahre 1550 erneuert wurde, waren die vier landständischen Kollegien des Erzstifts und deren Rechte bestimmt. Zu den vier Kollegien zählte das Domkapitel, die Grafen, die Ritterschaft und die Städte.[377] Die Stadt Köln war jedoch weder in der Erblandesvereinigung von 1463 noch in derjenigen von 1550 genannt.[378] Dies kann als weiteres Indiz für die städtische Reichsunmittelbarkeit betrachtet werden.

G. DER „GROßE SCHIED“ ALS URKUNDENBEWEIS

Die erzbischöfliche Partei fügte in zwei Akten den so genannten „Großen Schied“ (*„Copia Laudi inter Archiepum Colonien: Conradum et Civitatem Co-*

---

[372] BREUER, WIMMAR, S. 25. Zum Burgbann vgl. Teil 3 der Arbeit.

[373] BOCK, ULRICH, S. 32.

[374] ISENMANN, EBERHARD, S. 108, 109.

[375] DREHER, BERND, Einleitung, S. 9.

[376] HAStK, RKG, C 50, Bl. 24 v, 25 r.

[377] Vgl. dazu und zu Näherem WALTER, FERDINAND, S. 62 ff.

[378] WALTER, FERDINAND, S. 388, Anhang II, S. 398.

lonien: Anno [...] 1258"[379]*)* aus dem Jahr 1258 als Beweismittel bei.[380] Durch den Schied soll das in der Einredeschrift behauptete „Untertanenverhältnis" der Stadt zu den Kölner Erzbischöfen aufgezeigt werden.[381]

I. Der geschichtliche Hintergrund

Der „Große Schied" ist im Zusammenhang mit den vorausgegangen heftigen Auseinandersetzungen zwischen Erzbischof KONRAD VON HOCHSTADEN und den Kölner Bürgern zu betrachten. Aufgrund gewachsenem Selbstvertrauen strebte die Stadt ihre Unabhängigkeit gegenüber dem Erzbischof an. Dieser hingegen, der ebenfalls sein Machtbewusstsein gefestigt hatte, versuchte, seine gegenläufigen Ansprüche gegenüber der Stadt durchzusetzen. Es kam des Öfteren zu Übergriffen in das Rechtsgebiet des anderen. Es fehlte nur noch der letzte Tropfen, um das Fass zum Überlaufen zu bringen.[382] Dazu kam es im Jahre 1257 als der Kölner Bürger HERMANN aus dem Geschlecht der KLEINGEDANK, Sohn HEINRICH DES ROTHEN, durch einen Verwandten des Erzbischofs an der Mosel gefangen genommen wurde. Daraufhin nahmen die ROTHEN, die auf Rache sannen, den Vetter des Erzbischofs, HEINRICH VON DER NEUERBURG, auf dem Domhof fest.[383] Durch diese Überfälle kam es zur Eskalation der seit einiger Zeit zwischen der Stadt und dem Erzbischof brodelnden Zwistigkeiten.[384] Nach weiteren erzbischöflichen Übergriffen auf Kölner Bürger und einem erzbischöflichen Angriff auf die Stadt Köln kam es bei *Frechen* zum Gefecht. Dieser Kampf brachte jedoch keiner Seite den entscheidenden Sieg. Da der Erzbischof mit der Hilfe eines seiner mächtigsten Bundesgenossen, des Grafen ADOLF VON

---

379 HAStK, RKG, C 44, Q 6, C 45, Q 10.

380 In der erzbischöflichen *„Exceptiones Articulatae notoria nullitatis sub et obreptionis"* wird auf die beigelegten, mit Nummern eins bis sieben versehenen, kopierten Urkundenbeweise hingewiesen. Vgl. HAStK, RKG, C 44, Bl. 22 r. Der „Große Schied" ist als Urkunde Nummer eins gekennzeichnet und folgt in der Akte unmittelbar der erzbischöflichen Einredeschrift nach. Vgl. HAStK, RKG, C 44, Bl. 43 r. Auch in der Akte C 45 folgt der „Große Schied" mit weiteren Urkundenbeweisen in Kopieform der erzbischöflichen Einredeschrift. HAStK, RKG, C 45, Q 10. Im Gegensatz zur Akte C 44 sind die beigefügten Kopien hier jedoch nicht durchnummeriert.

381 HAStK, RKG, C 44, Q 5. Auf die Argumente, die der Erzbischof in diesem Schriftsatz geltend macht, wurde bereits im Rahmen der obigen Ausführungen eingegangen (die städtische Huldigungspflicht, das erzbischöfliche Einrittsrecht und die gegenseitige Titulatur).

382 ENNEN, LEONARD, Geschichte der Stadt Köln, 2. Band, S. 125.

383 GROTEN, MANFRED, S. 180.

384 ENNEN, LEONARD, Geschichte der Stadt Köln, 2. Band, S. 125.

BERG, nicht mehr rechnen konnte[385], unterließ er einen neuen Kriegszug gegen die Stadt Köln.

Da keine der Parteien durch den Kampf ihr Ziel durchsetzen konnte, einigten sich Erzbischof und Stadt am 20. März 1258, ein Schiedsgericht anzurufen und diesem die Entscheidung über die streitigen Punkte zu überlassen.[386] Es wurden fünf unparteiische Schiedsrichter bestellt, die eine rechtliche Entscheidung treffen sollten.[387]

II. Die Klagepunkte und –ziele der Parteien

Der „Große Schied" ist wie folgt aufgebaut: Nach einer allgemeinen Einleitung folgen zunächst 53 Beschwerdepunkte des Erzbischofs. Dem schließen sich 21 Klageartikel der Kölner Bürgergemeinde an. Danach werden die Entscheidungen der Schiedsrichter – nach inhaltlichen Kriterien geordnet – dargestellt.[388]

Betrachtet man den Inhalt der Klagepunkte der beiden Parteien, so lässt sich feststellen, dass diese ganz unterschiedliche Problemfelder betrafen. Während der Erzbischof insbesondere grundsätzliche verfassungsrechtliche Fragen aufgriff, waren die Klagepunkte der Bürger eher auf wirtschaftliche Probleme, wie Stapel und Zoll, gerichtet.[389] Dem Erzbischof ging es in erster Linie um seine uneingeschränkte Stadtherrschaft. Er zielte mit all seinen Beschwerdepunkten auf die innerstädtischen Verhältnisse ab. Er wollte die Stadt als seine „stärkste Festung" sehen und richtete sich gegen jegliche städtische Autonomie.[390] Erzbischöfliche Angriffssubjekte waren insbesondere die Bürgermeister, der Rat und die Richerzeche der Stadt. Ersteren warf er im Rahmen der Klagepunkte 21 und

---

385 Nach dem Gefecht bei Frechen entschloss sich KONRAD VON HOCHSTADEN mit Hilfe seiner Vasallen Graf ADOLF VON BERG, Herzog WALRAM VON LIMBURG und Graf WILHELM VON JÜLICH gegen die Stadt Köln vorzugehen. Die Stadt war daher von Feinden umzingelt und befand sich damit in einer äußerst bedrohlichen Lage. In dieser prekären Situation begab sich die Kölner Gemeinde, ohne Benachrichtigung der Geschlechter, nach Deutz, wo die waffenunerfahrenen Leute von dem Grafen VON BERG vernichtend geschlagen wurden. Dies wiederum zog einen Gegenangriff der waffenerfahrenen Geschlechter nach sich, die Deutz in Brand setzten und den Grafen VON BERG nach Bensberg vertrieben. ADOLF VON BERG schloss nach dieser Niederlage einen Vertrag mit der Stadt Köln, in welchem sich beide Parteien verpflichteten, Raub und Brand zum Nachteil der anderen Partei zu unterlassen. Vgl. GROTEN, MANFRED, S. 181-183.

386 ENNEN, LEONARD, Geschichte der Stadt Köln, 2. Band, S. 131-132.

387 JAHN, LEOPOLD G., S. 176.

388 Eine Übersetzung des „Großen Schieds" findet sich bei JAHN, LEOPOLD G., S. 192-214.

389 GROTEN, MANFRED, S. 188-190.

390 KLINKENBERG, H. M., S. 98.

26 bis 31 beispielsweise Wahlbestechung vor.[391] Ferner würden die Bürgermeister Anklage gegen Unschuldige erheben, wenn sie es *„auf deren Geld abgesehen haben"*.[392] Außerdem sagte er ihnen nach, Prozesse, die *„vor dem kirchlichen Richter"* eingeleitet wurden, zu verhindern und die Prüfung, ob es sich um eine kirchliche Angelegenheit handelte, nicht den kirchlichen Richtern zu überlassen.[393] Auch würden die Bürgermeister Kaufleute *„zu ungerechten Abgaben zu zwingen versuchen"*.[394] Die Richerzeche sei nicht befugt, Beschlüsse zu fassen, *„ohne die Hoheit des Erzbischofs"* dabei zu beachten und ihn davon in Kenntnis zu setzen.[395] Hinsichtlich des Rates rügte KONRAD VON HOCHSTADEN, dass Bürger in den Rat gewählt würden, *„die weder der Stadt noch der Kirche den Treueid geleistet haben"*, so dass die Stadt folglich *„von einem Rat aus nicht eingeschworenen Leuten regiert"* werde.[396] Sein damit verfolgtes Ziel war wohl die Bindung des Rates an die erzbischöfliche Stadtherrschaft.[397] Neben diesen Angriffspunkten auf die städtischen Organe monierte er, dass die Stadt Köln, obwohl sie ohne Genehmigung des Erzbischofs keinerlei Verpflichtungen eingehen dürfe, Schuldscheine *„unter dem Siegel der Stadt Köln"* ausstelle.[398]

Anhand dieser beispielhaften Nennung von erzbischöflichen Klagepunkten wird deutlich, dass der Erzbischof bestrebt war, jegliche Autonomiebestrebung der Stadt auszulöschen[399], indem stetig wiederholt wurde, dass der Erzbischof „der höchste Richter und Herr der Stadt Köln" sei.[400] Es kam ihm darauf an, die bischöfliche Stadtherrschaft vollkommen wiederherzustellen.[401] KONRAD VON HOCHSTADEN hatte durch die Wahl seiner Beschwerdepunkte geschickt die Missstände in der Stadt mit seinen Machtansprüchen verbunden.[402]

---

[391] JAHN, LEOPOLD G., S. 195, erzbischöflicher Klagepunkt Nr. 28.

[392] JAHN, LEOPOLD G., S. 195, erzbischöflicher Klagepunkt Nr. 26.

[393] JAHN, LEOPOLD G., S. 195, erzbischöflicher Klagepunkt Nr. 31.

[394] JAHN, LEOPOLD G., S. 194, erzbischöflicher Klagepunkt Nr. 21. Vgl. zum Ganzen auch GROTEN, MANFRED, S. 188.

[395] JAHN, LEOPOLD G., S. 197, erzbischöflicher Klagepunkt Nr. 42. Vgl. dazu auch GROTEN, MANFRED, S. 188.

[396] JAHN, LEOPOLD G., S. 197, erzbischöflicher Klagepunkt Nr. 43.

[397] GROTEN, MANFRED, S. 189.

[398] JAHN, LEOPOLD G., S. 198, erzbischöflicher Klagepunkt Nr. 48.

[399] KLINKENBERG, H. M., S. 127.

[400] JAHN, LEOPOLD G., S. 198, erzbischöfliche Klagepunkte Nr. 47 und 48.

[401] GROTEN, MANFRED, S. 189.

[402] STEHKÄMPER, HUGO, S. 362.

Die Klagepunkte der Kölner Bürger zielten in eine andere Richtung. Sie hatten hauptsächlich einen wirtschaftlichen Bezug. So rügten sie beispielsweise die Errichtung ungesetzlicher Münzstätten durch den Erzbischof oder die Erhebung unzulässiger Zölle gegenüber den Kölner Bürgern.[403] Dabei war der Blick der Kölner Bürger nach außen – vor die Stadtmauer – gerichtet. Sie erstrebten z.B. die Anerkennung des Bürgermeisteramtes, um, wie aus Punkt sieben ihrer Klageliste deutlich wird, *„die schwierigen Formalitäten beim Neußer Zoll"* zu vereinfachen. Auch die Sicherung der Handelswege war Ziel ihrer Beschwerden.[404] Daneben beklagten sie unrechtmäßige Beschlagnahmungen *„auf der Straße"* und Gefangennahmen Kölner Bürger durch erzbischöfliche Beauftragte.[405] Im Bereich des Gerichtswesens beschwerten sie sich über unrechtmäßige Verhaltensweisen des Erzbischofs, der z.B. *„das weltliche Gericht durch das kirchliche behinderten"* lasse oder es zulasse, dass gegen Bürger in ein und derselben Angelegenheit sowohl an einem weltlichen als auch an einem geistlichen Gericht das Verfahren eröffnet werde.[406]

Da die Bürger der Stadt Köln von den erzbischöflichen Forderungen nach Anerkennung seiner Landeshoheit in die Defensive gedrängt wurden, war es auch ihr Anliegen, die Rechte des Erzbischofs innerhalb der Stadt zu beschränken, um ihre Autonomie festigen zu können.[407]

III. Der Inhalt des Schiedsspruchs in verfassungsrechtlicher Hinsicht[408]

Der „Große Schied" stellte für die Stadt Köln einen wichtigen Meilenstein auf ihrem Weg zur Selbständigkeit dar. Dieses Dokument war für die Stadt Köln

---

[403] JAHN, LEOPOLD G., S. 199, städtischer Klagepunkt Nr. 6 und 200, städtischer Klagepunkt Nr. 19.

[404] JAHN, LEOPOLD G., S. 200, städtische Klagepunkte Nr. 7, 8; KLINKENBERG, H. M., S. 127.

[405] JAHN, LEOPOLD G., S. 199, städtischer Klagepunkt Nr. 4.

[406] JAHN, LEOPOLD G., S. 200, städtische Klagepunkte Nr. 18 und 14.

[407] KLINKENBERG, H. M., S. 127.

[408] In Anbetracht des Inhalts der erzbischöflichen Einredeschriften, in welchen in erster Linie die verfassungsrechtliche Stellung der Stadt gegenüber dem Erzbischof dargestellt wird, soll hier keine gesamtinhaltliche Darstellung des „Großen Schieds" erfolgen. Es werden lediglich diejenigen Aspekte des Schiedsspruchs – zumindest beispielhaft – herausgegriffen, die einen unmittelbaren verfassungsrechtlichen Bezug aufweisen. Die inhaltliche Darstellung des Schiedspruchs beschränkt sich auf die Entscheidungen bezüglich der erzbischöflichen Beschwerdepunkte, da die städtischen Klagepunkte keine verfassungsrechtlichen Fragen betrafen. Vgl. STEHKÄMPER, HUGO, S. 362.

neben der Schlacht bei Worringen und dem „Reichsstadtprivileg" von 1475 von immenser Wichtigkeit.[409] Der Tenor des Schiedsspruchs machte zwar die Stadtherrschaft des Erzbischofs deutlich, die von den Bürgern zu akzeptieren sei, jedoch wurde gleichzeitig die Eigenständigkeit der städtischen Ämter betont. So erklärten die Schiedsrichter ad eins und zwei: *„[...] gibt es sowohl in geistlichen als auch in weltlichen Angelegenheiten dem Erzbischof untergebene und von ihm abhängige Richter mit Rechtsprechungsgewalt sowie Amtspersonen, welche Bürgermeister genannt werden. Diese werden nach von altersher gehaltener Gewohnheit gewählt von der Vereinigung, welche Richerzeche heißt. Sie schwören, bestimmte Ordnungen durchzuführen und zu beobachten, die in dem eigens hierüber verfaßten Schriftstück aufgeführt werden. Wenn sie diese durchführen und beobachten gemäß der Eidesformel, die sie bei ihrer Einsetzung sprechen, so sagen wir, daß dies viel zur Erhaltung des Gemeinwesens beiträgt.* "[410]

Daraus folgt, dass die Schiedsrichter das städtische Behördenwesen als zwingende Voraussetzung für den Bestand der Stadt ansahen. In Einklang damit sprachen sie den städtischen Organen den für ihren Aufgabenbereich notwendigen Handlungsraum zu.[411] So durften beispielsweise laut Schiedsspruch dem Erzbischof untergebene Personen von städtischen Bürgern in der Stadt Köln festgehalten und vor Gericht gebracht werden.[412] Auch erhielt die Stadt die Erlaubnis, Bündnisse abzuschließen, solange durch diese erzbischöflichen Rechten kein Schaden zugefügt werde.[413] Gleiches wurde für die Ausstellung von Schuldscheinen bestimmt.[414] Ferner waren die Amtsträger der Richerzeche gemäß der Entscheidung der Schiedsrichter befugt, Beschlüsse zu fassen, und zwar auch ohne Unterrichtung des Erzbischofs. Dies galt allerdings nur unter der Einschränkung, dass dem Klerus dadurch kein Schaden entstehen durfte. Außerdem wurde es nicht für erforderlich gehalten, dass die Ratsmitglieder gegenüber dem Erzbischof einen Treueid leisten mussten.[415] Dem Erzbischof wurde das Recht eingeräumt, einzugreifen, wenn ein Bürgermeister einen Unschuldigen verklag-

---

[409] JAHN, LEOPOLD G., S. 173.

[410] JAHN, LEOPOLD G., S. 203, Schiedsspruch, ad 1 und 2 der erzbischöflichen Beschwerden.

[411] STEHKÄMPER, HUGO, S. 363.

[412] JAHN, LEOPOLD G., S. 205, Schiedsspruch, ad 16 der erzbischöflichen Beschwerden.

[413] JAHN, LEOPOLD G, S. 205, Schiedsspruch, ad 17 der erzbischöflichen Beschwerden.

[414] JAHN, LEOPOLD G, S. 209, Schiedsspruch, ad 48, 205, ad 17 der erzbischöflichen Beschwerden.

[415] JAHN, LEOPOLD G, S. 208, Schiedsspruch, ad 42 i.V.m. 1 und 2, ad 43 der erzbischöflichen Beschwerden. Zum Ganzen vgl. STEHKÄMPER, HUGO, S. 363.

te, um an dessen Geld zu gelangen.[416] Auch wurde dem Erzbischof als oberstem kirchlichen Richter die Befugnis zugesprochen, gegen einen Bürgermeister einzuschreiten, der seine Pflichten vernachlässigt und sich des Meineides schuldig gemacht hat.[417]

Dem Erzbischof wurde folglich für den Fall, dass es zu einem von erzbischöflicher Seite gerügten Missbrauch im städtischen Behördenwesen kommen sollte, das Eingriffsrecht zugesprochen. Die Schiedsrichter sahen also die erzbischöflichen Aufgaben nicht in der unmittelbaren Regierung der Stadt. Vielmehr betrachteten sie ihn als „Wächter und Wahrer der rechten Ordnung", als Kontrollorgan, welches immer dann – und zwar nur dann – einschreiten sollte, wenn die städtischen Organe ihre Macht missbrauchten.[418]

Der Schiedsspruch stellte für die Stadt Köln in mancher Hinsicht zwar „einen grossen Freiheitsbrief" dar, jedoch wurden durch denselben die verfassungsrechtlichen Streitigkeiten zwischen der Stadt und den Kölner Erzbischöfen keineswegs abschließend beigelegt.[419] Es kam weiterhin zu Auseinandersetzungen zwischen den beiden Mächten.

IV. Der „Große Schied" im Hinblick auf die am RKG anhängigen Verfahren

Es überrascht, dass der erzbischöfliche Prokurator die Kopie des „Großen Schieds" als Urkundenbeweis in die zwei RKG-Verfahren einbrachte. Zwar wurde durch den „Großen Schied" die erzbischöfliche Landeshoheit grundsätzlich anerkannt, jedoch nur in Form der Schutz- und Schirmherrschaft. Betont wurde auch die städtische Eigenständigkeit durch Anerkennung des städtischen Behördenwesens, in welches der Erzbischof nur bei Amtsmissbräuchen eingreifen durfte. Die in den erzbischöflichen Einredeschriften behauptete Oberhoheit über die Stadt und die damit einhergehende städtische „Untertänigkeit" kann daher durch den „Großen Schied" nur in begrenztem Umfang untermauert werden. Gleichzeitig stützt er nämlich die städtische Unabhängigkeit gegenüber dem Erzbischof. Zu den einzelnen von der erzbischöflichen Partei in der Einredeschrift vorgebrachten Behauptungen, wie der städtischen Huldigungspflicht gegenüber den Erzbischöfen oder dem erzbischöflichen Einrittsrecht in die Stadt, wird in dem Schiedsspruch keine Aussage getroffen.

---

416 JAHN, LEOPOLD G., S. 206, Schiedsspruch, ad 26 der erzbischöflichen Beschwerden.

417 JAHN, LEOPOLD G., S. 203, Schiedsspruch, ad 1 und 2 der erzbischöflichen Beschwerden. Vgl. dazu STEHKÄMPER, HUGO, S. 364.

418 JAHN, LEOPOLD G., S. 175; STEHKÄMPER, HUGO, S. 364.

419 KISKY, WILHELM, Die Erhebung Kölns, S. 3, 4.

Warum von erzbischöflicher Seite eine Urkunde als Beweismittel eingereicht wurde, die einen Meilenstein auf dem Weg der Stadt Köln zu ihrer Unabhängigkeit darstellte und neben Ereignisse wie die Schlacht bei Worringen und die Erteilung des „Reichsstadtprivilegs“ gereiht wird, muss wohl offen bleiben.

H. Rekonstruktion der reichskammergerichtlichen Rechtsauffassung

Auch das RKG scheint von der reichsunmittelbaren Stellung der Stadt ausgegangen zu sein. Das Gericht erließ gegenüber den Erzbischöfen Mandate *„uff die Constitution der Pfandung“*.[420] Dies lässt bestimmte Schlüsse auf die reichskammergerichtliche Rechtsauffassung zu:

Die Stadt trägt als Klägerin in ihrer den Mandatsbefehlen vorangehenden Supplik bzw. Narratio vor, dass niemand, der dem Kaiser und dem Reich *„ohne mittell underworffen durch sich selbst oder die seinen“* gegenüber einem anderen, der ebenfalls eine reichsunmittelbare Stellung inne hat, Pfändungen vornehmen dürfe. Ungeachtet dessen seien jedoch Pfändungen durch kurfürstliche Beamte vorgenommen worden.[421] Dabei lehnt sich die Stadt bei ihren Ausführungen unmittelbar an die RKGO von 1555 an. Das RKG sollte in Pfändungsangelegenheiten gemäß der Konstitution der Pfändung, die sich in Teil 2, XXII der RKGO von 1555 findet, nur dann ein Pfändungsmandat erlassen, wenn *„eyner, der dem reych on mittel underworfen, durch sich selbst oder die seine einen andern, der dem reych gleychergestalt underworfen, oder die seine pfenden oder fahen würde [...].“*[422]

Den Narrationen der Parteien kommt große Bedeutung zu, da diese neben der Sachverhaltsschilderung auch Rechtsausführungen der Parteien beinhalten. Sie müssen scharf von den auf die Narrationen folgenden Mandatsbefehlen des Gerichts getrennt werden, da die ersteren die Sicht der Parteien wiederspiegeln, wohingegen die Mandatsbefehle die gerichtlichen Entscheidungen darstellen.[423] Die Bedeutung der Narratio liegt darin, dass im Mandatsverfahren, zumindest

---

420 HAStK, RKG, C 44, C 45, C 46.

421 HAStK, RKG, C 45, Q 2. Fast wortidentisch HAStK, RKG, C 46, Q 2. Inhaltlich identisch HAStK, RKG, C 44, Q 2. Hier wird nur auf diejenigen klägerischen Darstellungen eingegangen, die einen unmittelbaren Bezug zur Frage der städtischen Reichsunmittelbarkeit aufweisen. Auf weitere Aspekte wird im zweiten inhaltlichen Teilbereich der Arbeit Bezug genommen.

422 Laufs, Adolf, RKGO 1555, 2. Teil, XXII. Grund dafür war, dass die Konstitution der Pfändung der Wahrung des Landfriedens dienen sollte. Die Macht, diesen zu stören, lag bei den reichsunmittelbaren Ständen. Gaill, Andreas, Practicarum Observationum, De Pignorationibus (ein sonderlich Buech), 1. obs., S. 796.

423 Oestmann, Peter, S. 22, 23.

bei Vorliegen eines mandatum sine clausula – um welche es sich bei den Pfändungsmandaten handelt[424] – aufgrund der bloßen Existenz des Mandats davon ausgegangen werden kann, dass das RKG die klägerische Darstellung als schlüssig auffasste. So bestimmt die RKGO von 1555, dass ein Mandat sine clausula nur dann ergehen durfte, wenn aus der Schilderung der Partei *„on eyniche weiter erkantnuß"* von der Rechtswidrigkeit der gegnerischen Handlungen ausgegangen werden konnte. Bei den Narrationen handelt es sich daher zwar nicht um Entscheidungsbegründungen, jedoch um Entscheidungsgrundlagen.[425]

Das Mandatsverfahren ist vergleichbar mit der einstweiligen Verfügung des heutigen Prozessrechts, mit der die vorläufige Regelung eines streitigen Rechtsverhältnisses bezweckt wird.[426] Bei dem Mandatsprozess handelte es sich um einen summarischen Prozess, wobei das Mandat bereits erlassen wurde, bevor der Beklagte Gelegenheit zur Verteidigung hatte.[427] Der Erlass eines mandatum sine clausula setzte voraus, dass eine offensichtlich nicht zu rechtfertigende Rechtsverletzung durch den Beklagten vorlag und darüber hinaus die richterliche Überzeugung gegeben war, dass dem Beklagten höchst wahrscheinlich kein Einrederecht zustand.[428]

Daher kann dem Erlass der Mandate, wenn diese auch lediglich aufgrund einer vorerst summarischen Prüfung des Gerichts ergangen sind, zumindest Indizcharakter bezüglich der reichskammergerichtlichen Rechtsauffassung zur Reichsunmittelbarkeit der Stadt entnommen werden. Durch ihren Erlass brachte das RKG folglich zum Ausdruck, dass es von der Reichsunmittelbarkeit beider Parteien[429], also auch der Stadt ausging.

---

[424] LAUFS, ADOLF, RKGO 1555, 2. Teil, XXII. Grund dafür ist, dass „Pfandungen in allen Rechten verbotten" sind. Vgl. GAILL, ANDREAS, Practicarum Observationum, De Pignorationibus (ein sonderlich Buech), 3. obs., S. 804.

[425] LAUFS, ADOLF, RKGO 1555, 2. Teil, XXIII; OESTMANN, PETER, S. 40, 41.

[426] WIGGENHORN, HEINRICH, S. 84, 98.

[427] HINZ, MANFRED, S. 1, 5. Der Zweck des Mandatsverfahrens, insbesondere des Mandats sine clausula, bestand in der Gefahrenabwehr. Vgl. ebendort, S. 21.

[428] WIGGENHORN, HEINRICH, S. 86.

[429] Pfänder bzw. Gepfändete waren in den Verfahren nicht der Erzbischof bzw. die Stadt Köln. Vielmehr standen auf Pfänderseite erzbischöfliche Beamte, Pfändungsopfer waren die Halfleute der Höfe, auf denen die Pfändungen statt fanden. Dennoch traten Stadt und Erzbischof als Parteien auf. Voraussetzung für den Mandatserlass war in solchen Fällen, dass zum einen dem Beklagten das Pfändungsverhalten zugerechnet werden konnte. Dies wurde immer dann angenommen, wenn der Amtmann/Handelnde des Beklagten „auß befelch ihres Fürsten oder hern" gehandelt hat und dies in der Supplikation klar zum Ausdruck gebracht wurde. Die Klage war dann gegen den „Herrn" zu richten. Vgl. GAILL, ANDREAS, Practicarum Observationum, De Pignorationibus (ein sonderlich Buech), 5. obs., S. 807, 808. Hier wird ausdrücklich darauf hingewiesen, dass die Amtleute, die die

In einem Verfahren jedoch wurde das Mandat, nachdem das kontradiktorische Verfahren eingeleitet worden war, da der Erzbischof sich dem Mandat nicht fügen wollte und seinerseits Einreden erhob[430], zwischenzeitlich zugunsten des Erzbischofs durch Urteil kassiert.[431] Gegenstand seiner Einreden war u.a. auch die Zuständigkeit des RKG und die damit zusammenhängende Frage nach der Reichsunmittelbarkeit der Stadt, die vom Erzbischof vehement bestritten wurde. So weist er in seinen *„Exceptiones und ursachen warumb man dem vermeinten außbrachten Mandat zu pariren nit schuldig"* sei darauf hin, dass die Klägerin dem heiligen Reich nicht ohne Mittel unterworfen sei und sie daher auch nicht befugt gewesen sei, gegen den Kurfürsten ein Mandat gemäß der Pfändungskonstitution zu erwirken. Folglich sei der Kurfürst auch nicht zu Gehorsam verpflichtet.[432]

War nur eine der Parteien nicht reichsunmittelbar, so war die Zuständigkeit des RKG nicht begründet. Es musste dann vor dem ordentlichen Richter das Recht gesucht werden, denn „wann die Qualitet/so in der Constitution erfordert wird/mangelt/so mangelt auch alsbald deß Cammergerichts Jurisdiction oder Bottmässigkeit".[433] Ging der Beklagte von diesem Mangel aus, wie hier der Erzbischof, so konnte er dies in Form einer Einrede geltend machen.[434]

Das RKG entschied am 30.10.1587, wie sich aus dem Protokoll besagten Verfahrens ergibt, zunächst zugunsten des Erzbischofs, indem das *„tertii mandati d Pfandung auff dem Chomar"* vom 18.4.1586, welches gegen den Erzbischof ergangen war, kassiert wurde. Der Stadt wurden die Gerichtskosten auferlegt.[435] Dabei ist jedoch nicht klar, ob die Kassation des Mandates erfolgte, weil das

---

Pfändung vorgenommen haben, *„auß [...] beclagts Churfürsten bevelch [...]"* gehandelt haben. Vgl. HAStK, RKG, C 44, Q 2, ähnlich C 45, Q 2, C 46, Q 2. Die Tatsache, dass das RKG in allen Verfahren ein Mandat erlassen hat, spricht für das Vorliegen dieses Zurechnungszusammenhangs. Was die Klägerseite angeht, so konnte eine Stadt nur dann für ihre Bürger auftreten, wenn sie selbst (dieses Beispiel findet sich ausdrücklich bei GAILL) und nicht der Bürger „offendiert und beleydiget" worden ist. Nicht hingegen durfte die Stadt vor dem RKG klagen, wenn es um das „privat interesse" ging, da es ansonsten zu einer Aushöhlung der Pfändungsvorschriften gekommen wäre. GAILL, ANDREAS, Practicarum Observationum, De Pignorationibus (ein sonderlich Buech), 6. obs., S. 812, 813.

430 Vgl. WIGGENHORN, HEINRICH, S. 84-85.

431 HAStK, RKG, C 46.

432 HAStK, RKG, C 46, Bl. 21 v, 22 r.

433 GAILL, ANDREAS, Practicarum Observationum, De Pignorationibus (ein sonderlich Buech), 1. obs., S. 797.

434 GAILL, ANDREAS, Practicarum Observationum, De Pignorationibus (ein sonderlich Buech), 13. obs., S. 828.

435 HAStK, RKG, C 46, Protokoll, Bl. 3 v.

RKG Zweifel an der reichsunmittelbaren Stellung der Stadt hegte oder ob dafür andere Gründe ursächlich waren. Die rechtliche Begründung reichskammergerichtlicher Entscheidungen war nämlich nach Teil 1 Tit. LVII der RKGO von 1555 verboten. Dort heißt es: *„was in rathschlegen und sachen gehandelt wirdt, den partheyen oder niemandts zu eröffnen vor oder nach der urtheyl"*.[436] Es ist zu berücksichtigen, dass die Reichsunmittelbarkeit beider Parteien nur eine von insgesamt fünf Voraussetzungen für den Erlass eines Pfändungsmandats war. Die zweite Voraussetzung bestand darin, dass der Gepfändete im Besitz oder „Possession" des Ortes oder der Gerechtigkeit sein musste, „in welchem oder an dem die Pfandung geschehen ist". Zum Dritten musste derjenige, der die Pfändung vorgenommen hat, in der Absicht gehandelt haben, an dem Ort des Pfändungsgeschehens eine *neue Jurisdiktion* oder ein *neues Recht* zu begründen. Des Weiteren war erforderlich, dass „eines andern Gut/auch von eines andern Guts wegen/als das in der dritten hand deß/der an den Sachen schuldig/weggenommen/und also einer deß andern wegen beschwäret werde". Damit sollte zum Ausdruck gebracht werden, dass die Pfändung „aller Ehrbarkeit zuwider" geschehen musste. Das war dann der Fall, wenn unschuldige Untertanen den Machtkämpfen ihrer Obrigkeiten zum Opfer fielen, indem ihr Gut gepfändet wurde. Zum fünften war für den Erlass eines Pfändungsmandats erforderlich, dass die Pfändung aufgrund einer bürgerlichen Angelegenheit erfolgte. „Malefitz Sachen" waren ausgenommen.[437] Die Entscheidung des RKG kann daher auch auf das Fehlen einer dieser anderen Voraussetzungen zurückzuführen sein.

Am 16.1.1588 *„läst man es [...] bei der am 30. Octobris [...] ergangener urtheil nochmals pleiben"*.[438] Am 28. Martii 1588 findet sich im Protokoll der Eintrag, dass man die am *„19. Januarii [...] vorbrachte einlag als unerheblich nit angenomen"* habe und dass man es daher *„bei d am 30. octobris zuvor in puncto paritionis ergangener Urthail nochmals bleiben"* lasse. Am 5.12.1588 jedoch hat das RKG wieder zugunsten der Stadt entschieden, indem diese *„auß theils vorprachten auch anderen bewegenden Ursachen"* bezüglich der am 30. Oktober 1587, 16. Januar und 28. Martii 1588 ergangenen Urteile restituiert und in den vorigen Stand gesetzt wird.[439] Des Weiteren ist im Protokoll für den 27. Januar 1604 vermerkt, dass das Mandat nochmals bestätigt und dem Beklagten geboten wird, sich an dieses gehorsam zu halten. Die Einreden des erzbischöflichen Prokurators seien unerheblich (*„[...] Ist dr Lasser vergewendter einredt unverhindert, glaublich anzeig zuthuen, das dem außgangenen verkhündten und*

---

[436] LAUFS, ADOLF, RKGO 1555, 1. Teil, LVII.

[437] GAILL, ANDREAS, Practicarum Observationum, De Pignorationibus (ein sonderlich Buech), 3. obs., S. 803-805.

[438] HAStK, RKG, C 46, Protokoll, Bl. 4 v.

[439] HAStK, RKG, C 46, Protokoll, Bl. 6v-7 r.

reproducirten kay. mandat alles seines Inhalts gehorsamlich gelebt sei [...]"[440]). Mit dieser „Sententia paritoria"[441] vom 27. Januar 1604 wird folglich das zugunsten der Stadt ergangene Mandat bekräftigt.[442]

Da das Mandat daher am Ende zugunsten der Stadt durch Urteil bestätigt wurde[443], kann davon ausgegangen werden, dass das RKG vom Vorliegen aller für den Erlass eines Pfändungsmandats notwendigen Voraussetzungen und damit auch von der Reichsunmittelbarkeit *beider* Parteien ausgegangen sein muss. Es betrachtete die Stadt daher nicht als „Untertan" des Erzbischofs, sondern erkannte ihren Rechtsstatus als Freie Reichsstadt an.

Im Gegensatz zu dem Mandatsbefehl kann der Citation keine Sachentscheidung des RKG entnommen werden. Das einzige in der Citation enthaltene Gebot besteht in der Ladung des Beklagten.[444] Folglich kann nicht festgestellt werden, ob das RKG den Rechtsausführungen der klagenden Partei gefolgt ist. In beiden zugrundegelegten Citationsverfahren[445] wurde im Protokoll kein Urteilstenor eingetragen, aus welchem inhaltliche Schlüsse zu der hier untersuchten Frage gezogen werden können.[446]

---

440 HAStK, RKG, C 46, Protokoll, Bl. 10 v.

441 Vgl. dazu auch BREUER, WIMMAR, S. 33, der ebenfalls diese Entscheidungen des RKG heranzieht.

442 Ein Paritionsurteil gleichen Inhalts ergeht in dem zweiten der insgesamt drei inhaltlich zusammenhängenden Mandatsverfahren die Pfändungskonstitution betreffend. Dort findet sich im Protokoll ein Eintrag vom 26.1.1604. In diesem heisst es, dass *„dr Lasseren vorgewendten einredt ungehindert [...]"* dem Mandat *„alles seines Innhalts gehorsamblich gelebt seye [...]."* Vgl. HAStK, RKG, C 45, Protokoll, Bl. 4 r.

443 In den zugrundegelegten Verfahren findet sich lediglich in einem Verfahren im Protokoll ein Eintrag der Urteilstenöre.

444 *„[...] so heischenn unnd laden wir [...]."* Vgl. HAStK, RKG, C 49, Q 2, C 50, Q 1. Vgl. auch OESTMANN, PETER, S. 23.

445 HAStK, RKG, C 49, C 50.

446 Im Verfahren C 49 findet sich zwar, genauso wie in demjenigen Verfahren, in welchem der Erzbischof auf Klägerseite stand, im Protokoll der Eintrag eines sog. *geringeren Bescheids*. Mit geringeren Bescheiden entschied das RKG Fragen über Termine, Fristverlängerungen, die Gestattung weiterer Schriften oder die Zulässigkeit einzelner Beweismittel. Vgl. dazu DICK, BETTINA, S. 179, 180. In den beiden genannten Verfahren wird bestimmt, dass das Begehren des klägerischen Prokurators *„noch zur Zeit abgeschlagen"* werde *„sond ime waß sich uff Exceptiones [...] vorbracht, in specie zu handlen gebürt [...]."* Vgl. HAStK, RKG, C 49, Protokoll, Bl. 3 v, NWHSA, RKG, C 490/1288, Protokoll, Bl. 2 r, v . Bezogen auf die hier untersuchte Frage der städtischen Reichsunmittelbarkeit kann diesen Entscheidungen jedoch nichts entnommen werden.

I. WIDERSPRÜCHE DER ERZBISCHÖFE

Auch die erzbischöfliche Sicht zur Frage der städtischen Reichsunmittelbarkeit scheint nicht immer so gefestigt gewesen zu sein, wie dies im Hinblick auf die oben geschilderte Argumentation scheint. So beispielsweise im Rahmen der folgenden erzbischöflichen Darlegung: Da die Klägerin, also die Stadt Köln, dem heiligen Reich nicht ohne Mittel unterworfen sei, könne sie nicht gestützt auf die Pfändungskonstitution ein Mandat gegen die Erzbischöfe ausbringen. Die Jurisdiktionshoheit des RKG sei nämlich *„nit fundirt"*. Daher sei das erlassene Mandat für den Kurfürsten in keiner Weise verbindlich.[447] In demjenigen Verfahren, in welchem der Erzbischof gegen die Stadt ein Mandat *„der pfandung"* erwirkt hat[448], gerät er jedoch im Hinblick auf sein Ableugnen der städtischen Reichsunmittelbarkeit in die Bredouille. Dort fordert er das Pfändungsmandat gegen die Stadt, da, wie er in seiner Narratio ausführt, kein Reichsunmittelbarer gegenüber einem anderen desselben Standes Pfändungen vornehmen dürfe.[449] Durch die Forderung dieses Pfändungsmandats, welches nur erlassen wird, wenn beide Parteien eine reichsunmittelbare Stellung inne haben[450], erkennt der Erzbischof, auch wenn er dies natürlich nicht ausdrücklich erklärt, die reichsunmittelbare Stellung der Stadt an. Diesen Widerspruch greift die Stadt, wie zu erwarten gewesen ist, in ihrer Argumentation auf. In ihrer Einredeschrift stellt sie richtig fest, dass die reichskammergerichtliche Jurisdiktion nach eigenen Angaben des Kurfürsten, der die städtische Reichsunmittelbarkeit abstreitet, gar nicht begründet sein könne, so dass folglich das Mandat kassiert werden müsse.[451] Der Erzbischof ist bemüht sich aus diesem Dilemma „herauszureden", indem er es in seiner Replikschrift als für den Erlass des Pfändungsmandats ausreichend erachtet, dass die Stadt sich selbst stets als eine Freie Reichsstadt bezeichnet und bereits mehrere Pfändungsmandate gegen den Kurfürsten erwirkt habe.[452] Er versucht sich also, einem Anerkenntnis der städtischen Reichsunmittelbarkeit zu entziehen, indem er allein auf die städtische Behauptung ihrer Reichsunmittelbarkeit abstellt. Bei einer derart gewagten Argumentation des Erzbischofs war zu erwarten, dass die Stadt ihm mit ihren Argumenten überlegen sein würde. So weist sie in ihrer Duplik darauf hin, dass die erzbischöfliche Partei aufgrund des vehementen Leugnens der städtischen Reichsunmittelbarkeit nicht befugt sei, *„wieder dieselbe auff die Constitution der pfndg zue proce-*

---

447 HAStK, RKG, C 46, Bl. 25 r.

448 NWHSA, RKG, C 490/1288.

449 NWHSA, RKG, C 490/1288, Bl. 5 v.

450 Vgl. oben S. 90, 91.

451 NWHSA, RKG, C 490/1288, Bl. 17 v-18 v.

452 NWHSA, RKG, C 490/1288, Bl. 27 v, 28 r.

diren". Stattdessen hätte der Erzbischof *„in anderewegh sein ahnngemast rechtt außfuehren unnd vervolgen sollen"*. Es könne nicht sein, dass auf der einen Seite derartige Behauptungen aufgestellt werden, auf der anderen Seite jedoch die Stadt mit *„sollichen privilegyrten processen [...]"* beschwert werde. Der Erzbischof müsse daher entweder die städtische Reichsunmittelbarkeit anerkennen oder aber, wenn er dies nicht tue, *„sich des beneficii der pfanndunngs Constitution begeben [...]."*[453]

Auch im Rahmen eines anderen Rechtsstreits kann der erzbischöflichen Argumentation ein Anerkenntnis der städtischen Reichsunmittelbarkeit entnommen werden. So wird in der *„Gegen Conclusion uff die ahm 21. Martii Anno 1612 ubergebene vermeint conclusion"*[454] aus dem Jahre 1613 zum Zwecke der Darlegung der eigenen Rechte, angeführt, dass Bürgermeister und Rat der Stadt Köln etliche Administrationsangelegenheiten nicht allein, sondern aufgrund bestimmter Vereinbarungen mit Hilfe der Bürgerschaft oder Spezialdeputierter erledigen. Dennoch würden dadurch nicht die städtischen Administrationsrechte geschmälert. Außerdem würde der Stadt deswegen auch nicht das *„privilegium der außträg [...] benohmmen"*.[455] Die erzbischöfliche Partei räumt hier der Stadt, wenn auch nur in einem Nebensatz, das Privileg der Austräge ein. Auch dies spricht vor folgendem Hintergrund für eine Anerkennung der städtischen Reichsunmittelbarkeit:

Im Rahmen des Austrägalverfahrens[456] entschied ein Schiedsgericht über den Streit, so dass der Rechtsweg zum RKG nicht sogleich eröffnet war. Es sind drei Gruppen von Austrägen zu unterscheiden: die gesetzlichen, die gewillkürten und die privilegierten Austräge.[457] Das Recht der gesetzlichen Austräge ist in den Reichskammergerichtsordnungen von 1495 (§§ 28, 30[458]) und in der RKGO von 1555 verankert.[459] Wie sich aus der RKGO von 1555 ergibt, war das gesetzliche

---

[453] NWHSA, RKG, C 490/1288, Bl. 36 r, v.

[454] Die Übersetzung für *Conclusio* ist Beschluss. Damit war der Aktenschluss von Seiten der Parteien gemeint, welcher zwingendes Erfordernis für eine gerichtliche Entscheidung war. In dem Beschluss, der erst nach Einreichung aller Schriftsätze folgte, baten die Parteien um eine gerichtliche Entscheidung und unterbreiteten dem Gericht ihren bisherigen Vortrag. Vgl. dazu und zu Näherem DICK, BETTINA, S. 173-176.

[455] HAStK, RKG, C 50, Bl. 88 r, v.

[456] Vgl. zum Austrägalverfahren LAUFS, ADOLF, RKGO 1555, 2. Teil, II, III, IV; WIGGENHORN, HEINRICH, S. 62.

[457] FRÜHAUF, GERD, S. 29 ff., 56 ff., 65 ff.

[458] BUSCHMANN, ARNO, Die Reichskammergerichtsordnung vom 7. August 1495, §§ 28, 30.

[459] LAUFS, ADOLF, RKGO 1555, 2. Teil, II, III, IV.

Recht der Austräge dem Reichsadel vorbehalten.[460] Den Reichsstädten wurde durch die RKGO von 1555 das Recht der gesetzlichen Austräge nicht eingeräumt.[461]

Von gewillkürten Austrägen, die bereits in der RKGO von 1495 (§ 28[462]) Erwähnung finden, sprach man, wenn die Parteien durch eine freie Vereinbarung bestimmten, dass zunächst vor einem bestimmten Austrägalgericht verhandelt werden musste. Voraussetzung war jedoch, dass die Parteien unmittelbare Reichsstände waren.[463] Das Recht der Austräge konnte zum Dritten auch auf kaiserlichen Privilegien beruhen. Diese häufig vorkommende Gruppe der Austräge war besonders für die Reichsstädte von Bedeutung, da diesen ein gesetzliches Austragsrecht nicht zustand.[464] Bei PFEFFINGER findet sich ein Verzeichnis von Reichsstädten, für die privilegierte Austräge vorlagen.[465] In diesem Verzeichnis ist die Stadt Köln jedoch nicht genannt. Dies muss im Gegenschluss jedoch nicht bedeuten, dass für Köln ein solches privilegiertes Austragsrecht nicht existierte. Das Verzeichnis bei PFEFFINGER ist zwar sehr umfangreich, jedoch nicht abschließend. Aber auch bei den von MALBLANK aufgeführten Beispielen für Reichsstädte, denen ein Austragsprivileg zukam, findet die Stadt Köln keine Erwähnung.[466] In der Auflistung MEYERHUBERS fehlt ebenfalls die Nennung der Stadt Köln.[467] Eine umfassende Darstellung privilegierter Austräge liegt nicht vor, so dass diesbezüglich keine verlässlichen Angaben gemacht werden können.[468] Es ist jedoch von Bedeutung, dass auch kaiserliche Austrägalprivilegien nur unmittelbaren Reichsständen erteilt wurden.[469]

Es lässt sich daher feststellen, dass unabhängig davon, um welche Gruppe von Austrägen es sich handelte, das Recht der Austräge immer nur reichsunmittelbaren Ständen zukam. Nach PREHN zeichnete sich das Austrägalverfahren daher

---

460 Vgl. LAUFS, ADOLF, RKGO 1555, 2. Teil, IV, § 18; dazu und zu Näherem FRÜHAUF, GERD, S. 41.

461 Vgl. dazu und zu den etwaigen Ursachen FRÜHAUF, GERD, S. 43.

462 BUSCHMANN, ARNO, Die Reichskammergerichtsordnung vom 7. August 1495, § 28, vgl. auch LAUFS, ADOLF, RKGO 1555, 2. Teil, II, § 1.

463 FRÜHAUF, GERD, S. 56-58.

464 FRÜHAUF, GERD, S. 65-67.

465 PFEFFINGER, JOHANN FRIDERIC, S. 528 ff.

466 MALBLANK, D. JULIUS FRIEDRICH, S. 488-492.

467 MEYERHUBER, ALFRED, S. 192 ff.

468 MALBLANK, D. JULIUS FRIEDRICH, 4. Teil, S. 489.

469 FRÜHAUF, GERD, S. 66.

aus durch „*Schiedsrichter, vor welchen die Streitigkeiten solcher unmittelbaren Reichsglieder, denen dieses Vorrecht ausdrücklich ertheilt, oder vorbehalten ist, vorher untersucht, und entschieden werden müssen ehe sie bey den Reichsgerichten anhängig gemacht werden können*".[470] Wenn der erzbischöfliche Prokurator daher von einem städtischen Privileg der Austräge spricht, wird damit gleichzeitig die Reichsunmittelbarkeit der Stadt, die sonst immer so vehement abgestritten wurde, vorausgesetzt. Diese widersprüchliche Argumentation der erzbischöflichen Partei lässt auf eine gewisse Unsicherheit der Erzbischöfe im Hinblick auf die von ihnen stets geleugnete Reichsunmittelbarkeit der Stadt Köln schließen.

Neben diesen konkludenten Anerkenntnissen der städtischen Reichsunmittelbarkeit durch die Erzbischöfe wird an anderer Stelle der Eindruck erweckt, die erzbischöfliche Partei sei an einer Entscheidung des RKG überhaupt nicht interessiert. So wird im Rahmen der *citationis ex lege diffamari* darauf hingewiesen, dass nach der kaiserlichen Kammergerichtsordnung „*[...] erfurdertt werde, daß der diffamatus immediate, unnd ohn einigen vorbehaltt limitation od reservation den heiligen reich absolute underworffen [...]*" sein müsse.[471]

Zur Diffamationsklage finden sich besondere Vorschriften in der RKGO von 1555. Dort wird im 2. Teil unter XXV im Hinblick auf die Frage, ob die Zuständigkeit des RKG begründet ist, dahingehend differenziert, ob der „diffamirt" (also der Beschwerte) dem RKG in erster Instanz ohne Mittel unterworfen ist oder nicht.

Für den Fall, dass der Beschwerte, wie hier von erzbischöflicher Seite in Bezug auf die Stadt Köln behauptet, keine reichsunmittelbare Stellung inne hatte und die Sache auch ihrer Natur nach nicht erstinstanzlich vor das RKG gehörte, sollte vor dem RKG „*wider den diffamanten, unangesehen was obrigkeyt derselb underworfen [...]*" nicht verhandelt werden. In diesem Fall sollte die Sache an die ordentlichen Gerichte verwiesen werden.[472] Diese Regelung ist mit WIGGENHORN wohl so aufzufassen, dass es im Rahmen einer Diffamationsklage zur Begründung der reichskammergerichtlichen Zuständigkeit „genügte", wenn der Kläger eine reichsunmittelbare Stellung inne hatte[473] und es nicht wie sonst auf die reichsunmittelbare Stellung des Beklagten ankam.[474] War der Be-

---

470 PREHN, D. JOHANN JACOB, S. 30.

471 HAStK, RKG, C 49, Bl. 59 r, v.

472 LAUFS, ADOLF, RKGO 1555, 2. Teil, XXV; fast wortgleiche Regelung auch in COC, Teil 2, XXVII, §§ 1, 2.

473 WIGGENHORN, HEINRICH, S. 64, 65.

474 Grundsätzlich war die Zuständigkeit des RKG in erster Instanz immer dann begründet, wenn der Beklagte eine reichsunmittelbare Stellung inne hatte. Dies ergibt sich aus der RKGO von 1555, in der es heißt: „*Es soll auch demnach das keyserlich cammergericht in*

schwerte jedoch nicht reichsunmittelbar, ist davon auszugehen, dass ein Rückgriff auf die allgemeinen Grundsätze der RKGO in Betracht kam und somit die verfassungsrechtliche Stellung des Beklagten für die Begründung der erstinstanzlichen Zuständigkeit entscheidend war. Anderenfalls hätte dies zu einer Aushöhlung der allgemeinen Vorschrift, dass Reichsunmittelbare vor dem RKG verklagt werden sollten, da diese keiner Territorialgerichtsbarkeit unterlagen, geführt. So heißt es auch bei GAILL: „Jedoch so ist hierbey zumercken/daß in denen Fällen/da der diffamator[475] dem kayserlichen Cammer-Gericht immediatè und unmittelbar underworffen ist/und in primâ instantiâ keinen andern Richter als die Cammer hat/solche citation super l. diffamari, [...] in Camera beydes sovil solche diffamation an sich selber/und auch darauß erwachsne klag betrifft/procedirn und verfahren könne [...].“[476]

Die erzbischöfliche Argumentation kann daher nicht, selbst wenn man die Reichsmittelbarkeit der Stadt unterstellt, einen Ausschluss der reichskammergerichtlichen erstinstanzlichen Zuständigkeit bewirken. Diese war vielmehr schon durch die reichsunmittelbare Stellung des Erzbischofs begründet. In Anbetracht dessen erscheint die erzbischöfliche Behauptung der Unzuständigkeit des RKG wie ein Vorwand, um sich der reichskammergerichtlichen Entscheidung zur Frage der Rechtsstellung der Stadt Köln gegenüber den Erzbischöfen zu entziehen.

J. ZUSAMMENFASSUNG

Auffällig ist, dass die Parteien auf die von der Gegenpartei geltend gemachten Argumente oftmals gar nicht eingingen und stattdessen auf völlig andere Geschehnisse abstellten. Sie argumentierten daher häufig aneinander vorbei. Grund hierfür könnte gewesen seien, dass sich die Parteien nicht in der Lage sahen, die gegnerischen Argumente zu entkräften. Beide Seiten führten starke Argumente für sich ins Feld.

Der erzbischöfliche Hinweis, das „Reichsstadtprivileg“ verstoße gegen die Goldene Bulle und sei daher ipso jure nichtig, ist zwar nicht stichhaltig. Es konnte jedoch gezeigt werden, dass selbiges Privileg wegen zahlreicher kaiserlicher Widerrufungen zumindest mit Rechtsunsicherheit behaftet war. Dies könnte erklären, warum die Stadt jenes überaus bedeutsame kaiserliche Schrift-

---

erster instantz oder rechtfertigung uff niemandts clag oder ansuchen ladung erkennen oder geben gegen denjhenen, die der keyserlichen maiestat und dem reich nit one mittel underworfen sein und doch sunst iren ordenlichen richter haben [...].“ Vgl. LAUFS, ADOLF, RKGO 1555, 2. Teil, I, § 2; fast wortgleiche Regelung in der RKGO von 1495, vgl. dazu BUSCHMANN, ARNO, Die Reichskammergerichtsordnung vom 7. August 1495, § 16. Entscheidend war demnach die verfassungsrechtliche Stellung des Beklagten. So auch WIGGENHORN, HEINRICH, S. 62.

475 Damit ist derjenige gemeint, von dem die Diffamation ausgeht.

476 GAILL, ANDREAS, Practicarum Observationum, 1. Buch, 10. obs., S. 44.

stück vor dem RKG weder als Beweismittel noch im Rahmen ihrer Argumentation heranzog. Gegen die Rechtswirksamkeit des „Reichsstadtprivilegs" führten die Erzbischöfe des Weiteren das feierliche Einreiten ihrer Vorgänger in die Stadt ins Feld. Dabei hoben sie hervor, dass die Einritte *trotz* des Privilegs von der Stadt gestattet wurden. Durch dieses städtische Verhalten sahen sie das „Untertanenverhältnis“ der Stadt begründet. Dieses Argument der erzbischöflichen Partei kann insgesamt wohl als das überzeugendste und stärkste angesehen werden, da die Stadt sich zu ihrem von Kaiser FRIEDRICH III. bestätigten Rechtsstatus als Freie Reichsstadt selbstschädigend in Widerspruch gesetzt hatte.

Die Stadt berief sich zum Nachweis ihrer reichsunmittelbaren Stellung auf ihre Reichs- und Kreisstandschaft und ihre Eintragung in die Reichsmatrikel. Insbesondere der Hinweis auf die städtische Autonomie und damit auf den vom Erzbischof unabhängigen städtischen Verwaltungsapparat sollte die schon vor 1475 bestehende faktische Unabhängigkeit vom Erzbischof demonstrieren. Dies waren Argumente, die von erzbischöflicher Seite nicht erschüttert werden konnten und daher im Hinblick auf die reichsunmittelbare Rechtsstellung der Stadt überzeugen konnten.

3. TEIL: JURISDIKTIONSSTREITIGKEITEN IM KÖLNER BURGBANN

Die Erzbischöfe, die sich vehement weigerten, die Reichsunmittelbarkeit der Stadt Köln anzuerkennen und die Stadt in einem „Untertanenverhältnis" sahen, betrachteten sich auch als Gerichtsherren über die Stadt. Immer wieder behaupteten sie, die alleinige ordentliche, geistliche und weltliche Hoheit *„merum mixtumque imperium & omnimodam iurisdictionem in und uber die statt Colln, deren Geistliche und weltliche underthanen [...]"* und deren Hab und Gut inne zu haben.[477] Der Begriff *„merum mixtumque imperium"* entstammt der Territorialstaatstheorie des 16. und frühen 17. Jh. Nach der Systematik des BARTOLUS[478] bezeichnete der Begriff *imperium merum* diejenige *iurisdictio*, die einen öffentlichen Bezug hatte und erstreckte sich insbesondere auf die Blutgerichtsbarkeit (hochgerichtliche Jurisdiktionsgewalt), Haft- und Geldstrafen und das Recht der Anwendung peinlicher Strafen. Das *imperium mixtum* umfasste neben öffentlich-rechtlichen Elementen auch Elemente des Zivilrechts, beispielsweise Gerichtsakte mit personenrechtlichem Bezug und Zwangsmaßnahmen.[479] Die Erzbischöfe sahen sich, da sie beides für sich behaupteten, als Inhaber der Universaljurisdiktionsgewalt.[480]

Die Beanspruchung der Jurisdiktionshoheit war Ausdruck des Streits um die Landeshoheit über die Stadt. Die *iurisdictio* spielte für die Territorialstaatstheorie des 16. und 17. Jh. eine entscheidende Rolle.[481] Während im 16. Jh. das imperium merum für die landesherrliche Rechtsstellung das Kernstück bildete[482], aus welchem die Territorialherrschaft abgeleitet wurde, setzte sich im 17. Jh. immer mehr die Ansicht durch, die Territorialherrschaft *als solche* sei das entscheidende Recht des Landesherrn, aus welchem die Jurisdiktionsgewalt erst erwuchs.[483] Unabhängig von dieser Veränderung der Rechtsansicht kann festge-

---

477 HAStK, RKG, C 46, Bl. 22 v, so auch Bl. 73 r; Apologia, S. 78.

478 Die Territorialstaatstheorie des 16. und 17. Jh. wurde bestimmt durch die monumentale Bearbeitung des römischen Rechts durch BARTOLUS DE SAXOFERRATO. Durch diese wurde das römische Recht praktikabel und kam bis in die Neuzeit zur Anwendung. Vgl. WILLOWEIT, DIETMAR, S. 18, 19.

479 WILLOWEIT, DIETMAR, S. 20, 21.

480 Apologia, S. 158.

481 WILLOWEIT, DIETMAR, S. 18, 19.

482 BALDUS DE UBALDIS, Schüler des BARTOLUS, sah die Jurisdiktionsgewalt als erforderlichen Bestandteil des Territoriums an. Es galt derjenige als der wahre Territorialherr, dem die hochgerichtlichen Befugnisse zustanden. Die Aussage der Kommentatoren über die notwendige Zusammengehörigkeit von *iurisdictio* und *territorium* zählte im 16. Jh. zum gesicherten Rechtsbestand der Wissenschaft. Vgl. dazu WILLOWEIT, DIETMAR, S. 27, 34, 36.

483 WILLOWEIT, DIETMAR, S. 46. Vgl. zu Näherem ebendort S. 44-46.

halten werden, dass die Jurisdiktionsgewalt sowohl im 16. als auch im 17. Jh. Ausdruck der Territorialgewalt war. Aufgrund des engen Zusammenhangs zwischen Jurisdiktionshoheit und Territorialgewalt stand hinter dem Streit der Erzbischöfe mit der Stadt um die Jurisdiktionshoheit die Frage der umfassenden Territorialgewalt über die Stadt.[484] Dies spiegelt sich in der Argumentation der Erzbischöfe wieder. Sie sahen die von ihnen behauptete Gerichtsbarkeit über die Stadt als Beweis der städtischen Reichsmittelbarkeit an.

Hatte eine Stadt die umfassende iurisdictio inne, so war dies Ausdruck ihrer Autonomie.[485] Dies wiederum zeigt die Argumentation der städtischen Partei, die stets die erzbischöfliche Hoheit in Ausprägung der Gerichtsgewalt im Kölner Stadtgebiet und im Burgbann leugnete und auf die eigene Gerichtsbarkeit hinwies. Insofern liegt es nahe, dass die Erzbischöfe die seit dem Anfang des 14. Jh. nachweisbare Ratsgerichtsbarkeit der Stadt als Bedrohung ihrer behaupteten Rechte ansahen. Konkurrenzkämpfe des Rates mit den Erzbischöfen auf dem Gebiet der Jurisdiktionsgewalt waren die Folge, da der Rat nicht bereit war, sich auf irgendwelche Kompromisse mit den Erzbischöfen einzulassen.[486] Es entbrannten daher zahlreiche Jurisdiktionsstreitigkeiten zwischen der Stadt und den Kölner Erzbischöfen *innerhalb* der Stadtmauern, die vor dem RKG ausgetragen wurden. So hob beispielsweise das Hohe Weltliche Gericht zu Köln als erzbischöfliches Gericht seine Gerichtshoheit innerhalb der Stadt hervor und beschwerte sich über die störende Ratsgerichtsbarkeit.[487] Der Erzbischof rügte z.B. das Eingreifen des Kölner Rates in die erzbischöfliche Gerichtshoheit über den stadtkölnischen Klerus.[488] Auch beschwerte er sich über Eingriffe des Rates in laufende Gerichtsverhandlungen des Hohen Weltlichen Gerichts[489] oder über die Missachtung der erzbischöflichen Kriminal- und Zivilgerichtsbarkeit nebst des Gerichtszwangs.[490] Die Erzbischöfe betrachteten die Ausbildung städtischer Gerichte, wie z.B. des Weinschulen-, Pferds- oder Gewaltgerichts, als Versuch

---

484 Daher ist für die folgende Darstellung eine Vermischung beider Kriterien zwingend.

485 Isenmann, Eberhard, S. 108.

486 Heinen, Heinrich, S. 121, 122.

487 Kordes Matthias, Mitteilungen aus dem Stadtarchiv von Köln Heft 81, C 34, Streitgegenstandsbeschreibung, S. 339, 340 .

488 Kordes Matthias, Mitteilungen aus dem Stadtarchiv von Köln Heft 81, C 31, Streitgegenstandsbeschreibung, S. 334, 335.

489 Antweiler, Wolfgang/Kasten, Brigitte, Verfahren mit der lfd. Nr. 992, Nachtrag 27, Streitgegenstandsbeschreibung, S. 175, 176.

490 Antweiler, Wolfgang/Kasten, Brigitte, Verfahren mit der lfd. Nr. 993, Nachtrag 23, Streitgegenstandsbeschreibung, S. 176, 177. Für einen umfassenden Überblick über die Jurisdiktionsstreitigkeiten zwischen der Stadt und den Kölner Erzbischöfen vgl. Anhang 1.

der Stadt, die Jurisdiktionsgewalt des kurfürstlichen hohen Gerichts (Hohen Weltlichen Gerichts) zu schmälern.[491] Erzbischof MAXIMILIAN HEINRICH schrieb, um den Versuch des Rates, gegen die erzbischöfliche Gerichtsgewalt zu konkurrieren, als vergebens abzutun: *„Wer aber in Stegreiffe ist/oder de fuß im biegel hat/der sitzt noch nit im Sattel“.* Eine konkurrierende Jurisdiktion des Rates sei nur eine *„ubermühtige zumahl ungereimbte erdichtung“.*[492] Die Erzbischöfe sahen die Ratsgerichte nicht als ernst zu nehmende Konkurrenz an oder gaben eine solche zumindest nicht zu.

Diese Kompetenzstreitigkeiten waren nicht nur auf den Bereich innerhalb der Kölner Stadtmauern beschränkt. Sie fanden auch im Bereich des *Kölner Burgbannes* und der *Kölner Bannmeile* statt, dem Gebiet *außerhalb* der Stadtmauern. Die erzbischöfliche Sichtweise diesbezüglich kommt in der *„Apologia des Ertz Stiffts Cöllen“* von 1659 zum Ausdruck. In dieser wird darauf hingewiesen, dass *„kayser Otto Primus dem Ertzbischoffen Brunoni die temporalitet in der Statt Cöllen donirt, von welchem und deßen nachfolgenden Ertzbischoffen dan biß auff heutigen tag, die Greven/Vögt/und Scheffen angesetzt/und durch dieselbe in deren nahmen die weltliche Iurisdiction nit allein durch die gantze Statt/sonderen auch in deren Burban/und der Banmeilen [...] Iure exercirt worden/[...]* sei.“[493] Die Stadt hingegen leugnete eine solche erzbischöfliche Hoheit vor ihren Mauern.

A. DAS GEBIET AUßERHALB DER STADTMAUERN

Außerhalb der Kölner Stadtmauern wurden zwei Rechtskreise voneinander unterschieden: der Burgbann und die Bannmeile. Das Gebiet des Burgbannes war durch Marksteine gekennzeichnet. Diese befanden sich drei bis vier Kilometer von der Stadt entfernt und umgaben diese vollständig. Die Grenze verlief, wie auf der beigefügten Karte zu sehen ist[494], im Süden unterhalb von Rodenkirchen parallel zur Kölner Stadtmauer und dem Bischofsweg und führte dann gegenüber von Mülheim wieder an den Rhein.[495] Der Bischofsweg spaltete den Burgbannbereich in einen schmalen inneren und einen breiten äußeren Bereich.[496] Es ist davon auszugehen, dass die auf den Karten des 17. und 18. Jh. an den Mark-

---

491 Apologia, S. 238. Zum Hohen Weltlichen Gericht ausführlicher vgl. S. 125 f.

492 Apologia, S. 368.

493 Apologia, S. 452.

494 Vgl. Anhang 7.

495 BREUER, WIMMAR, S. 5; KISKY, WILHELM, Die Akten der Abteilung „Köln contra Köln“, S. 122.

496 IRSIGLER, FRANZ, 141. Vgl. dazu auch die Karte in Anhang 7.

steinen orientierte, dargestellte Grenze des Kölner Burgbannes mit der Grenze des mittelalterlichen Burgbannes des 13. Jh. übereinstimmt.[497]

Die Bannmeile war weiter gefasst. Zu diesem Gebiet wurde von der Stadt „das Gelände jenseits der Marksteine bis zu einer durch Godorf parallel den Stadtmauern sich hinziehend gedachten Linie" gezählt. Es erstreckte sich daher auf kurkölnisches, jülisches und bergisches Territorium.[498] Diese Bereiche waren nicht durch feste Wälle geschützt und daher der Einkreisungspolitik des Erzbischofs in erhöhtem Maße ausgesetzt.[499] KISKY fasst die Streitigkeiten in diesem Gebiet als Nachweis dafür auf, dass der städtische Machtbereich mit der Mauer endete.[500] So kam es immer wieder zu gewaltsamen Übergriffen Kurkölns auf das Gebiet des Burgbanns. BREUER[501] schreibt, dass die kurfürstlichen Eingriffe unrechtmäßig gewesen seien, da für diese keine Rechtsgrundlage bestanden habe. Das Recht habe die Stadt stets auf ihrer Seite gehabt. Er behauptet weiter, dass Kurköln im Gegensatz zur Stadt Köln kaum Beweise vortragen konnte, um einen Anspruch auf das Gebiet des Burgbanns nachzuweisen.[502] Diese Behauptung erscheint jedoch zu pauschal. Betrachtet man die Schriftsätze der Parteien, die den Akten beigefügten Beweismittel und die Ausführungen MAXIMILIAN HEINRICHS in seiner *„Apologia des Ertz Stiffts Cöllen"* von 1659 und der *„Securis ad radicem posita"* von 1687, so sind mehrere erzbischöfliche Argumente zu erkennen, die nicht von vornherein als unhaltbar erscheinen. Sowohl BREUER als auch BEEMELMANS[503] gehen nur auf die Entscheidung des RKG zugunsten der Stadt ein, nehmen jedoch eine Untersuchung der einzelnen Argumente nicht vor, so dass nach ihren Darstellungen offen bleibt, *warum* das RKG die Zugehörigkeit des Burgbannes zur Stadt anerkannt hat. Es fragt sich, welche (rechtlichen) Argumente die Stadt einerseits und die Erzbischöfe andererseits geltend gemacht haben, um die Jurisdiktionshoheit im Bereich des Burgbannes nachzuweisen und eine Entscheidung des RKG zu ihren Gunsten herbeizuführen.

---

497 Vgl. dazu BREUER, WIMMAR, S. 11-14, der dies anhand von Weistümern und Urkunden ermittelte.

498 BREUER, WIMMAR, S. 5.

499 BREUER, WIMMAR, S. 30.

500 KISKY, WILHELM, Die Akten der Abteilung „Köln contra Köln, S. 122.

501 Dieser bezieht in seine Untersuchung u.a. die hier zugrundegelegten Verfahren mit ein.

502 BREUER, WIMMAR, S. 33 (und Anm. 127), S. 39, 40.

503 BEEMELMANS, MARIA CLEMENTINE, S. 38.

B. Auslöser der Streitigkeiten

Der Streit um die Jurisdiktionsgewalt im Kölner Burgbann entzündete sich als ARNOLD VON SIEGEN, Bürgermeister der Stadt Köln, der im Jahre 1564 den im Burgbann gelegenen Hof Khomar erworben hatte[504], sein Testament aufgrund von Differenzen mit der Stadt nicht bei ihr, sondern bei dem kurfürstlichen Gericht zu Brühl hinterlegte. Als ARNOLD VON SIEGEN dann im Jahre 1579 verstarb und die Brühler Schöffen als Testamentsvollstrecker in den Hof Khomar vollstrecken wollten, erhob der Rat der Stadt Widerspruch. Daraufhin wurde vom Rat als friedlicher Versuch eine Kommission eingesetzt, die die Zuständigkeit im Bereich des Burgbannes auf Grundlage von Schreinsbüchern und Gerichtsakten überprüfen sollte. Sie kam zu dem Ergebnis, dass dem Gericht Brühl in dem streitigen Gebiet keinerlei Jurisdiktionsgewalt zustehe. Die kurfürstliche Partei wollte sich mit dieser Feststellung der Kommission jedoch nicht abfinden, so dass sie weiterhin ihre Kompetenz in diesem Gebiet behauptete. Aufgrund dessen erhob die Stadt mehrer Klagen gegen die Kurfürsten vor dem RKG.[505]

C. Untersuchungsgegenstand

Bei der Untersuchung der Jurisdiktionsstreitigkeiten im Kölner Burgbann bilden vier Verfahren den Untersuchungsgegenstand. Drei von ihnen wurden bereits zur Frage der Rechtsstellung der Stadt Köln gegenüber den Kölner Erzbischöfen ausgewertet.[506] Diese Verfahren erschienen auch hier besonders geeignet für eine inhaltliche Untersuchung, da sie in unmittelbarem inhaltlichen Zusammenhang zueinander stehen. In allen drei geht es um Pfändungen, die der Erzbischof im Kölner Burgbann auf den Höfen Khomar und Klettenberg vornehmen ließ. Die rechtliche Argumentation der Parteien ist beinahe identisch. In diesen Verfahren tritt die Stadt als Klägerin auf.

Zur Untersuchung hinzugezogen wurde daneben ein Verfahren, in welchem die Stadt als Reaktion auf die erzbischöflichen Pfändungen eine „Gegenpfändung" zu Lasten des Erzbischofs vornehmen ließ. In diesem Verfahren, in welchem der Erzbischof auf Klägerseite stand, wird auf die anderen drei Verfahren unmittelbar Bezug genommen. Bedeutsam erscheint, dass die Prozesse zum Teil zeitgleich am RKG anhängig waren.[507]

Die Stadt schildert in den drei Verfahren, in denen sie auf Klägerseite stand, in ihren Narrationen jeweils Pfändungen durch kurfürstliche Beamte, die auf den

---

504 IRSIGLER, FRANZ, S. 146.

505 BEEMELMANS, MARIA CLEMENTINE, S. 37, 38; BREUER, WIMMAR, S. 30.

506 HAStK, RKG, C 44, C 45, C 46.

507 HAStK, RKG, C 44: 1581-1657, HAStK, RKG, C 45: 1582-1657, HAStK, RKG, C 46: 1586-1657, NWHSA, RKG, C 490/1288: 1608-1643.

Höfen Khomar und Klettenberg außerhalb der Kölner Stadtmauern[508] gegenüber den Halfleuten dieser Höfe vorgenommen wurden.

Die Höfe Khomar und Klettenberg nebst den dazugehörenden Ländereien *„ausserhalb Cöln, vor der weiher pfortten*[509] *gelegen[...]"* seien *„der Statt Cöln schrein, Jurisdiction und gerichten, innerhalb der Statt Cöln gehörig und daselbst bottmessig und dingpflichtig jedzeit gewesen[...]"*. Daher seien Arreste, Pfändungen, Immissionen *„[...] und alle ande actus Jurisdictionis [...]"* immer und ausschließlich von Beamten, Befehlshabern und Gewaltmeistern vorgenommen worden, *„welche ale d Statt Cöln undthanen [...] sein müssen"*. Die mitbeklagten Amtleute, Kellner, Schultheiß und Schöffen zu Brühl seien jedoch *„dessen [...] ungeachtet"* am *„sechsten Julii Jungst nach neun uhren abendts"* als die Stadtpforten bereits geschlossen waren *„mit fünffhundt und mehr personen zu roß und fueß"* mit einer großen Anzahl von Karren und Wagen *„uf berürtt höff [...]"* eingefallen. Sie hätten dann den größten Teil der dort wachsenden Früchte *„pfanntlich weiß abgeschnitten, zusamen gebunden, aufgeladen"* und seien dann *„den siebenden berürts Monats Julii morgens fur drei uhren"* und vor der Eröffnung der Stadtpforten *„von dannen"* gegangen. Damit hätten sie den neben den Ländereien wohnenden Kölner Einwohnern großen Schaden zugefügt.[510]

Einen ähnlichen Vorfall schildert die Stadt in einem anderen Verfahren, wobei in diesem der Hintergrund der kurfürstlichen Pfändung deutlicher wird. Auch hier wird zunächst dargelegt, dass der Hof Khomar, die dazugehörigen Ländereien und auch die Halfleute des Hofes der städtischen Jurisdiktion unterstehen. Dennoch habe der Kurfürst von dem Halfmann besagten Hofes Landsteuern eingefordert. Nachdem sich dieser jedoch geweigert hatte, der Forderung nachzukommen, habe der kurfürstliche Landbote auf kurfürstlichen Befehl hin, am *„funff unnd zwantzigsten tagh Octobris jungst"* ein Pferd des Halfmannes auf dem Hof Khomar gepfändet und nach Brühl geführt.[511]

Auch in dem dritten Verfahren wird eine Pfändung auf dem Hof Khomar durch kurfürstliche Beamte geschildert. Hier wird wiederum zunächst darauf hingewiesen, dass der Hof Khomar und die Halfleute trotz der Lage des Hofes außerhalb der Stadtmauern der städtischen Jurisdiktion unterliegen. Es habe sich dennoch Folgendes zugetragen: Auf kurfürstlichen Befehl hin seien sowohl gegenüber dem Halfmann als auch gegenüber dem Besitzer des Hofes Landsteuern

---

508 Vgl. zur Lage der Höfe die Karte in Anhang 7.

509 Die Stadtmauer von 1180 war mit neun Toren versehen: dem Severinstor, der Ulrepforte, dem Weyertor, dem Schafentor, dem Hahnentor, dem Ehrentor, dem Friesentor, dem Gereonstor und dem Eigelsteintor. Vgl. dazu die Karte bei KOEBNER, RICHARD.

510 HAStK, RKG, C 44, Q 2. Die Blattangaben fehlen auf diesem Schriftstück..

511 HAStK, RKG, C 45, Q 2. Die Blattangaben fehlen auf diesem Schriftstück.

gefordert worden. Als diese sich weigerten, dieselben zu entrichten, seien am „*Neun und zwantzigsten tags Monats Martii Jungst*" kurkölnische Soldaten auf dem Hof eingefallen und hätten das Pferd des Halfmanns gepfändet und nach Brühl geführt. Dem Halfmann sei mitgeteilt worden, dass er bei Entrichtung der Schatzung und Landsteuer das Pferd zurück bekäme.[512]

Die Klagegründe ähneln einander sehr. Nach Ansicht der Stadt stellt jede der erzbischöflichen Pfändungen eine Anmaßung der Jurisdiktionsgewalt im Kölner Burgbann dar. Nach ihrer Auffassung unterliegen die Höfe Khomar und Klettenberg der städtischen und nicht der erzbischöflichen Jurisdiktionsgewalt. Dies wird in den städtischen Schriftsätzen immer wieder betont, von erzbischöflicher Seite hingegen vehement abgestritten. Diese konträren Rechtsauffassungen spiegeln sich auch in dem vierten Verfahren, in welchem der Erzbischof als Kläger auftritt, wieder. In der Narration wird zunächst dargelegt, dass der Kurfürst und Erzbischof von Köln und auch seine Vorfahren seit „*menschenn gedenckenn*" über die im „*ambtt Bruell, unnd ungezweivelter Churfl. Colnischer Pottmeßigkait gelegenenn hoffs Comahr unnd klettenbergh*" die hohe landfürstliche Obrigkeit ausübe, und zwar „*durch Ihre Beambte unnd Gericht zue Bruell*". An dieser Stelle der erzbischöflichen Darlegungen ist erkennbar, dass die Gerichtsbarkeit als Ausdruck der Territorialhoheit angesehen wurde. Daneben, so die weitere Argumentation, habe der kurfürstlich kölnische Offizial an den streitigen Orten seit jeher die ordentliche, geistliche und weltliche Jurisdiktionsgewalt inne.[513]

Ferner wird folgender Vorfall geschildert: Als die kurfürstlichen Untertanen „*WALRAFFEN Froenhalbman zue Gleuell*" und „*TIEßEN halbman zue Sielstorff*" „*auff St. Martins Tagh*" im Jahre 1590 dem Domkapitel „*an St. Marcellen Stein binnen Cöllenn*" die jährliche Pacht überbringen wollten, seien dem einen vier und dem anderen zwei Pferde „*ohne einige habende fuegh, gewaldsamblich und eigner That*" durch einen Diener des Gewaltrichters gepfändet worden. Dieselben hätten die Pferde dann für 251 Taler verkauft unter dem Vorwand, dass zuvor dem Halfmann des Hofes Khomar Pferde und Kühe „*Inn Ihrer angemäßten Bahnmeillen wegenn aufferlegten unnd unbezaltenn Contributionen unnd landtsteuren*" abgepfändet und nach Brühl geführt worden seien.[514] Die Stadt betrachtete demnach die Pfändungen durch kurfürstliche Beamte, die Gegenstand der zuvor genannten Verfahren waren, quasi als Rechtfertigung für die von ihr veranlassten Pfändungen.

Ferner sei am 16. Oktober 1602 „*GOTTFRIDEN GODENAR*", dem Boten und „*Executorem Processumm des Churf. Officialischen Gerichts zu Cöllen*" durch

512 HAStK, RKG, C 46, Q 2. Die Blattangaben fehlen auf diesem Schriftstück.

513 NWHSA, RKG, C 490/1288, Bl. 6 r, v.

514 NWHSA, RKG, C 490/1288, Bl. 7 r, v.

den Turmmeister *„Arnoltum Mylium“* die Zahlung von 12 Reichstalern *„vor Sonnenundgangh bei straff des Thorngangks“* anbefohlen worden. Dies sei erfolgt, weil Godenar zuvor ein Urteil gegen den Halfmann der Khomar vollstreckt hatte und *„die pfende“* an das Gericht zu Brühl und nicht an das Gericht *„auff der Weyerstraßen in Cöllen“* (*„dahin Ir denn hoff [...] newerlich zwingen wollenn“*) gegeben hatte. Es wird der Beklagten vorgeworfen, dass sie eine *„newe [...] unerhörtte gerechtigkeit der Bahnmeile“* begründet hätte und sich *„Gerichts Zwangks Obrigkait unnd Superioritet uber besagte angemäßte höff Comahr unnd klettenbergh“* angemaßt habe.[515] In diesem Verfahren ging es folglich um Gegenpfändungen der Stadt, die diese durch die vorausgegangenen Pfändungen kurfürstlicher Beamte im Bereich des Burgbanngebietes als gerechtfertigt ansah. Auch hier wird die Frage der Jurisdiktionshoheit im Burgbanngebiet von den Parteien daher eingehend erörtert.

I. Territoriale Zugehörigkeit des Kölner Burgbannes

Wesentliches Argument beider Parteien ist die territoriale Zugehörigkeit des Kölner Burgbannes.

Die Höfe Khomar, Klettenberg, Weishaus[516] und Melaten lagen im Kölner Burgbann.[517] Während die Stadt diese zum städtischen Territorium gehörig ansah, lagen die Höfe nach erzbischöflicher Sicht im Amt Brühl und damit im Erzstift Köln, mithin im erzbischöflichen Hoheitsgebiet. Der Versuch, die Jurisdiktionsgewalt mittels der territorialen Lage der streitigen Ortschaften zu begründen, war durchaus üblich.[518]

Da die *„im kay. Mandato specificirte höff, gueter und Lendereien, die khomar genant in ungemitteltem bezirck des Ertzstiffts Colln und ambt Bruel gelegen“* seien, so die erzbischöfliche Argumentation, seien diese auch mit *„Turck und Landtsteuren“* belegt worden und gegen die *„seumigen ohn Jemandts einredt oder verhinderung mit gepurlichen landtbreuchlichen Pfandungen [...]“* vorgegangen worden.[519] Daher stelle die vorgenommene Pfändung auch *„keine newe gerechtigkeit“* dar, *„wie vermeintlich durch die Clegere mit ungrundt ange-*

---

[515] NWHSA, RKG, C 490/1288, Bl. 8 r, v, 9 v-10 r.

[516] Es finden sich zum Teil auch die Schreibweisen „Weißhaus“ oder „Weisenhaus“.

[517] Breuer, Wimmar, S. 5; Kisky, Wilhelm, Die Akten der Abteilung „Köln contra Köln“, S. 122. Vgl. dazu auch die Karte in Anhang 7.

[518] Ein Beispiel eines RKG-Verfahrens, in welchem von den Parteien zur Begründung der Hochgerichtsbarkeit auf die territoriale Lage des in Frage stehenden Dorfes abgestellt wurde, findet sich bei Willoweit, Dietmar, S. 38.

[519] HAStK, RKG, C 46, Bl. 25 v.

ben".[520] Mit dieser Darlegung wollte der Erzbischof bzw. sein Prokurator den Anforderungen entsprechen, welche im Rahmen eines Pfändungsverfahrens an den Pfänder bzw. Zitierten gestellt wurden. Dieser musste, damit seine Artikel nicht als „undienstlich und unerheblich" verworfen wurden, „die Ursachen der Pfandung in einem articulirten Libell furbringen und deduciren/daß er auch mermals zuvor allda gepfandet/und solche actus pignoratitios ohne menniglichs Eintrag/widerred und verhinderung/also allein biß dahero geubet/und demnach in possessione vel quasi deß pfändens billich beschutzen und handzuhaben sey/und dann/daß der Gegentheil an dem Ort einig Recht unnd Gerechtigkeit zu suchen oder furzuwenden nit gehabt/oder noch habe".[521]

Die Stadt hingegen sah die vorgenommene Pfändung sehr wohl als neue Gerechtigkeit des Kurfürsten und damit als Anmaßung der Gerichtshoheit an. Sie gestehe nicht ein, dass die Höfe Khomar und Klettenberg *„immediate in der Churf. Jurisdiction und territorio gelegen und zu Bruell solten dingpflichtig"* sein und dass der Kurfürst im Burgbann die *„Landtfursliche Obrigkait"* ausüben dürfe.[522]

Auch in einem anderen Verfahren macht die Stadt geltend, dass die in Frage stehenden Ländereien *„nit in iz Ertzstifft sonder die Stadt Cöln gehörigh"* seien und die *„Jurisdiction und Oberkheidt an den streittigen örttenn"* einzig und allein *„einem Erb. Rath"* und nicht dem Kurfürsten zustehe.[523] Da die Orte zum städtischen Territorium gehören, hätte die *„Execution nit durch die Churfurstliche Beampten [...] sond durch anw. hern Principale verricht werden sollen"*. Die kurfürstlichen Beamten hätten sich *„eine zuvor unerhorte Landtfurstliche Oberkheidt an den streittigen örtteren"* zugeeignet.[524] Auch hier wird wieder deutlich, dass die Ausübung der Jurisdiktionsgewalt in Form der Pfändung als Kennzeichen der Landeshoheit betrachtet wurde.

Von kurfürstlicher Seite hingegen wird auch in diesem Verfahren erneut hervorgehoben, dass der Hof Khomar *„in ungemitteltten bezirck des Ertzstiffts Colln und Ambt Bruel"* gelegen sei.[525] Die Stadt kontert in ihrer Replikschrift, dass die Höfe Khomar und Klettenberg *„wie andere Lendereie umb Colnn hero gelegenn"* seien und daher der stadtkölnischen Gerichtsbarkeit unterfielen.[526]

---

[520] HAStK, RKG, C 46, Bl. 28 v.

[521] GAILL, ANDREAS, Practicarum Observationum, De Pignorationibus (ein sonderlich Buech), 21. obs., S. 848.

[522] HAStK, RKG, C 46, Bl. 104 r.

[523] HAStK, RKG, C 44, Bl. 115 v.

[524] HAStK, RKG, C 44, Bl. 118 r.

[525] HAStK, RKG, C 46, Bl. 25 v.

[526] HAStK, RKG, C 46, Bl. 39 r.

Die Höfe Khomar und Klettenberg grenzen nicht an kurfürstliches Jurisdiktionsgebiet, sondern *„allein mit den terminis oder territorio civitatio ahn einer seidten und ahn der andern seidten mit dem furstenthumb Gulich under deß gepiet von Efferen im ampt Berchem"*. Der Rat der Stadt Köln habe seine Obrigkeit bis heute nicht allein innerhalb der *Stadtmauern „in possessione"* gehabt, sondern auch außerhalb der Stadtmauern *„so weit sich daß territorium oder termini Civitatis et Bannum urbis oder d Burgban"* erstrecke.[527] Die kurfürstliche Behauptung, dass die *„Chomar und klettenberg rings umb in I. Churf. G. Landtfursliche Obrigkeit geleg [...]"* seien, könne schon dadurch widerlegt werden, dass die streitigen Orte *„an einer seidtenn nach der Stat [...]"* und zur anderen Seite *„an die Gulische Terminos"* angrenzen und daher an keinem Ort mit kurfürstlichem Territorium in Berührung kommen.[528]

In dem Verfahren, in welchem die Stadt auf Beklagtenseite auftrat, weist diese in ihrer Einredeschrift darauf hin, dass sie dem Kurfürsten seine *„Landtfurstliche Obrigkheit und was derselbe ankleben magh, auch das Jus collectandi"* im Amt Brühl niemals abgesprochen habe. Man sei jedoch *„nit gestendigh"*, dass sich dieses Amt Brühl auf das städtische Territorium und *„deroselben Burchban"* und die darin gelegenen Höfe Khomar und Klettenberg erstrecke.[529] Dem hält der Kurfürst in seiner Replikschrift entgegen, dass die Höfe Khomar und Klettenberg keineswegs in einem städtischen *„vermeinten territorio unnd Burchban"* liegen. Die streitigen Höfe lägen vielmehr seit jeher *„inn Ihrer Churf. Mtt. Ambt Bruell und deßen ungezweiffelten districti und territorio"*.[530]

Wie auf der Karte in Anhang 7 ersichtlich, umschloss nicht nur der Bereich der Bannmeile, sondern auch der engere Bereich des Kölner Burgbannes erzstiftisches Territorium. Er erstreckte sich auf das kurkölnische Amt Brühl. Zwar lagen die Höfe Khomar, Klettenberg und Weishaus, wie von der Stadt angeführt, zwischen der Stadt Köln und dem Gebiet Efferen. Dennoch befanden sie sich im Brühler Amtsbezirk.[531] Daher ist der erzbischöflichen Aussage zur territorialen Lage der Höfe auf den ersten Blick zuzustimmen.

---

527 HAStK, RKG, C 46, Bl. 97 r, 98 r.

528 HAStK, RKG, C 46, Bl. 103 r.

529 NWHSA, RKG, C 490/1288, Bl. 18 v, 19 r.

530 NWHSA, RKG, C 490/1288, Bl. 29 v.

531 MASTIAUX, CASPAR ANTON VON, S. 161. Das Amt Brühl entstand als Erzbischof Philipp (1167-1191) den Burghof in Brühl gründete. Von diesem Zeitpunkt an war die „Zentralhebestelle für die erzbischöflichen Fronhöfe" geschaffen. Von Brühl ging die gesamte Verwaltungsorganisation aus. Der Bau der Burg durch SIGFRIED VON WESTERBURG im Jahre 1284 und die Residenz der Erzbischöfe in Brühl wirkte auf die Entwicklung des Amtes entscheidend ein. Es wurde ein Amtmann eingesetzt, der von der Burg aus die Finanzverwaltung über die Villikationen übernahm, wodurch diese fester zusammengefasst

II. Die Bedeutung des „Reichsstadtprivilegs“

Mit dem Privileg von 1475 erlangte der Kölner Rat die alten erzbischöflichen Hoheitsrechte in der Stadt und im Burgbann.[532] FRIEDRICH III. bestimmte in dem Privileg: „*Und meynen, setzen und wellen von derselben unnser keiserlichen machtvollkomenheit, daz die obgeschriben der Stat Collen gnad, freiheit, brieve, privilegia, verleihung, außnemung, recht, gerichtigkeit, allt herkomen und gut gewonheit und besonnder die puncten, die Burckpann und banmylren berurend, die wir aus rechter wissen creftig, mechtig und bestenndig sein erkennen und ercleren und sich die obgemelten burgermeister, rate, burger und gemeinde der Stat Collen nu hinfur in ewig zeit unwiderruffenlich und sonnderlich der banmylren außwenndig der gemelten Stat Collen von derselben Stat maur biß gen Gordorp und furt in gleicher weit ganntz rund umb die Stat zu wasser und zu lannde gebrachen, gemessen und genntzlich dabei beleiben sollen und mugen von allermeinclich ungehindert*“.[533]

Der Begriff Burgbann bezeichnete seit dem 13. Jh. das Gebiet außerhalb der Kölner Stadtmauern, welches der Oberhoheit des jeweiligen Stadtherrn unterstand.[534] Der Bereich des Burgbannes wurde seit jeher als unzertrennliche Einheit mit der Stadt betrachtet.[535] Durch das „Reichsstadtprivileg“ wurden die Bereiche des Kölner Burgbannes und der Bannmeile dem städtischen Territorium zugesprochen, so dass die Stadt mit Anerkennung ihrer Reichsunmittelbarkeit auch die Hoheitsgewalt über diese Gebiete erlangte. Es lässt sich daher festhalten, dass das Gebiet des Burgbannes zwar ursprünglich zum erzbischöflichen Hoheitsgebiet gehörte[536], dann jedoch durch das „Reichsstadtprivileg“ endgültig der städtischen Hoheit unterstellt wurde.

---

wurden. Auch wurden andere Gebiete, über welche der Kurfürst die Landeshoheit ausübte, zum Amt Brühl hinzugezogen. Es waren auch Unterherrschaften dazu zu rechnen, deren Zuweisung zum Amt jedoch schwankte. Vgl. dazu und den einzelnen Unterherrschaften AUBIN, HERMANN, S. 1-3. Auf der dort beigefügten Karte der Gerichtsverfassung des Amtes Brühl wird die Zugehörigkeit der Höfe Komar und Weishaus zum Amt Brühl durch farbliche Markierungen hervorgehoben.

532 BREUER, WIMMAR, S. 23.

533 Vgl. Anhang 2.

534 BREUER, WIMMAR, S. 15.

535 BREUER, WIMMAR, S. 9. Dafür spricht, dass Kaiser Karl IV. am 6.1.1356 das der Stadt im Jahre 1355 erteilte Privileg der Bannmeile widerrief, ihr den Burgbann jedoch nicht absprach. Vgl. dazu BEEMELMANS, MARIA CLEMENTINE, S. 36; BREUER, WIMMAR, S. 9.

536 Es ist, in Ansehung von Parallelvorgängen in anderen Städten, zu vermuten, dass schon die Übertragung der Hoheitsrechte von OTTO I. an seinen Bruder BRUNO im 10. Jh. nicht auf die von den Mauern umschlossene Stadt beschränkt war, sondern sich auch auf den Bereich außerhalb der Mauern erstreckte. Grund für diese Gesamtübertragung könnte ge-

Vor diesem Hintergrund erscheint die erzbischöfliche Argumentation in dem *„Summarischer grundtlicher bericht/warumb Bügermeister unnd Rhatt der Statt Cöllen gar nicht zum praeiuditz Ihrer Churfurstl. Durchl. und deroselben Ertzstifft Cöllen/sich der Burgban als eines von besagtem Ertzstifft separirt- und eximirten territorii [...] anzunehmen/[...] befuegt [...]"* seien,[537] als nicht haltbar. In diesem wird darauf hingewiesen, dass der *„Burban keine hohe Obrigkeit oder Territorial jurisdiction nach sich ziehe"*. So hätten auch andere Städte im Erzstift, wie Neuß oder Bonn einen Burgbann, in welchem viele Dörfer und Höfe gelegen sind *„ohne aber das ihnen dadurch die hohe Obrigkeit oder territorial jurisdiction zugeeignet"* sei.[538] Ein Vergleich Kölns mit den genannten Städten erscheint jedoch verfehlt, da die rechtliche und faktische Stellung derselben gegenüber dem Erzbischof kaum mit derjenigen Kölns verglichen werden kann. Die Erzbischöfe wollten sich nicht damit abfinden, dass ein Gebiet, welches sich auf kurkölnisches Gebiet erstreckte, nämlich auf das Amt Brühl, durch das „Reichsstadtprivileg" dem Stadtgebiet zuerkannt wurde. Grenzstreitigkeiten um dieses Gebiet waren daher unvermeidbar.

Um ihre Gerichtshoheit in der Stadt und im Burgbann herauszustellen, weist die Stadt auf Privilegien hin. Es wird betont, dass die Freie Reichsstadt Köln *„ihre hoch und obrigkait"* nicht nur *„in der Stat Maurenn sonder auch baußen der Stat Mauren so weit sich daß territorium oder termini Civitatis et Bannum urbis oder d Burgban [...]"* erstrecke, inne habe. Dies sei ihr *„von vielen Romischenn kaysern und konningen ante plura secula hero biß auf Jtzige kay. Mtt. [...]"* konfirmiert worden.[539] Genannt werden diese Privilegien jedoch nicht.

Erzbischof MAXIMILIAN HEINRICH, der ebenso wie seine Vorgänger sämtliche Privilegien der Stadt, die eine Benachteiligung der erzbischöflichen Rechte darstellten, als nichtig betrachtete[540], behauptet in seiner *„Apologia des Ertz Stiffts Cöllen"* selbstsicher, dass Bürgermeister und Rat aufgrund der kaiserlichen Revokation ihrer nichtigen Privilegien *„in ewigkeit nit erweisen können, daß Sie*

---

wesen sein, dass Burgbann und Stadt eine einheitliche Dorfmarkgenossenschaft und damit eine wirtschaftliche Einheit bildeten. Vgl. BREUER, WIMMAR, S. 16-18.

537 Dieser ist Teil des *„Abtruck dessen/was ahn seithen Ihrer Churfurstl. Durchl. von Cölln/wegen der Statt Cöllnischer Burgban/Banmeilen/und Iurisdiction auffm Rheinstrohm/den 6. Octobris 1671 vorbracht: und dagegen von Burgermeisteren/und Rhatt der Statt Cölln den 20. Octobris/unnd 11. Decembris selbigen Jahres repliciert worden."* Vgl. HAStK, KcK, Nr. 285.

538 HAStK, KcK, Nr. 285, S. 3.

539 HAStK, RKG, C 46, Bl. 98 r.

540 Siehe dazu Teil 2 der Arbeit.

einige Iurisdiction, oder gerichtbarkeit in der Statt Cöllen von den Römischen kayseren [...] rechtmeßig erlangt [...]" haben.[541]

Die Rechtsunsicherheit, mit welcher das „Reichsstadtprivileg" der Stadt Köln versehen war, könnte – wie bereits oben vermutet – Grund dafür gewesen sein, dass die Stadt das Privileg nicht als Beweismittel beilegte. Da durch das „Reichsstadtprivileg" die städtische Hoheit über die Stadt einschließlich Burgbann und Bannmeile anerkannt wurde, hätte diese Urkunde die städtische Argumentation im Hinblick auf die städtische Jurisdiktionshoheit im Burgbanngebiet erheblich stützen können. Es erscheint daher als eine Art „Ausweichmanöver", wenn die Stadt ausführt, dass sie, wenn *„eß die noturfft [...]"* erfordere, ihre Hoheit *„in der Burgbann und territorio Civitati [...]"* mittels kaiserlicher Privilegien beweisen könne. In den *„uralten [...] erlangtenn und Confirmirten Privilegiis [...]"*, welche die städtische Jurisdiktionsgewalt *„baußen der Stat [...]"* belegen, sei dieser Bereich *„auf teutsch der Burchban der Stat Colln, auf Latein Bannum urbis und termini Civitatis Coloniensis gnandt worden"*.[542] Dass eine solche Notdurft zum Beweis im Hinblick auf die Frage der Jurisdiktionsgewalt und Hoheit im Bereich des Burgbannes bestand, ist offensichtlich.

Für die Erzbischöfe hatte das „Reichsstadtprivileg" keine rechtliche Bedeutung, da sie es als kraftlos ansahen.[543] Trotz der Existenz des Privilegs räumten sie der Stadt daher nicht die Gerichtshoheit über das Burgbanngebiet ein. Dies wird dadurch deutlich, dass sich die erzbischöfliche Partei als befugt betrachtete, gegenüber den Halfleuten der Höfe Khomar und Klettenberg Landsteuern zu erheben. Sie setzten sich in jeglicher Weise über das „Reichsstadtprivileg" hinweg und betrachteten sich – wie selbstverständlich – als berechtigt, im Falle der Verweigerung der Steuerzahlung im Bereich des Burgbannes Pfändungen durchzuführen.

Die Zahlung von Landsteuern wurde als ein „signum superioritatis" und damit als Zeichen der Untertänigkeit desjenigen aufgefasst, der die Steuern entrichtete, denn nur derjenige, der einem Landesherrn unterstand, war zur Zahlung von Landsteuern verpflichtet.[544] Indem der Erzbischof behauptete, die Halfleute der Höfe Khomar und Klettenberg seien ihm gegenüber zur Zahlung von Landsteuern verpflichtet, brachte er zum Ausdruck, dass es sich bei der Stadt Köln nebst ihrem Burgbanngebiet um eine Landstadt des Erzstifts handelte. Das „Reichsstadtprivileg" ignorierend, sah er vielmehr das städtische Verhalten – insbesondere die städtische Huldigung – als Zeichen seiner Jurisdiktionshoheit

[541] Apologia, S. 218.

[542] HAStK, RKG, C 46, Bl. 102 v, 103 v.

[543] Vgl. dazu die Ausführungen im 2. Teil der Arbeit.

[544] WILLOWEIT, D., Landessteuer, HRG, Bd. II, Sp. 1412, 1413.

an. So macht er in der *„Securis ad radicem posita"* geltend, dass die *„superiorität"* und Jurisdiktion der Erzbischöfe aus den städtischen Eiden (*„Homagia"*) folge.[545]

Dieser erzbischöflichen Behauptung entgegnet die Stadt, dass alle *„an der Statt gerichtern gehörige Erbguettern"* nicht gegenüber dem Kurfürsten steuerpflichtig seien. Was die *„ettliche viel hundert tausent morgen Landts In alsolchen bezierckh [...]"* angeht, der vor der Stadt gelegen ist und speziell die Höfe Khomar und Klettenberg, so gehören diese *„zu alsochenn der Statt Cöllen Gerichtern und Schreinen [...]"*.[546] Es sei daher *„zur ungepuer gepfendet worden"*. Die Höfe Khomar und Klettenberg können nicht mit kurfürstlichen Landsteuern belastet werden, da sie *„nit in Churf. Sondder Stat Coln territorio unnd obrigkeit gelegen [...]"* seien.[547] Die Stadt beharrt damit auf ihren Rechten, die ihr das „Reichsstadtprivileg" einräumte.

Um die Rechtswidrigkeit der erzbischöflichen Pfändungen hervorzuheben, argumentiert die Stadt, dass die Art und Weise der vorgenommenen Pfändungen gegen die Jurisdiktionsgewalt des Kurfürsten im Gebiet des Burgbannes spreche. Die kurfürstlichen Beamten haben, so wird dargelegt, die Pfändungen *„bei eiteler nacht [...]"* als die Pforten der Stadt schon verschlossen waren *„in großer eill und mit versamblungh vieler Underthanen und darzu bestelter Wagen [...]"* vorgenommen. Durch dieses Verhalten hätten sie selbst zuerkennen gegeben, dass ihnen an den streitigen Orten keine Jurisdiktionsgewalt zustehe.[548] Dem entgegnet die erzbischöfliche Partei unter Geltendmachung ihrer landfürstlichen Obrigkeit an den streitigen Orten, dass die Exekution *„keins wegs verbottener weiß zur untzeitt [...] sondernn uff zuleßige wege mitt zuziehungh dartzu nottiger underthanen unnd wagen [...] wie in solch fellen ublich herbrachtt vorgenohmmen [...]"* worden sei.[549] Dadurch kommt erneut zum Ausdruck, dass die Erzbischöfe dem „Reichsstadtprivileg" der Stadt keine Beachtung schenkten.

III. Die Hoheit über die örtlich zuständigen Gerichte

Neben ihrem Hinweis auf die territoriale Lage des Burgbannes im Amt Brühl zweifeln die Erzbischöfe die städtische Gebietshoheit im Burgbann vor dem RKG an, indem sie behaupten, dass die für diesen Bereich *örtlich* zuständigen Gerichte ihnen und nicht der Stadt unterstehen. Der mit dieser Behauptung von der erzbischöflichen Partei verfolgte Zweck ist offensichtlich: Sollte es ihr ge-

---

[545] Securis, S. 161.

[546] HAStK, RKG, C 44, Bl. 148 r-149 r. Inhaltich identisch HAStK, RKG, C 46, Bl. 37 r-38 v.

[547] HAStK, RKG, C 44, Bl. 150 v, 151 r.

[548] HAStK, RKG, C 44, Bl. 116 v.

[549] HAStK, RKG, C 44, Bl. 126 r.

lingen, nachzuweisen, dass alle für den Bereich des Burgbannes örtlich zuständigen Gerichte den Erzbischöfen und nicht der Stadt unterstehen, hätte sie darauf, da die Jurisdiktionsgewalt Kennzeichen der Territorialgewalt war, ihren Anspruch auf die Territorialhoheit in diesem Gebiet insgesamt stützen können. Eine Anerkennung der erzbischöflichen Jurisdiktionsgewalt und daraus folgend auch Territorialhoheit im Bereich des Burgbannes, einem Gebiet, welches die Stadt als zu ihrem Territorium gehörig ansah, durch das RKG, hätte wiederum die Erzbischöfe höchst wahrscheinlich im Hinblick auf ihr Ziel, sich die Hoheit über das gesamte Stadtgebiet zuzueignen, einen erheblichen Schritt voran gebracht. Daher ist mit BREUER festzuhalten, dass der Streit um den Burgbann vor dem RKG nur als Mittel zum Zweck diente. Würde das RKG den Erzbischof als Richter über den Burgbann anerkennen, „dann fällt ganz Köln".[550]

Diese von den Erzbischöfen verfolgte Absicht kommt zum Teil unmittelbar in ihrer Argumentation zum Ausdruck. Obwohl in den zugrundegelegten Prozessen „nur" die Jurisdiktionshoheit im Kölner Burgbann in Frage steht, wird von der erzbischöflichen Partei geschickt von der Frage der Jurisdiktionshoheit in diesem Bereich auf diejenige im gesamten Stadtgebiet übergeleitet bzw. beides miteinander vermischt. So konzentriert sich die erzbischöfliche Argumentation zum Teil nur auf die konkrete Streitfrage – die Jurisdiktionshoheit im Kölner Burgbann –, dann ist jedoch an anderer Stelle die Rede von der Jurisdiktionshoheit in und außerhalb des Kölner Stadtgebiets.

Im Rahmen der territorialen Grenzstreitigkeiten um das Gebiet des Kölner Burgbannes ist die Argumentation der Parteien nicht auf die Jurisdiktionsgewalt des Brühler Schöffengerichts, also desjenigen Gerichtes, welches die Pfändungen durchführen ließ, beschränkt. Vielmehr werden daneben zahlreiche andere Gerichte erwähnt. Die Stadt führt Gerichte an, die sie für diesen Bereich als örtlich zuständig betrachtet. Aber auch die erzbischöfliche Partei weitet ihre Argumentation aus. Sie versucht nicht nur Nachweise für die Jurisdiktionsgewalt des Brühler Schöffengerichts zu liefern, sondern bezieht darüber hinaus in ausführlicher Weise z.B. das Hohe Weltliche Gericht zu Köln oder das erzbischöfliche Offizialat in ihre Argumentation mit ein, um die eigene Jurisdiktionsgewalt im Kölner Burgbann zu begründen. Damit zeigt sich, dass die geschilderten Pfändungen durch die Brühler Schöffen im Kölner Burgbann eigentlich nur Auslöser einer viel weit reichenden Streitfrage war: Es ging um die *grundsätzliche* Frage der Jurisdiktionshoheit im Kölner Burgbann und damit um die dahinter stehende Frage der Territorialhoheit, losgelöst von konkreten Einzelzuständigkeiten. Dabei stehen zwei Fragen im Mittelpunkt der Überlegungen: Zunächst diejenige nach der örtlichen Zuständigkeit bzw. dem Gerichtsbezirk des jeweiligen von den Parteien genannten Gerichts. Es muss geklärt werden, ob sich dessen Zuständigkeitsbereich auf den Kölner Burgbann erstreckte. Weiter

---

[550] BREUER, WIMMAR, S. 40.

ist zu fragen, ob die Stadt oder der Erzbischof Gerichtsherr des benannten Gerichts war.

1. Die Befehlshaber zu Brühl

Bezugnehmend auf die in den Narrationen enthaltene Rechtsauffassung der Stadt, ihr allein obliege die Jurisdiktionsgewalt im Kölner Burgbann, entgegnet die erzbischöfliche Partei in einer artikulierten Einredeschrift vom 14. Mai 1582, dass der Stadt Köln *„In an und gegen solche hove Lendereienn, guetter bezirck unnd die darauf wonende undthanen halfleut [...]"* keine Jurisdiktionsgewalt zustehe und auch noch nie zugestanden habe. Es wird des Öfteren betont, dass an den betreffenden Orten und Bezirken ausschließlich der Kurfürst und nicht die Stadt die Gerichtsbarkeit inne habe, und zwar schon seit *„vielen undencklichenn Jaren und Zeitten"*. Der Kurfürst habe das Recht *„in den specificirten ortten der khomar klettenberg unnd weisenhaus" „zu exercirenn"* (damit sind wohl Pfändungen gemeint).[551] Es stehe ihm *„zuerhaltung Landtfurstlich auttoritet"* zu, gegen *„handtgreiflichenn ungehorsambs"* vorzugehen.[552] An den streitigen Orten Khomar und Klettenberg außerhalb der Stadt Köln habe der Kurfürst seit jeher *„alle unnd Jede Actus Superioritatis merum mixtum Imperium et omnimodum Jurisdictionem"* durch seine Beamten *„zum Brull"* ausgeübt.[553] Diese Auffassung der Erzbischöfe findet sich auch in der *„Apologia des Ertz Stiffts Cöllen"* wieder. Dort wird behauptet, dass die Ämter Brühl und Lechenich im Bereich des Burgbannes seit jeher mit Ausnahme *„einiger an die Nider Gericht [...] des Abten zu S: Panthaleó, und Probsten zu S. Severin gehöriger vor der Statt ligender Ländereyen" „alle hoch: Ober: Recht: und Gerechtigkeit"* ohne Einreden der Stadt ausgeübt haben.[554] Nach städtischer Auffassung hingegen habe das Amt zu Brühl oder andere kurfürstliche Ämter im Bereich des Burgbannes *„von alters und heutigs thages"* nichts *„zu schaffen"*.[555]

Die Brühler Schöffen traten erstmals im Jahre 1249 auf. Das Gericht Brühl ist aus einer Verschmelzung zweier Hofesgerichte (denjenigen der erzbischöflichen Villikationen Merrig und Pingsdorf) hervorgegangen, deren Gerichtsbezirke an die Herrlichkeiten Schwadorf und Badorf grenzten.[556] Es wurde außerdem mit einem „weit umfangreicheren Landgericht" vereinigt, „welchem das Gebiet von dem Bischofsweg vor den Mauern Kölns bis an die Herrlichkeiten Sürth-Weiß

[551] HAStK, RKG, C 44, Bl. 32 r-33v, 34 v.

[552] HAStK, RKG, C 44, Bl. 40 r.

[553] HAStK, RKG, C 44, Bl. 121 v. Ähnlich HAStK, RKG, C 45, Bl. 22 r, v.

[554] Apologia, S. 414.

[555] HAStK, RKG, C 46, Bl. 99 r.

[556] AUBIN, HERMANN, S. 5-7, 11. Vgl. dazu auch die Karte bei Aubin im Anhang.

und Berzdorf unterstand". Nähere Nachrichten zu diesem Landgericht fehlen jedoch. Es ist anzunehmen, dass die Vereinigung schon vor 1249 erfolgte. Was die Erstreckung des Brühler Gerichtsbezirks in Richtung Bischofsweg und auf den Bereich des Kölner Burgbannes angeht, beinhalten auch die von AUBIN zusammengestellten Weistümer keine näheren Informationen.[557]

Um die Gerichtshoheit des Brühler Schöffengerichts im Bereich des Kölner Burgbannes zu belegen, nehmen die Erzbischöfe Bezug auf Geschehnisse der Vergangenheit. So habe beispielsweise ARNOLD VON SIEGEN im Jahre 1570 hinsichtlich einer Streitigkeit *„In dem bezirck der khomar [...]"* gegen einen JOHANN KENTGEN, Bürger zu Köln, ein Verfahren *„vor hochgemelts Churfursten Schuldheissen unnd Scheffenn zum Bruel"* eingeleitet.[558] ARNOLD VON SIEGEN, Ritter, Rat und Bürgermeister der Stadt, habe immer, wenn es in irgendeiner Form um die Höfe Khomar und Klettenberg ging, die *„Execution nirgendt anders, dan bei deß hern beklagtens Vorfhare Ambtleuthen unnd dem Churf. Gerichtt Zum Bruell [...] alß dem orttentlichen Gerichtt gesucht gepettenn erlangt und bekhommen [...] wie solches die beigelegte und mit num: 10 notirte Prothocolla [...]"* beweisen.[559]

Bei dem Beweismittel Nr. 10 der erzbischöflichen Partei handelt es sich um ein *„Extract auß den prothocollen zum Bruell"*.[560] In dem Protokoll selbst wird zunächst von *„Scholtißz und semptliche Scheffen deß Colnischen Churfurstlichen Statgerichtz zum Bruel"*[561] darauf hingewiesen, dass alle Gerichtshandlungen in demselben festgehalten wurden. Zur Beurkundung der Wahrheit der einzelnen Eintragungen wurde das Protokoll am 28.11.1581 mit dem *„gerichts unnd Scheffenampts Siegell"* versehen.[562]

In dem Protokoll findet sich in der Tat ein Eintrag vom 15.6.1570, aus welchem hervorgeht, dass ARNOLD VON SIEGEN wegen eines Rechtsstreits mit einem JOHANN KENTGEN um *„ein firthel ackers gelegen negst der Colln weier vur der Weierpfortzen"* und damit im Bereich des Burgbannes das Brühler Schöffengericht in Anspruch genommen hat.[563] Außerdem, so behauptet die erzbischöfliche Partei weiter, habe sich ARNOLD VON SIEGEN im Jahre 79 *„in einer arrest sachen gegen Peter von Ossendorf halffman zue Klettenberg Juris subsi-*

---

[557] AUBIN, HERMANN, S. 10, Anm. 3, S. 11. Vgl. zu Näherem S. 8-11.

[558] HAStK, RKG, C 44, Bl. 23 v.

[559] HAStK, RKG, C 44, Bl. 125 r, v.

[560] HAStK, RKG, C 44, Bl. 89 v.

[561] HAStK, RKG, C 44, Bl. 86 r.

[562] HAStK, RKG, C 44, Bl. 89 r.

[563] HAStK, RKG, C 44, Bl. 87 v, 88 r.

diales pro executione an den ambtman zue Brull [...]" gewand. Im Jahre 1566 sei, wie im Folgenden ausgeführt wird, „*ein halffman uf dem Klettenberg Jonis volgents gnandt von einem Collnischem Bürger mit recht zue Brüll besprochen*" worden.[564] Dies kann dem Brühler Gerichtsprotokoll jedoch nicht entnommen werden.

Ferner habe der Abt zu St. Panthaleon, der außerhalb der Stadt Köln vor den Weierpforten den Hof „*Weißhauß*" besitzt, welcher „*under d khomar unnd dem hof klettenbergh gelegenn*" ist[565], im Jahre 1526 gegen seinen Halfmann wegen Nichtbezahlung der Pacht „*vor Schultheiß unnd Schefenn zum Bruel*" ein Verfahren eingeleitet.[566] Diese Behauptung kann anhand des Auszugs aus dem Brühler Gerichtsprotokoll bestätigt werden. Dort findet sich ein Eintrag aus dem Jahr 1526 über den genannten Rechtsstreit des Abtes zu St. Panthaleon gegen den Halfmann des Weishauses.[567]

Immer wenn gegen Halfleute der Höfe Khomar, Klettenberg und Weishaus geklagt wurde, seien, so die kurfürstlichen Ausführungen, entweder „*die Colnische Churfurstliche ambtleut*"[568] oder aber „*Schultheiß unnd Scheffen zum Bruel*" angerufen worden. Diese haben dann die Beklagten zur Bezahlung angehalten und gegebenenfalls auch Pfändungen gegen dieselben eingeleitet.[569] Alle Gerichtspfändungen, Immissionen etc. „*uf denn hovenn khomar klettenberg, Weißhaus unnd darzu gehörigenn ackhern Landen unnd guettern, ausserhalb d Statt Coln vor denn Schlagbeumenn [...] gelegenenn Plätzenn unnd örttern [...]*" seien seit jeher „*unverhindt*" „*auß befelch unnd authoritet dero zur Zeytt gewesenenn Colnischenn Churfurstlichenn Ambtleutenn Schlutheissenn unnd Scheffen Zum Bruel [...]*" vorgenommen worden.[570]

Es wird des Weiteren dargelegt, dass nicht nur der Abt zu St. Panthaleon gegen seinen Halfmann vor dem Brühler Schöffengericht Recht gesucht habe. Vielmehr habe auch „*das Capitul Zu S. Severin wegen zweier morgen Landts aller negst an der Weierpforten vor Colln gelegen und mehr anderer Persohnen in gleichmeßigen fellen an Churfs. Stattgericht Zum Brull recht gesucht und er-*

---

[564] HAStK, RKG, C 46, Bl. 80 r, v.

[565] Zur örtlichen Lage der Höfe vgl. Karte in Anhang 7.

[566] HAStK, RKG, C 44, Bl. 26 r.

[567] HAStK, RKG, C 44, Bl. 86 r.

[568] Unklar ist, welche Amtleute hier konkret gemeint sind.

[569] HAStK, RKG, C 44, Bl. 26 r-27 r.

[570] HAStK, RKG, C 44, Bl. 28 v-29 r.

langt".[571] Diesbezüglich findet sich in dem Protokollauszug ein Eintrag vom 3.9.1566, welcher sich auf einen Streit zwischen Dechant und Kapitel von St. Severin auf der einen und den Brüdern von MERHEIM auf der anderen Seite um zwei Morgen Land *„ahn der Weierpfortzen im kranenweier gelegen"* bezieht. In dieser Sache ist am 4.11.1578 ein Urteil zugunsten der Kläger ergangen. Am 12.6.1579 haben Schultheiß und Schöffen des Gerichts zu Brühl Dechant und Kapitel zu St. Severin in die zwei Morgen Land und die darauf wachsenden Früchte *„immittiert"* und das Urteil vollstreckt.[572] Auch für den Fall, dass es zu Totschlag *„ausserhalb d Statt Coln Schlagbäumenn [...]"* kam, sei die Totenbesichtigung *„laut uhralthen gebrauchs [...] durch hochermelts Churfurstenn beambte Schultheiß unnd Scheffenn zum Bruel [...] unverhindt [...] verrichtet [...]"* worden.[573] In der Tat finden sich in dem Protokollauszug drei Eintragungen, in welchen Totenbesichtigungen durch Schultheiß und Schöffen zu Brühl beschrieben werden, zwei davon *„vur Sanct Severins Pfortzen vur Colln" „anno 38 und 1540".*[574] Auf das Recht der Totenbesichtigung vor *„der Statt Cöllen Schlagbaumen"*, welches den Schöffen zu Brühl nach erzbischöflicher Auffassung zusteht, wird auch in der *„Apologia des Ertz Stiffts Cöllen"* verwiesen.[575]

Die erzbischöfliche Partei versucht, anhand der genannten Einzelfälle die Gerichtshoheit des Brühler Schöffengerichts im Burgbann nachzuweisen. Verallgemeinernd wird festgestellt: Nicht nur die Höfe Khomar und Klettenberg seien *„immediate In der Churf Jurisdiction und territorio gelegenn und am Gericht zue Bruel dinckpflichtig, sonder auch alle hoff und Lenderey [...] alles was dar zwischen biß an der Statt Colln Graben oder Schlagbaumen gelegen"* seien allein der kur- und landfürstlichen Obrigkeit unterworfen.[576]

Eine entsprechende Vorgehensweise des Erzbischofs findet sich in dem *„Summarischer grundtlicher bericht [...]"* aus dem Jahre 1671, in welchem ebenfalls versucht wird, anhand von Einzelfällen die erzbischöfliche Hoheit im Burgbann nachzuweisen. Auch hier wird auf die Totenbesichtigung der Brühler Schöffen im Bereich des Burgbannes, auf ARNOLD VON SIEGEN, der *„alß Er wegen seiner vor der Statt Cöllen auffm Comar und klettenberg gelegener güter*

---

571 HAStK, RKG, C 46, Bl. 79 v, 80 r. Merkwürdig erscheint, dass in diesem Verfahren auf ein Beweismittel verwiesen wird, welches dem Verfahren C 44 beigefügt ist. Dies erklärt sich wohl aus dem unmittelbaren Zusammenhang der Verfahren C 44, C 45 und C 46.

572 HAStK, RKG, C 44, Bl. 86 r-87 v.

573 HAStK, RKG, C 44, Bl. 29 v. Für die Totenbesichtigung durch die Beamte zu Brühl werden im Folgenden zahlreiche Beispiele genannt, Bl. 29 v-31 r.

574 HAStK, RKG, C 44, Bl. 88 r, v.

575 Apologia, S. 414.

576 HAStK, RKG, C 46, Bl. 79 r.

disponiren [...]" wollte, sein Testament bei dem Brühler Gericht errichtet habe und auf HILDEBRAND SUDERMANN, der erklärt habe, dass die Höfe Khomar und Klettenberg dem Kurfürsten unterworfen seien, eingegangen.[577]

Die Stadt hingegen, die behauptet, dass alle „*personen in gemelten Burchban der statt wonhafftig*" den Ge- und Verboten eines ehrbaren Rats „*immediate undworffe*" seien,[578] führt aus, dass HILDEBRAND SUDERMANN am 16. Mai „*Anno 80*" „*einen Erb: Rath alß geburende Oberkheidt beider streittiger höff [...] umb handthabungh widder hochstge Churf und I. Churf [...] Beampten betraute thadtliche Pfandungh [...]*" angerufen habe. Auch CONSTANTIN VON LYSKIRCHEN habe sich, bei einem Streit um die „*Lendereye vor der Stadtt*" an einen „*Erb: Rath*" gewand und „*selbst vermeldt daß solche Lenderey so weidt dieselbe in eines Erb: Raths und dieser Stadt Burbahn glegen der Stadt Schreinen ein verliebt und dahero keiner anderer alß dieser Stadtt vielweniger aber Churfurstlicher Jurisdiction undworffen*" seien.[579] Ein diese Behauptung stützendes Beweismittel legt die Stadt dem Verfahren jedoch nicht bei.

Was HILDEBRAND SUDERMANN angeht, so führt die erzbischöfliche Partei näher aus, dass dieser – als Bürgermeister der Stadt Köln – in untertäniger Weise an den vormals regierenden Kurfürsten wegen Streitigkeiten mit dem Halfmann des Hofes Klettenberg herangetreten sei. Außerdem habe dieser Bürgermeister „*ahn verscheidenen ortheren offentlich bekhendt unnd gestanden, daß die zu dem hove Chomar, unnd beiliggendem hoff uff der klettenbergh gehorrige lenderei ihm Ertzstifft unnd Fürstenthumb Colln gelegen*" seien. Es sei eine Anmaßung, wenn die städtische Seite behauptet, SUDERMANN habe sich wegen Streitigkeiten bezüglich des Hofes an den Rat der Stadt Köln gewand.[580]

Im Gegensatz zur Stadt kann die erzbischöfliche Partei Beweismittel vorweisen. So liegt dem Verfahren ein Schreiben des HILDEBRAND SUDERMANNS bei, in welchem sich dieser im Namen aller Kinder, Enkel und Erben des ARNOLD VON SIEGEN an den Kölner Kurfürsten wendet. In dem Schreiben wird geschildert, dass die Höfe Khomar und Klettenberg nun, nach dem Tod des ARNOLD VON SIEGEN, besagten Personen zustehen. Es wird dargelegt, dass der Halfmann des Klettenbergischen Hofes es unterlassen habe, die auf dem Hof wachsenden Früchte einzusammeln und „*in die geheuwe*" des Hofes zu bringen und sich zudem geweigert habe, die Pacht zu bezahlen.[581] Von diesem ungebührlichen Verhalten des Halfmannes wollten besagte Personen den Kurfürsten „*alß unnsern*

[577] HAStK, KcK, Nr. 285, S. 9, 10.

[578] HAStK, RKG, C 46, Bl. 99 r.

[579] HAStK, RKG, C 44, Bl. 115 r, v.

[580] HAStK, RKG, C 44, Bl. 123 r, v.

[581] HAStK, RKG, C 44, Bl. 91 v.

ordentlichen Landtsfurstenn unndt herrn" Mitteilung machen, damit dieser *„ahnn dem erweisenn Churf. ge."* Recht spreche.[582] Unklar bleibt hier zwar, welches kurfürstliche Gericht tätig werden sollte, aber die erzbischöfliche Partei konnte in jedem Fall anhand dieses Beweismittels nachweisen, dass der Kurfürst bzw. ein kurfürstliches Gericht in einer den Hof Klettenberg betreffenden Angelegenheit angerufen worden ist. Damit konnte von erzbischöflicher Seite ein weiterer Einzelfall der kurfürstlichen Gerichtsbarkeit im Bereich des Burgbannes dargelegt und die städtische Behauptung, SUDERMANN habe den Kölner Rat angegangen, widerlegt werden.

Die Behauptungen der Stadt bezüglich HILDEBRAND SUDERMANN waren im Übrigen auch nicht konsequent. So gesteht die Stadt in einem anderen Verfahren ein, dass sich HILDEBRAND SUDERMANN an den Kurfürsten gewand habe. Dieses Eingeständnis wird jedoch zugleich wieder abgeschwächt, da SUDERMANN *„ex errore et ignorania"* gehandelt habe, so dass sein Fehlverhalten nicht für den Rat nachteilig sein könne.[583] Dies leugnet die erzbischöfliche Partei ab. Die Stadt stelle diese Behauptung nur auf, um eine Präjudiz zum Nachteil des Rates abzuwenden. SUDERMANN habe sich jedoch *„ex bona informatione"* an den Kurfürsten gewand und *„sich fur landsaßen und underthanen solcher guetter und hoff halben bekhandt [...]"*.[584]

Es konnte dem von erzbischöflicher Partei als Beweismittel beigefügten Brühler Gerichtsprotokoll entnommen werden, dass zumindest in Einzelfällen Schultheiß und Schöffen des Gerichts Brühl mit Rechtsstreitigkeiten befasst waren, die sich auf das Gebiet des Kölner Burgbannes, nämlich die Höfe Khomar, Klettenberg und Weishaus bezogen. Die Aussagen der erzbischöflichen Partei entsprachen daher den Tatsachen. Trotz der im Einzelfall gegebenen Zuständigkeit des Brühler Schöffengerichts für den Bereich des Kölner Burgbannes, fiel die Entscheidung des RKG diesbezüglich negativ aus.

Die Mandatsbefehle, die in den drei Verfahren, in denen die Stadt Köln wegen Pfändungen der kurfürstlichen Beamten zu Brühl vor dem RKG klagte, beinhalten alle die gleiche Anordnung. Es wird kraft kaiserlicher Macht unter Androhung einer Strafe von *„zehen marckh löttigs goldts"*[585], *„sechs mark lottigs gold"*[586] bzw. *„acht marck lottigs gold"*[587] ernstlich geboten, dass unverzüglich

---

582 HAStK, RKG, C 44, Bl. 92 r, v. Dieses Beweismittel liegt auch dem Verfahren C 46 bei. Vgl. HAStK, RKG, C 46, Bl. 32 r-33 r.

583 HAStK, RKG, C 46, Bl. 46 v.

584 HAStK, RKG, C 46, Bl. 81 r, v.

585 HAStK, RKG, C 44, Q 2.

586 HAStK, RKG, C 45, Q 2.

587 HAStK, RKG, C 46, Q 2.

nach Zustellung des Briefes die gepfändeten Gegenstände herauszugeben bzw. falls diese nicht mehr vorhanden sein sollten, der Wert derselben zu erstatten sei.[588] Aus dem Erlass der Mandate zugunsten der Stadt können im Hinblick auf die Frage der Jurisdiktionshoheit des Brühler Schöffengerichts im Bereich des Burgbannes bestimmte Schlüsse gezogen werden.

Bei den Pfändungsmandaten handelt es sich, wie der RKGO von 1555 entnommen werden kann, um Mandate sine clausula.[589] Hinsichtlich der drei Verfahren, in welchen die Stadt auf Klägerseite auftrat, kann durch die bloße Existenz der ergangenen Mandate auf Grundlage der Narrationen davon ausgegangen werden, dass das RKG die Ausführungen der klagenden Partei als schlüssig auffasste.[590] Es stimmte daher durch den Erlass der Mandate der Behauptung der Stadt zu, dass die Höfe Khomar und Klettenberg nebst den dazugehörigen Ländereien, die vor der Weiherpforte gelegen sind, seit Menschengedenken *„der statt Cöln schrein, jurisdiction und gerichten innerhalb der statt Cöln gehörig und daselbst bottmessig und dingpflichtig [...]“* seien.[591]

Diese Annahme wird dadurch gefestigt, dass für den Erlass von Pfändungsmandaten fünf Voraussetzungen vorliegen mussten. Diese sind bei GAILL in der „obs. 3 de pignorat.“ bestimmt.[592] Im Hinblick auf die Frage der Jurisdiktionshoheit im Burgbann sind zwei dieser Voraussetzungen von Bedeutung. Es war zum einen erforderlich, „daß der Gepfandte in dem Besitz oder Possession deß Orts oder der Gerechtigkeit sey/in welchem oder an dem die Pfandung geschehen ist“. Daneben war erforderlich, dass „der Pfänder an dem Orth/da die Pfandung geschehen/ein newe Iurisdiction oder ein new Recht ihme durch solche Pfandung machen und suchen wolle [...]“.[593] Diese beiden ungeschriebenen Voraussetzungen der Pfändungskonstitution stehen in unmittelbaren Zusam-

---

588 So heißt es z.B. im Mandatsbefehl des Verfahrens HAStK, RKG, C 44, Q 2: *„alle obangeregte [...] früchten od ob die nicht mehr vorhanden [...] als auch die verderbten zertrettenen Rechten billichen werth [...] restituiren [...].“*

589 LAUFS, ADOLF, RKGO 1555, 2. Teil, XXII. Grund dafür ist, dass „Pfandungen in allen Rechten verbotten“ sind. Vgl. GAILL, ANDREAS, Practicarum Observationum, De Pignorationibus (ein sonderlich Buech), 3. obs., S. 804.

590 Vgl. dazu bereits S. 88, 89.

591 HAStK, RKG, C 44, Q 2, inhaltlich identisch C 45, Q 2 und C 46, Q 2.

592 Zu diesen fünf Voraussetzungen vgl. oben S. 91.

593 GAILL, ANDREAS, Practicarum Observationum, De Pignorationibus (ein sonderlich Buech), 3. obs., S. 803, 804. Die erzbischöfliche Partei nimmt in einem Verfahren unmittelbar Bezug auf *„obs. 3 de pignorat.“* bei GAILL und und legt dar, dass aufgrund der fehlenden städtischen Jurisdiktionshoheit im Kölner Burgbann das Mandat *„uf Constitution der Pfandung gantz nichtiglich außbracht [...]“* worden sei. HAStK, RKG, C 46, Bl. 76 v.

menhang. Da das RKG in allen drei Verfahren, in denen Pfändungen Brühler Beamten von städtischer Seite gerügt wurden, Pfändungsmandate zugunsten der Stadt gemäß Teil 2 Tit. XXII der RKGO von 1555 erlassen hat, kann vom Vorliegen der genannten Voraussetzungen ausgegangen werden. Folglich lässt sich den Entscheidungen entnehmen, dass das RKG von der „Possession" der Stadt im Kölner Burgbanngebiet ausgegangen ist und die Handlungen der kurfürstlichen Beamten in diesem Gebiet als eine „newe Iurisdiction" auffasste. Vor diesem Hintergrund wird auch die Argumentation der Parteien zu der Frage, ob die Brühler Beamten im Bereich des Burgbannes eine neue Jurisdiktion ausgeübt haben oder ob es sich dabei vielmehr um ein uraltes Recht handelt, verständlich. Es lässt sich daher feststellen, dass das RKG trotz bewiesener Einzelfallzuständigkeiten den Brühler Schöffen im Burgbanngebiet keine Jurisdiktionshoheit zusprach. Stattdessen hat es durch den Erlass der Mandate zum Ausdruck gebracht, dass es die Ausführungen der Stadt zu ihrer Jurisdiktionshoheit im Burgbann für schlüssig erachtete.

Je größer die Anzahl von Verfahren, in denen es um dieselben Rechtsprobleme ging, desto gefestigter sind die Aussagen, die man hinsichtlich der reichskammergerichtlichen Rechtsauffassung zu diesem Problem treffen kann.[594] Da hier lediglich drei Verfahren berücksichtigt wurden, kann eine Verallgemeinerung selbstverständlich nicht vorgenommen werden. Dennoch deuten diese Mandate zumindest auf eine Tendenz in der reichskammergerichtlichen Rechtsprechung hin.

Wie bereits erörtert[595], wurde in einem Verfahren das zugunsten der Stadt ergangene Mandat, wie dies im Protokoll vermerkt ist, zunächst durch Urteil kassiert, bevor das RKG es schließlich zugunsten der Stadt bestätigte. Wenn das die Stadt begünstigende Mandat aufgrund der erzbischöflichen Einreden zunächst kassiert wurde, so muss dies bedeuten, dass das RKG zu der Ansicht gekommen ist, dass eine der erforderlichen Voraussetzungen nicht, wie ursprünglich angenommen, vorlag. Es lässt sich jedoch, da von den Parteien im Rahmen dieses Verfahrens neben der Frage der Jurisdiktionshoheit auch die Frage der Reichsunmittelbarkeit diskutiert wurde, nicht ersehen, auf welches von den Parteien diskutiertes Rechtsproblem sich das ergangene Urteil erstreckte. Die Urteile nahmen zum Teil nur Bezug auf eine der streitigen Fragen.[596]

Wurde ein Mandat aufgrund von Einreden des Beklagten kassiert, verliert der aufgehobene Mandatsbefehl keineswegs für die Rechtsprechungsanalyse an Bedeutung. Der Mandatsbefehl bringt schließlich die Rechtsauffassung des RKG

---

594 Oestmann, Peter, S. 49.

595 Vgl. S. 90.

596 Oestmann, Peter, S. 48, 49. Dort wird die Problematik anhand eines Beispielverfahrens veranschaulicht.

zum Zeitpunkt des Mandatserlasses zum Ausdruck. Durch die Einreden des Beklagten hat sich diese lediglich durch neue Kenntnisse geändert, so dass ein „durch die exceptiones sub- et obreptionis modifizierter Sachverhalt" entstand.[597] Da das RKG jedoch letztendlich zugunsten der Stadt entschieden hat[598], ist anzunehmen, dass es bei seiner Urteilsfindung der rechtlichen Argumentation der städtischen Partei gefolgt ist. Für die Frage der Jurisdiktionshoheit im Kölner Burgbann könnte dies bedeuten, dass die von der Stadt für ihre Jurisdiktionshoheit im Kölner Burgbann vorgebrachten Argumente ausschlaggebend für das RKG-Urteil vom 5.12.1588 waren.

Das RKG ist am 5.12.1588 aufgrund von *„theils vorprachten"* und anderen *„bewegenden Ursachen"* zu der Überzeugung gelangt, dass alle Voraussetzungen für den Erlass des Mandats vorgelegen haben müssen, da es die Stadt in den vorigen Stand wieder einsetzte. Das Rechtsmittel der *restitutio in integrum* ermöglichte es, auf Grund neuer Tatsachen in den Stand zurückversetzt zu werden, der vor dem Urteilserlass bestand. Erforderlich war, dass Tatsachen geltend gemacht wurden, die der Rechtsmittelkläger (also die Stadt Köln) erst nach Urteilserlass zur Kenntnis genommen oder vorher schuldlos nicht angeführt hat.[599] „Alte" Tatsachen durften nur dann erneut vorgetragen werden, wenn diese nach dem Urteilserlass einer anderen rechtlichen Würdigung bedurften.[600] Es fragt sich daher, *welches* städtische Argument diesen Entschluss des RKG bewirkte. Da das RKG sowohl am 16.1.1588 als auch am 28. Martii 1588 das Kassationsurteil vom 30.10.1586 bestätigte und am 28. Martii 1588 ausdrücklich darauf hinwies, dass die von der Stadt am *„19. Januarii [...] vorbrachte einlag"* unerheblich seien, dann jedoch am 5.12.1588 zugunsten der Stadt entschied, könnte dies bedeuten, dass die nach dem 28. Martii 1588 von der Stadt ins Feld geführten Argumente die RKG-Entscheidung bewirkt haben. Dann könnte ein Vergleich der bis zu diesem Zeitpunkt geltend gemachten Argumente mit denjenigen, die nach dem 28. Martii 1588 von der Stadt vorgebracht wurden, Auskunft darüber geben, welches Vorbringen die Entscheidung des RKG vom 5.12.1588 herbeiführte. In dem Zeitraum zwischen dem 28. Martii 1588 und dem Restitutionsurteil vom 5.12.1588 hat die Stadt jedoch lediglich zwei

---

597 OESTMANN, PETER, S. 40. Bei Mandatsverfahren sine clausula bestand lediglich eine eingeschränkte Verteidigungsmöglichkeit des Beklagten. Durch die Exceptiones sub- et obreptionis konnte er geltend machen, dass der Kläger wahre Tatsachen verschwiegen oder falsche vorgetragen habe. Vgl. ebendort. Diese Einrede wurde in den Verfahren HAStK, RKG, C 44, Bl. 42 v, C 45, Bl. 24 v und C 46, Bl. 21 v von erzbischöflicher Partei erhoben.

598 Vgl. dazu bereits S. 91, 92.

599 WIGGENHORN, HEINRICH, S. 233, 234.

600 DICK, BETTINA, S. 215; WIGGENHORN, HEINRICH, S. 234.

Schriftsätze eingebracht: eine Bevollmächtigung und eine *„underthenige anzeig Protestation und pitt anstatt mündtlich reces [...]"*. In letzterem Schriftsatz werden aber keine neuen Tatsachen vorgetragen, die zu der geänderten Rechtsauffassung des RKG geführt haben könnten. Stattdessen wird darum gebeten, dass die Stadt *„auß obangezognen und biß dahero deducirten [...] ursachen wid die am 30. Octobris Jungst ergangene urtell unnd was darauff erfolgt in Integrum unnd in den stanndtt [...]"* restituiert werde *„darinn sie den 13. Junii Zuvorn gewes"*.[601] Die Stadt verweist also auf Argumente, die sie bereits zuvor geltend gemacht hat und die nach ihrer Auffassung einer erneuten rechtlichen Würdigung bedürfen. Folglich kann auf Grundlage des Rechtsmittels der restitutio in integrum nicht geklärt werden, welche städtischen Argumente den Ausschlag für die Entscheidung am 5.12.1588 gegeben haben, durch welche die Stadt in den Stand wieder eingesetzt wurde, der am 13. Juni 1586[602] bestand. Die Entscheidungsgründe des RKG bleiben daher unklar.

Es ist jedoch zu berücksichtigen, dass in einem Verfahren ein Pfändungsmandat zuungunsten der Stadt erlassen wurde. In ihrer Narration weist die erzbischöfliche Partei darauf hin, dass sie seit Menschengedenken über die im Amt Brühl gelegenen Höfe Khomar und Klettenberg alle *„Obrigkeit unnd Superioritet"* inne habe und die kurfürstlichen Beamten zu Brühl alle *„Actus superioritatis exercirt [...]"* haben. Daneben habe der kurfürstliche Offizial dort die weltliche und geistliche Jurisdiktion ausgeübt.[603] Im Anschluss daran werden die städtischen Überfälle auf kurfürstliche Beamte geschildert.[604] Das RKG ordnete gegenüber der Stadt *„bey Phoen achtt marck löttigs golds"* an, die *„pfandtlich abgetrungene Pferdt unnd geldt oder was deßenn nicht mehr vorhandenn denn pilligen werth"* zu erstatten.[605]

Diese Entscheidung des RKG scheint auf den ersten Blick in Widerspruch zu den anderen Entscheidungen zu stehen. Sprechen jene eindeutig für die Jurisdiktionshoheit der Stadt im Kölner Burgbanngebiet, erweckt diese Entscheidung nunmehr den Eindruck, dass das RKG den erzbischöflichen Ausführungen in der Narratio gefolgt ist und damit die Gerichtshoheit des Brühler Schöffengerichts im Burgbann anerkannte.

---

601 HAStK, RKG, C 46, Bl. 60 v.

602 Laut Protokolleintrag wurde das Mandat am 13. Juni 1586 in das Verfahren eingebracht. Vgl. HAStK, RKG, C 46, Protokoll, Bl. 2 r. Ergangen ist das Mandat hingegen schon am 18.4.1586.

603 NWHSA, RKG, C 490/1288, Bl. 6 r, v.

604 Vgl. S. 105.

605 NWHSA, RKG, C 490/1288, Bl. 11 r.

Bei diesem Verfahren darf jedoch nicht außer Acht gelassen werden, dass die Stadt Köln die Pfändungen im Kölner Stadtgebiet als Reaktion auf vorausgegangene Pfändungen kurfürstlicher Beamten in dem Glauben vorgenommen hat, dass es *„im Rechten"* zugelassen sei *„gewaldt mit gewaldt zu verfechten"* (*„Jus enim natura permittit vim vi repellere"*). Ihr Recht sieht sie darin begründet, dass sie gegen den Kurfürsten zuvor, nachdem dieser *„thadtliche pfandungen mit abnehmung der früchte pferdt und anders"* vornehmen ließ, *„Mandata uf die constitution der pfandung außbracht"* habe. Daher könne die Stadt hinsichtlich der streitigen *„superioritet"* über die genannten Höfe *„sententiam et rem judicatam"* für sich ins Feld führen. Da sie diese *„sententia und res judicata lang vor diesem außbrachte Mandat erhalt"* habe, will die Stadt *„auß rechtlicher zulaßungh exceptionem rei Judicata"* geltend machen. Es sei der Stadt erlaubt, *„Ir habent und nunmehr ex re judicata gepurent recht [...] zu verthedige [...]"*. Durch die *„geklagten factis"*, so wird weiter ausgeführt, sollte kein *„Jus novum"* gesetzt werden, sondern lediglich das Recht *„erhalten, geschutzt, geschirmt und zuleßig weiß verthaidigt"* werden. Daher sei das Mandat *„per sub et obreptionem außbracht"* worden, weshalb es zu kassieren sei.[606]

Dem hält die erzbischöfliche Partei entgegen, das städtische Handeln habe mit Verteidigung nicht das Geringste zu tun, sondern stelle vielmehr einen Racheakt dar (*„nit ad defensionem [...], sonder villmehr ad vindictam"*). Derartige Pfändungen *„per pignorarem"* seien *„bei diesem Cammergericht Inn ublichem Stylo"* nicht zulässig.[607]

Auch wenn Gegenpfändungen des Öfteren als rechtens betrachtet wurden und die Auffassung bestand, dass Gewalt mit Gewalt verfolgt werden dürfe, wurden sie jedoch nur dann als zulässig betrachtet, wenn sie eine notwendige Verteidigungshandlung darstellten und die Gewaltanwendung „mit bescheidner Maß zu unsträfflicher Beschützung geschehen" musste.[608]

Vor diesem Hintergrund wird das Argument der Stadt, die Pfändungen seien lediglich Verteidigungshandlungen gewesen, klar. Es galt jedoch grundsätzlich, dass derjenige, der zuerst gepfändet wurde sein Recht vor Gericht suchen und nicht selbst Gewalt in Form von Gegenpfändungen anwenden sollte. Da im Falle von Gegenpfändungen „die Gemüter zu beyden Theilen erbittert" waren und keine Partei nachgeben wollte, wodurch wiederum „der gemeine Landfriden gebrochen" wurde, sollte „der Richter bey guter Zeit durch ein Penalmandat furkommen" und gegenüber dem Pfänder anordnen, die Sache wieder herauszugeben „ohne einige Furwendung oder Exception/wie die mag Namen haben". Es sollte beiden Teilen aufgetragen werden, von gewaltsamen Handlungen abzuse-

---

606 NWHSA, RKG, C 490/1288, Bl. 19 r-21 r.

607 NWHSA, RKG, C 490/1288, Bl. 31 v-32 r.

608 GAILL, ANDREAS, Practicarum Observationum, 1. Buch, 12. obs., S. 823.

hen. Es galt der Grundsatz, dass sich ein jeder, wenn Gewalt gegen ihn verübt worden war, an das Gericht wenden sollte, statt einen Racheakt zu begehen.[609] Daher konnte auch die von der Stadt geltend gemachte „exceptio rei judicatae", die Einrede, dass über eine Sache bereits geurteilt worden ist, keine Kassation des zu ihren Ungunsten ergangenen Mandats bewirken.[610] Denn „was von newen entstehet/auch eines newen Behulffs oder Mittels deß Rechtens bedarff [...]".[611]

Das zuungunsten der Stadt erlassene Mandat muss daher vor diesem Hintergrund gesehen werden. Es kann demnach nicht als reichskammergerichtliche Anerkennung der Brühler Jurisdiktionshoheit innerhalb des Burgbanngebiets gewertet werden. Der Entscheidung kann lediglich entnommen werden, dass das RKG die von der Stadt ergriffenen Gegenmaßnahmen nicht als notwendige Verteidigungshandlungen, sondern als unzulässige Gegenpfändungen auffasste. Durch den Erlass des Mandats sollte das landfriedensbrüchige Verhalten der Stadt geahndet werden.

2. Die Hochgerichtsbarkeit

Bei dem erzbischöflichen Versuch, die Jurisdiktionshoheit im Bereich des Kölner Burgbannes nachzuweisen, fällt insbesondere der Hinweis auf die Jurisdiktionsgewalt des Hohen Weltlichen Gerichts zu Köln auf. Dies erscheint aus erzbischöflicher Perspektive verständlich. Die Hochgerichtsbarkeit wurde von der Jurisdiktionslehre des 16. und 17. Jh. als entscheidendes Kriterium der Territorialgewalt angesehen. In der Konsequenz bedeutete dies, dass die Inhaber anderer Gerichte in dem Hochgerichtsbezirk als dem Inhaber der Hochgerichtsbarkeit unterworfen betrachtet wurden.[612] Für die Territorialpolitik und Rechtswissenschaft der Neuzeit war die Frage, wer Inhaber der Hoch- und Niedergerichtsbarkeit war, damit von grundlegender Bedeutung.[613] Die sich für die Stadt Köln ergebene Problematik liegt auf der Hand: Obwohl die Stadt im Jahre 1475 durch Kaiser FRIEDRICH III. formell als Freie Reichsstadt anerkannt und damit aus ihrem „Untertanenverhältnis" zum Erzbischof befreit wurde, blieben die Erzbischöfe Inhaber der Hochgerichtsbarkeit. Es war daher nahe liegend, dass die

---

609 GAILL, ANDREAS, Practicarum Observationum, 1. Buch, 12. obs., S. 823, 824.

610 Siehe zur Einrede „res judicata" GAILL, ANDREAS, Practicarum Observationum, 1. Buch, 24. obs., S. 855 ff.

611 GAILL, ANDREAS, Practicarum Observationum, De Pignorationibus (ein sonderlich Buech), 24. obs., S. 856.

612 Damit war der „Zündstoff" geschaffen, mit welchem Juristen und Gerichte zunehmend befasst waren. Vgl. WILLOWEIT, DIETMAR, S. 36.

613 WILLOWEIT, DIETMAR, S. 3.

Erzbischöfe versuchten, ihre Hochgerichtsbarkeit als Mittel zum Zweck, nämlich zur Begründung ihrer Territorialgewalt zu nutzen. Als Inhaber der hochgerichtlichen Gewalt, dem imperium merum, sahen sich die Erzbischöfe als Landesherren über die Stadt und den Bereich des Kölner Burgbannes.[614] So erklärt sich auch die in der Literatur häufig zu findende Aussage, dass die Erzbischöfe mit der Übertragung der Hochgerichtsbarkeit von Kaiser OTTO I. auf Erzbischof BRUNO die Stadtherrschaft über Köln erwarben.[615]

Die besondere Bedeutung des Hohen Weltlichen Gerichts zu Köln spiegelt sich in der erzbischöflichen Argumentation wieder. In zahlreichen Schriftsätzen wird betont, dass dem Erzbischof die Hoheit über dieses Gericht, welches seinen Sitz innerhalb der Stadtmauern hatte, zustand. Es sei *„notorium und offenbar, daß noch heutigs tags ein Ertzbischoff und Churfs zue Colln [...] Seine Richter in der Statt Colln sitzen [...]“* habe, *„Nemblich Graven und Scheffen deß Churfs hohen gerichts daselbst, welche in Criminal und burgerlichen Sachen in realiby & personaliby zu richten [...]“* haben.[616]

Der Erzbischof macht vor dem RKG geltend, dass es dem Hohen Weltlichen Gericht nicht nur zustehe, *„in dem specificirten ortten der khomar klettenberg unnd weisenhause [...] zu exercirenn [...]“*, sondern es daneben auch befugt sei *„die malefitz zu strafenn [...]“*. Ferner seien des *„beclagten Churfursten hohenn gerichts scheffen In Coln“* auch für die Errichtung von Testamenten zuständig, welche Gründstücke in und auch außerhalb der Stadt Köln betreffen.[617]

Vor dem Hintergrund, dass die Hochgerichtsbarkeit als entscheidendes Kennzeichen der Territorialgewalt angesehen wurde, verwundert es auf der anderen Seite nicht, dass die Stadt in ihrer Argumentation versucht, den Erzbischöfen die Hochgerichtsbarkeit abzusprechen. Wenn in der *„Apologia des Ertz Stiffts Cöllen“* behauptet wird, dass das Hohe Weltliche Gericht der Stadt *„ein scharpffer dorn in dem anmaßlich gesetztem fuß der vermeinter Reichs Freyheit“* sei,[618] dürfte dies wohl der Wahrheit entsprochen haben. So macht die Stadt in ihrer Replikschrift geltend, dass es sich bei dem Hohen Weltlichen Gericht in Köln *„unnd deßelben Scheffen“* keineswegs um ein kurfürstliches Gericht handele. Dem werde ausdrücklich *„contradicirt und widdersprochen“*.[619] Darauf reagiert die erzbischöfliche Partei in ihrer Duplikschrift mit dem Hinweis, dass die städ-

---

614 Ein diesbezüglich vergleichbarer Rechtsstreit findet sich bei WILLOWEIT, DIETMAR, S. 38, 39.

615 Zum Beispiel STRAUCH, DIETER, Das Hohe Weltliche Gericht zu Köln, S. 747.

616 HAStK, RKG, C 46, Bl. 75 v.

617 HAStK, RKG, C 44, Bl. 34 r, v.

618 Apologia, S. 389.

619 HAStK, RKG, C 44, Bl. 112 v.

tische Replik *„in facto et iure"* unbegründet sei. Die Stadt könne aufgrund von kurfürstlichen *„erlangten keyl. unnd konnigl. privilegien unnd begnadungen [...]"* nicht leugnen, dass es sich bei dem Hohen Schöffengericht in Köln um ein kurfürstliches Gericht handele.[620]

Wiederholt weist die erzbischöfliche Partei zum Nachweis ihrer Jurisdiktionshoheit über die Stadt Köln auf kaiserliche Privilegien hin. Diese werden jedoch nur zum Teil näher konkretisiert. So wird in der erzbischöflichen Einredeschrift eines Verfahrens angeführt, dass den Erzbischöfen *„summam potestatis tam in spiritualiby quam in temporaliby, oder die gantze ordenliche gaistliche unnd weltliche hocheytt, oberkeytt Zollgefelle, Rechte unnd gerechtigkeytten utile dominium superioritatis merum mixtumque imperium et omnimodam Jurisdictionem [...] In unnd uber die Statt Coln unnd derenn gaistliche unnd Weltliche Undthanen auch dere haab unnd guitter [...] vonn Romischenn kaysern konigenn unnd dem hailigenn Reich Vor viel hundt Jaren [...]"* eingeräumt worden seien.[621] Die Obrigkeit und Gerechtigkeiten der Erzbischöfe ließen sich anhand vieler *„andern königlichen unnd kay. Regalien, Privilegien, Documenten, Urtheilen Vertragen unnd [...] Compromiß spruchen durch kay. könig Chur unnd furstliche, auch Burgermeistern und Raths der Statt Coln eignen Insiegeln"* bestätigen.[622] Diese werden jedoch nicht näher benannt. In einem anderen Verfahren wird hervorgehoben, dass die Erzbischöfe die Regalien, welche ihnen die Jurisdiktionshoheit *„in und uber die statt Colln [...]"* und deren Bürger einräumen, rechtmäßig erlangt *„und noch in besitz und ublichem gebrauch [...]"* haben.[623] Im selbigen Verfahren wird ein nicht näher bestimmtes Dekret Kaiser KARLS IV. erwähnt, durch welches bewiesen werde, dass *„alle Obrigkheit merum mixtumque imperium [...]"* dem Erzbischof und Kurfürsten zustehe.[624]

Einige Privilegien, welche die erzbischöfliche Hochgerichtsbarkeit beweisen sollen, legte die erzbischöfliche Partei den Verfahren bei. Zum einen ein Privileg Kaiser MAXIMILIANS I. vom 15.5.1516.[625] In diesem wird u.a. das Recht des Erzbischofs *„inn der Statt Cöllen, seine hoch unnd andere Gerichte zu hülff unnd forderung gemeines Rechtens zu ordinieren unnd zu setzen [...]"* bestätigt. Dieses und andere Rechte sollen dem Erzbischof *„wie von alters herkomen und geprauchs"* zustehen. Keiner, auch nicht Bürgermeister und Rat der Stadt, seien

---

620 HAStK, RKG, C 44, Bl. 121 r, v.

621 HAStK, RKG, C 44, Bl. 19 v.

622 HAStK, RKG, C 44, Bl. 22 r, v.

623 HAStK, RKG, C 46, Bl. 73 r.

624 HAStK, RKG, C 46, Bl. 75 r.

625 HAStK, RKG, C 45, Bl. 25 r-28 r. Selbiges Schriftstück findet sich auch in dem Verfahren HAStK RKG, C 44, Bl. 65 r-67 v.

befugt, ihn an der Ausübung seiner Rechte zu hindern. Jedem, der sich diesem Gebot widersetzt, wird eine Strafe („*peen*") von 500 Mark „*lottigs goldts*" auferlegt.[626]

Des Weiteren liegt einem Verfahren ein Indult Kaiser RUDOLF II. vom 9.5.1578 bei. In diesem Urkundenbeweis wird gegenüber Bürgermeister und Rat der Stadt Köln und anderen Personen angeordnet, den Erzbischof als ihren Herren anzuerkennen und zu ehren. Sie sollen seine Gerechtigkeiten „*Inn Burgerlichenn unnd peinlichen sachen*" achten und ihn bei der „*Gericht bestellung unnd administration der Justitien, unnd Execution der ergangenen urtheill [...] handlen unnd geweren*" lassen und ihn keinesfalls an der Ausübung seiner Rechte hindern. Diese Pflicht soll auch schon dann bestehen, wenn der Erzbischof seine Konfirmation vom Papst oder auch seine Regalien vom Kaiser noch nicht erlangt hat oder noch nicht in die Stadt eingeritten ist. Bei Missachtung des Gebots wird eine Strafe von 50 Mark „*lottigs golds*" angeordnet.[627]

Auch in der „*Securis ad radicem posita*" von 1687 wird darauf hingewiesen, dass es sich bei dem Hohen Weltlichen Gericht unzweifelhaft um ein erzstiftisches handele. Zum Beweis wird darauf abgestellt, dass sich „*auff dem blawen Stein/an welchen die vom hohen Gericht condemnirte Ubelthätere ante executionem poenae Capitalis mit dem Rücken gestossen werden/daß Ertzstiffts allgemeines Wappen/nemblich das schwartze Creutz/sich befindet/*".[628] Das erzbischöfliche Wappen auf dem „blauen Stein", welcher bis zum Jahre 1829 vor dem Gerichtssitz zu finden war, galt als das Wahrzeichen der erzbischöflichen Gerichtshoheit. Es war Brauch, dass Verbrecher, die zur Hinrichtung geführt wurden, an diesem Stein gestoßen wurden.[629] Wurde diese Zeremonie unterlassen galt das Urteil nicht als rechtmäßig vollstreckt.[630]

Der seit 1032 urkundlich erwähnte Burggraf war neben dem Erzbischof der höchste Richter am Hochgericht. Er war ein Lehnsmann des Erzbischofs. Wollte der Erzbischof jedoch selbst die Gerichtsbarkeit ausüben, so musste ihm der Burggraf weichen. Der Erzbischof war daher der eigentliche Gerichtsherr des Hohen Weltlichen Gerichts.[631] 1279 übertrug der letzte Burggraf das Lehen an den Erzbischof als Lehnsherrn, der das Amt von da an inne hatte.[632] Nach 1279

---

[626] HAStK, RKG, C 45, Bl. 25 r-27 v.

[627] HAStK, RKG, C 45, Bl. 30 r-32 r.

[628] Securis, S. 42.

[629] RATJEN, F.A., S. 15, 33.

[630] BOCK, ULRICH, S. 34.

[631] STRAUCH, DIETER, Das Hohe Weltliche Gericht zu Köln, S. 748, 749.

[632] STRAUCH, DIETER, Das Hohe Weltliche Gericht zu Köln, S. 762, 763.

übte der vom Erzbischof ernannte Greve[633] als sein Stellvertreter („*Vice-Comes*“[634]) die Gerichtsbarkeit aus, wenn der Erzbischof selbst verhindert war.[635] Die Schöffen wurden durch die Schöffenamtleute des Schöffenkollegiums gewählt und bis 1279 vom Burggrafen, danach vom Erzbischof bestätigt.[636] Die sachliche Zuständigkeit des Gerichts erstreckte sich auf Verbrechen, die an Leib und Leben bestraft wurden, auf Religionsdelikte und auch auf Zivil- und Personalklagen.[637] In Grundstücksangelegenheiten war seine Zuständigkeit dann ausgeschlossen, wenn eine niedergerichtliche Kompetenz begründet war.[638] Der Gerichtsbezirk des Hohen Weltlichen Gerichts erstreckte sich neben dem Gebiet innerhalb der Stadtmauern auch auf den Bereich des Burgbannes[639] („*Altum Electorale Judicium est Judex competens omnium civilium, personalium intra Urbem Coloniensem suscitatarum causarum, est item intra districtum antiquae urbis*[640] *Judex competens [...]*“[641]).

Die Behauptung der Stadt, es handele sich bei dem Hohen Weltlichen Gericht nicht um ein kurfürstliches, erscheint haltlos. Eine Einflussnahme auf die Hochgerichtsbarkeit konnte sie niemals durchsetzen. Das Hohe Weltliche Gericht war bis zum Untergang des Erzstiftes ein Gericht des Erzbischofs.[642] Im Jahre 1362 versicherte der enge Rat sogar offiziell, die Schöffen des Hohen Gerichts an ihrer Tätigkeit nicht zu hindern („*[...] geloven in guden truwen den scheffenen des hoengerichtz der stat van Colne, dat wir sy neit hinderen [...]*“[643]). Bei dem Versuch des Rates, Einfluss auf das Hochgericht zu nehmen, ist das Privileg Kaiser FRIEDRICH III. vom 26. Mai 1467 zu erwähnen. Durch dieses wurde – vor dem Hintergrund, dass Erzbischof RUPRECHT VON DER PFALZ vier Jahre nach seiner Wahl immer noch nicht seine Regalien erhalten hatte und somit weder ein Greve ernannt noch Schöffen bestätigt werden konnten – bestimmt, dass im Falle des

---

633 STRAUCH, DIETER, Das Hohe Weltliche Gericht zu Köln, S. 768.

634 Securis, S. 40.

635 BEEMELMANS, MARIA CLEMENTINE, S. 4.

636 STRAUCH, DIETER, Das Hohe Weltliche Gericht zu Köln, S. 772, 773.

637 BEEMELMANS, MARIA CLEMENTINE, S. 7.

638 STRAUCH, DIETER, Kölnisches Gerichtswesen, S. 30.

639 STRAUCH, DIETER, Das Hohe Weltliche Gericht zu Köln, S. 749, 750.

640 Es ist zu vermuten, dass mit dem *districtum antiquae urbis* der Kölner Burgbann gemeint ist.

641 Tractatus, Sectio Secunda, S. 29, 30.

642 RATJEN, F.A., S. 14.

643 STEIN, WALTHER, S. 74.

Todes des Greven die Schöffen das Recht haben sollten, einen neuen Greven zu bestellen und Schöffen zu bestätigen. Die Beeinträchtigung erzbischöflicher Rechte lag darin begründet, dass für den Fall der Weigerung der Schöffen, dem Rat dieses Recht eingeräumt wurde, und zwar bis zur Belehnung des neuen Erzbischofs mit seinen Regalien. Aufgrund dieser Beschränkung kurfürstlicher Rechte wurde das Privileg jedoch wegen Verstoßes gegen die Goldene Bulle am 19.9.1518 durch Kaiser MAXIMILIAN I. wieder aufgehoben.[644] Auch durch das Privileg Kaiser Friedrich III. von 1475, welches der Stadt das Gebiet des Burgbannes und der Bannmeile zusprach, konnte die Stadt keinen Einfluss auf die Hochgerichtsbarkeit ausüben. Das Privileg entzog den Erzbischöfen nicht die Hochgerichtsbarkeit in diesem Gebiet.[645] Daher bestand für sie die Möglichkeit, in die Kölner Verhältnisse einzugreifen.[646] Bis zum Ende der reichsstädtischen Zeit blieb daher die Hochgerichtsbarkeit ein Reibungspunkt zwischen Stadt und Erzbischöfen.[647]

3. Die Niedergerichtsbarkeit im Kölner Burgbann

Die Stadt betrachtete das Gericht auf der Weyerstrasse (Gericht zu St. Panthaleon) und die Gerichte zu St. Severin und St. Gereon als für den Bereich des Burgbannes örtlich zuständig. Dabei behauptete sie, dass diese Gerichte der städtischen Hoheit unterstehen.

Bezugnehmend auf den Hof Khomar wird von städtischer Seite in dem einer Akte beigefügten *„Bericht ad partem einzugehenn“*[648] dargelegt, dass *„rings umb der Statt Cöllen her ahn den veld Pfortten viel tausent morgen Acker unnd gartten Lands ungefehr ein halbe ja thails wol ain gantze meile gelegen“* seien. Dieser Bezirk sei den Gerichten in der Stadt, welche *„an oder in die Nähe alsolcher veldtpfortten gehaltten werden dingpflichtig“*. Einige für den Bezirk zuständige, in der Stadt Köln gelegene Gerichte werden namentlich genannt, so das Gericht *„Severin“*, das *„gericht ahn der Weyer Pfortten“* und das Gericht *„zue St. Gereon“*. Nur dort und nirgendwo anders seien *„alsolche“* Erbgüter in erster Instanz *„gerichtbar“*.[649] Wenn es um *„erbkauff Cessiones transportationes, hypothecae [...]“* gehe, würden diese rechtlichen Vorgänge *„nach underscheidt der gaßenn [...]“* von den genannten Gerichten in ihren Schreinsbüchern

---

644 STRAUCH, DIETER, Das Hohe Weltliche Gericht zu Köln, S. 803.

645 STRAUCH, DIETER, Das Hohe Weltliche Gericht zu Köln, S. 752 und Anm. 48.

646 BREUER, WIMMAR, S. 5.

647 STRAUCH, DIETER, Das Hohe Weltliche Gericht zu Köln, S. 763.

648 Das Schriftstück ist nicht quadranguliert. Auch das Datum konnte nicht bestimmt werden.

649 HAStK, RKG, C 44, Bl. 147 r, v. Selbige Darlegung findet sich in HAStK, RKG, C 46, Bl. 36 v, 37 r.

„in publica forma" verzeichnet. *„Inn alsulchenn der Stat Colnn gerichteren unnd Schreinen gehoert auch die Lenderey zu der Chomar unnd klettenbergh wie Schreinen Item Siegelnn unnd brieffenn"* beweisen.[650]

Auf diesen Hinweis der Stadt erwidert die erzbischöfliche Partei: *„Obwol nun auch etlich gutter außwendig bei und umb die Statt gelegen, in solchen Schrinen geschriben mogen sein, So volgt doch darauß nit, daß Burgermeister, Rath und Burgerschafft der Statt Cöln derwegen einig territorium extra muros haben [...]."* Die von der Stadt behauptete Zuständigkeit des Weyerstrassengerichts und der anderen genannten Gerichte für die Güter außerhalb der Stadtmauern könne als Argument für die städtische Territorialhoheit in diesem Gebiet nicht fruchten. Der Rat zu Köln könne sich *„wegen angezogener gerichter oder Schrien [...] khein Jurisdiction oder Imperium [...]"* anmaßen. Diese Behauptung stelle ein *„eidel unerpfindtlich und erdicht werckh [...]"* dar. Die Bezeichnung *„Schweidt und Schrein territorium zue Cölln"* sei *„unerhort [...]."* Dieser Gedanke wird in der Duplikschrift desselben Verfahrens näher ausgeführt. Es wird dargelegt, dass selbst wenn die Höfe Khomar und Klettenberg einschließlich der dazugehörigen Ländereien *„am Gericht an der Weyerpfortzen in der Statt Cölln dinckpflichtig"* seien, dies die Behauptung der städtischen Jurisdiktionsgewalt im Kölner Burgbann nicht stützen könne. Das Weyerstrassengericht sei *„nit den Impetranten Burgermeister und Rath zugehorig"*, sondern unterstehe dem Abt von St. Panthaleon. Auch die anderen von der Stadt benannten Gerichte haben *„mit dem Rath zu Colln gar nichts zu schaffen,* wie z.B. *„daß gericht zu S. Severini."* Diese seien alle kurfürstliche Untergerichte. Obwohl die Schöffen dieser Gerichte *„geborne Burger der Statt Colln"* seien, haben Bürgermeister und Rat der Stadt Köln *„khein Obrigkheit uber solche Gerichter Noch deren Jurisdiction in oder außerhalb der Statt sich anzumaßen"*. Der Erzbischof weist, um seine Gerichtshoheit über die Stadt und ihren Burgbann hervorzuheben auch auf das Gericht *„am Eigelstein"* hin. Dieses sei allein dem Erzbischof und Kurfürsten von Köln, nicht aber dem Kölner Rat *„veraidet, verpflichtet und underworfen"*.[651]

Diese Argumentation findet sich auch in der *„Apologia des Ertz Stiffts Cöllen"* wieder. Auch dort wird von erzbischöflicher Seite betont, die Gerichte Gereon und Eigelstein unterstehen dem Erzbischof und Kurfürsten von Köln.[652] Diese Gerichte seien vom Erzbischof *„eingesetzt und geweldiget"* worden.[653] Erzbischof MAXIMILIAN HEINRICH äußert sich dahingehend, dass es auch als

---

650 HAStK, RKG, C 46, Bl. 37 r, v.

651 HAStK, RKG, C 46, Bl. 75 v-78 r.

652 Apologia, S. 145.

653 Apologia, S. 181.

„die vor der Statt Cöllen gelegene vier Nider Gerichte zu der Statt eingezogen [...]" wurden, bei deren alten Rechten und Gerechtigkeiten geblieben sei. So übe auch heute noch jedes der Gerichte in seinem Bezirk im Namen des Erzbischofs seine Gerichtsbarkeit aus.[654]

Der erzbischöflichen Partei ist darin zuzustimmen, dass die von der Stadt geltend gemachten Schreinseintragungen[655] nicht als geeigneter Nachweis für die städtische Gerichtshoheit im Kölner Burgbann angesehen werden können, wenn die genannten Gerichte dem Erzbischof unterstanden. Im Übrigen fügte die Stadt die Schreinseintragungen noch nicht einmal auszugsweise als Beweismittel bei.

Die Erzbischöfe haben bis zum heutigen Tag, so heißt es in der *„Apologia des Ertz Stiffts Cöllen"*, das Hohe Gericht samt den vier Niedergerichten *„mit Greven und Scheffen besetzt"*.[656] Greve, Vogt oder Schultheiß *„als der Burgerschafft in iurisdictionalibus vorgestelte häubter"* repräsentieren in ihrer Funktion den Landfürsten.[657] Es sei unleugbar, dass es den Kurfürsten zu Köln zustehe, Greve und Schöffen sowohl am Hohen als auch an den Niedergerichten *„anzuordnen"*. Diese müssen gegenüber den Erzbischöfen ihren Amtseid ableisten. Daraus folge, dass ausschließlich die Erzbischöfe *„und niemand anders den Greven und Scheffen in ihren Ambteren zu gebieten haben"*. Es würde der Vernunft widersprechen, wenn ein Landfürst den von ihm eingesetzten Amtleuten *„in sachen ihre Ambts verrichtung betreffend nit solte zu befehlen haben/wohin der Raht es gern treiben wolte/damit Sie also die Ertzbischoffen gäntzlich vertringen/und die Gerichtbarkeit an sich vollends erzwingen mögten"*.[658]

Das Gericht St. Severin unterstehe, so die Ausführungen des Erzbischofs im *„Summarischer grundtlicher bericht [...]"* aus dem Jahre 1671 zwar dem Propst und Stift Severin, jedoch, so wird klargestellt, werde *„von dessen urtheilen ahn*

---

654 Apologia, S. 382.

655 Im Zuge der Einbeziehung der vier Gebiete Severin, Panthaleon, Eigelstein und Gereon in die Stadt wurde in den Bezirken auch die Schreinsgerichtsbarkeit eingeführt. Vgl. Ratjen, F.A., S. 38. In den Schreinskarten, seit dem 13. Jh. Schreinsbücher genannt, wurden von den Parochialamtleuten (Unter „parochiae", wörtlich „Kirchspiele" verstand man die Bezirke der Selbstverwaltung, die innerhalb der Altstadt mit den Pfarren zusammenfielen. Vgl. KOEBNER, RICHARD, S. 277) Liegenschaftsgeschäfte eingetragen. Durch die Eintragung in die Schreinsbücher wurden Grundbesitzgeschäfte und „Handlungen von verwandter rechtlicher Bedeutung" bezeugt und beurkundet. Das Schreinswesen war daher eine „Institution des gemeinbürgerlichen Rechtsschutzes". Vgl. KOEBNER, RICHARD, S. 356-358.

656 Apologia, S. 205.

657 Apologia, S. 355.

658 Apologia, S. 364, 365.

Ihrer Churfurstl. Durchl. Commissarios appellirt". Dies sei Kennzeichen dafür, dass es sich um ein kurfürstliches Gericht handelt.[659] Die Stadt bestreitet ausdrücklich, dass das Weyerstrassengericht, welches nach ihrer Auffassung für alle Güter, die *„zwischen der Stat und den Gulisch [...] liggen"* zuständig sei (z.B. für die Vornahme von Pfändungen oder Immissionen),[660] ein *„undergericht Ihrer Churf. G."* sei.[661]

Insgesamt lässt sich feststellen, dass die Ausführungen der Stadt auf die Behauptung beschränkt sind, bei den genannten Gerichten handele es sich nicht um kurfürstliche, sondern um städtische. Demgegenüber belassen es die Erzbischöfe nicht bei bloßen Behauptungen, sondern führen für ihre gegenteilige Auffassung an, dass sie die besagten Gerichte bestellt bzw. besetzt haben und diese daher von ihnen abhängig seien.

Die Kölner Gerichtsverhältnisse waren insgesamt sehr verworren.[662] Aufgrund dessen waren Kompetenzstreitigkeiten in der Stadt zwingend.[663] Durch die Stadterweiterung von 1180 wurden die Siedlungen Severin, Panthaleon (im Süden), Gereon und Eigelstein (im Norden) zum Stadtbezirk gezogen und mit einer Mauer umgeben.[664] Dabei durchzog die neue Mauer die alten Gerichtsbezirke von Severin, Panthaleon, Gereon[665] und Eigelstein, so dass diese von jenem Zeitpunkt an zum Teil zur Stadt gehörten, sich zum Teil jedoch auch auf den Bereich außerhalb der Stadtmauer erstreckten.[666] Dabei reichten sie weit

---

659 HAStK, KcK, Nr. 285, S. 3. Zum Appellationszug vgl. unten S. 143 f.

660 HAStK, RKG, C 46, Bl. 98 v, 99 r.

661 HAStK, RKG, C 46, Bl. 96 r.

662 FABRICIUS, WILHELM, Erläuterungen, S. 398.

663 BRACH, KARL HEINRICH, S. 443.

664 Vgl. dazu Tafel 1 bei KEUSSEN, HERMANN; SEELIGER, GERHARD, S. 32.

665 Im 13. Jh. bildete sich im Gerichtsbezirk St. Gereon die Kirche und Pfarrgemeinde von St. Christophorus heraus, was dazu führte, dass die Schöffen des Gerichts auch als Schöffen von St. Christophorus betitelt wurden. Vgl. LAU, FRIEDRICH, S. 41. Vgl. auch die Karte in Anhang 7, auf welcher der Gerichtsbezirk als „Ehrenpforte" bezeichnet ist. Bei diesem Gerichtsbezirk handelt es sich um den von den Parteien benannten Bezirk von St. Gereon. Dies folgt aus einem Vergleich mit den Karten bei KOEBNER und SEELIGER, auf welchen derselbe Bezirk – allerdings beschränkt auf das Gebiet innerhalb der Stadtmauern – als St. Gereon bezeichnet wird. Die Angabe „Ehrenpforte" rührt wahrscheinlich daher, dass der Bezirk St. Gereon an die Ehrenpforte grenzte. Vgl. die Karte bei KOEBNER, RICHARD.

666 ENNEN, LEONARD, Geschichte der Stadt Köln, Bd. 1, S. 598; SEELIGER, GERHARD, S. 32, 38. Vgl. die Karte in Anhang 7. Die erbvogteilichen Gerichte Eigelstein und Gereon wurden Mitte des 18. Jh. vereinigt. Vgl. RATJEN, F.A., S. 50.

über die Stadtmauer hinaus.[667] Daher deckte sich der Stadtbezirk nicht mit dem Gerichtsbezirk.[668]

Das Weyerstrassengericht unterstand, wie von erzbischöflicher Seite behauptet wird, dem Abt von St. Panthaleon. Das Kloster St. Panthaleon wurde im Jahr 964 von Erzbischof BRUNO gegründet und erhielt von ihm sowohl geistliche als auch weltliche Immunität.[669] Der Abt ernannte die Schöffen und Boten am Gericht.[670] Das Dinghaus des Weyerstrassengerichts befand sich auf der Weyerstrasse.[671]

Der Sitz des Gerichtes Severin war auf dem Fronhofe neben St. Severin gelegen. Die Schöffen des Gerichtes Severin wurden vom Propst von Severin, diejenigen der Gerichte Gereon und Eigelstein vom Kölner Stadtvogt ernannt.[672] Der Vogt hatte das Gericht Eigelstein vom Erzbischof als Lehen empfangen.[673]

Es ist davon auszugehen, dass der Burgbann die von der Stadt genannten Gerichtsbezirke Severin, Panthaleon, Gereon und Eigelstein umfasste.[674] Der Gerichtsbezirk des erbvogteilichen Gerichts auf dem Eigelstein erstreckte sich neben dem Bereich innerhalb der Stadt und der Kölner Bannmeile sogar auf einen Bereich außerhalb der Stadt.[675] Die Zerstückelung des Burgbanngebiets in die Gerichtsbezirke St. Severin, St. Panthaleon, St. Gereon und Eigelstein geht auf eine politische Maßnahme des Erzbischofs zurück. Indem er im 11. Jh. den Kirchen von St. Severin, St. Gereon und St. Panthaleon die Ausübung weltlicher Jurisdiktion in ihrem jeweiligen Bezirk übertrug, wurde der größte Teil des Gebietes diesen drei geistlichen Kollegien unterstellt. Dadurch wurden für die Einwohner eigene Gerichtsbezirke geschaffen, die in Grundstücksangelegenheiten selbständige Entscheidungsgewalt besaßen und somit die Kompetenz des Hohen Weltlichen Gerichts bezüglich dieses sachlichen Zuständigkeitsbereichs auf das Stadtgebiet beschränkten. Der Burggraf war daher im Bereich des Kölner Burgbannes „nur" noch in Kriminal- und Freiheitssachen zuständig. Da-

---

667 KOEBNER, RICHARD, S. 145.

668 SEELIGER, GERHARD, S. 61.

669 LAU, FRIEDRICH, S. 39; STRAUCH, DIETER, Kölnisches Gerichtswesen, S. 39.

670 RATJEN, F.A., S. 38.

671 ENNEN, LEONARD, Geschichte der Stadt Köln, Bd. 1, S. 598.

672 RATJEN, F.A., S. 38, 40.

673 LAU, FRIEDRICH, S. 47.

674 BREUER, WIMMAR, S. 5; STRAUCH, DIETER, Das Hohe Weltliche Gericht zu Köln, S. 750. Hinsichtlich des auf der Karte in Anhang 7 als „Hahnenpforte" gekennzeichneten Gerichtsbezirk finden sich in der Literatur keine Angaben.

675 LAU, FRIEDRICH, S. 47.

durch wurde – und das war auch Ziel der Erzbischöfe – seine politische Macht entscheidend eingeschränkt. Durch die Ausbildung von Gerichtsbezirken, welche sie besonderen Beamten oder ihnen unterstehenden geistlichen Stiftungen unterstellten, beabsichtigten die Erzbischöfe im frühen Mittelalter die Sicherstellung ihrer fürstlichen Macht in Köln. Es sollte dadurch einer etwaigen Bedrohung ihrer Machtposition durch hochadelige Beamte und Nebenbuhler entgegengewirkt werden. Dem einzigen Machthaber neben den Erzbischöfen, nämlich dem Burggrafen, wurde damit die Macht entzogen.[676]

Zusammenfassend kann festgestellt werden, dass für den Bereich des Burgbannes zum einen das Hohe Weltliche Gericht, welches die Blutgerichtsbarkeit ausübte, örtlich zuständig war. Zum anderen war die örtliche Zuständigkeit der Gerichte Severin, Panthaleon, Gereon und Eigelstein, die über Grundstücksangelegenheiten in diesem Gebiet entschieden, gegeben.[677]

In Anbetracht des geschichtlichen Hintergrundes, der Bestellung der Gerichte Weyerstrasse, Severin, Gereon und Eigelstein durch den Kurfürsten und die Abhängigkeit derselben von ihm, erscheint die Bezeichnung dieser Gerichte als kurfürstliche, wie sie sich z.B. bei WALTER findet, nahe liegend.[678]

BREUER hingegen geht davon aus, dass der Rat die Hoheit über die Gerichte Severin, Panthaleon, Gereon und Eigelstein inne gehabt hatte.[679] Er behandelt drei der hier zugrundegelegten Verfahren in Kürze, setzt sich jedoch mit der Argumentation der Parteien nicht auseinander. Er handelt lediglich die von den Erzbischöfen vor dem RKG geltend gemachte Behauptung, die Gerichte Severin, Panthaleon, Gereon und Eigelstein seien kurfürstliche Untergerichte, mit dem Hinweis auf die „mangelnde Schlüssigkeit dieser Beweisführung“ ab, ohne sich jedoch mit der Beweisführung als solcher näher zu befassen.[680] Aufgrund dessen muss er auch offen lassen, warum das RKG in einem Verfahren am 30.10.1587 das Mandat zugunsten der Stadt kassierte und diese Kassation sogar am 28.3.1588 nochmals bestätigt hat.

Die Tatsache, dass das Weyerstrassengericht im Mittelpunkt der Argumentation steht und die anderen für den Bereich des Burgbannes örtlich zuständigen Gerichte nur am Rande Erwähnung finden, liegt auf der Hand: Der Gerichtsbezirk des Weyerstrassengerichts war derjenige, welcher die Höfe Khomar, Klettenberg und Weishaus, auf denen die Pfändungen vorgenommen wurden, um-

676 Vgl. dazu KOEBNER, RICHARD, S. 144, 147, 151, 155-158, 160, 164.

677 BREUER, WIMMAR, S. 5.

678 WALTER, FERDINAND, S. 322-324.

679 BREUER, WIMMAR, S. 23, 24.

680 Er schildert die Geschehnisse und gibt die Mandatsbefehle wieder. Vgl. BREUER, WIMMAR, S. 32, 33.

schloss.[681] Die von den Pfändungen betroffenen Höfe Klettenberg und Weishaus gehörten seit jeher dem Bezirk des Abtes von St. Panthaleon an.[682] Da jedoch die Jurisdiktionshoheit im gesamten Burgbann in Frage stand, wurde ergänzend auch auf die anderen Gerichtsbezirke verwiesen.

Die Stadt bestreitet im Rahmen ihrer Darlegungen nicht konsequent, dass es sich bei den Niedergerichten um kurfürstliche Gerichte handele. So erkennt sie sowohl in ihrem städtischen Gegenbericht auf das erzbischöfliche Manifest als auch in einem der untersuchten Verfahren die Hoheit des Kurfürsten über diese Gerichte an.

Obwohl das Hohe Weltliche Gericht „*in Civilibus*“ mit der Ratsgerichtsbarkeit konkurriere, so die städtische Argumentation, sei dessen Jurisdiktionsgewalt jedoch nicht „*universalis, durch die gantze Statt [...] sonder particularis, zu seinem Bezirck restringirt [...]*“. Greve und Schöffen können auch nicht durch die Nebengerichte „*Severin/Panthaleonis/Weierstraeß*[683]*/Gereonis und Eigelstein [...]*“, die „*einen guten theil der Statt begreiffen*“ in die Gerichtsbarkeit des Rates eingreifen. Auch dürfen sie sich nicht in die Jurisdiktionsgewalt der Amtsmeister der einzelnen Ämter oder der Gaffeln einmischen. Die Jurisdiktionsgewalt des Rates sei daher „*generalis per totam civitatem*“.[684] Aus einer Partikularjurisdiktion könne schließlich, so die städtische Argumentation weiter, nicht das „*merum mixtumque Imperium & omnimoda Jurisdictio [...]*“ abgeleitet werden. Außerdem stehe demjenigen, der ein Gericht besetzt, auch „*wann es gleich ein halß-Gericht wäre*“ nicht zwangsläufig „*alle Superioritet*“ zu. Vielmehr könne jemand auch ein Gericht an einem Ort bestellt haben „*da ein ander das dominium, superioritet, hoich- und Obrigkeit/oder die Land-Furstliche Obrigkeit hat/[...]*“. Dies sei „*in Teutscher Nation nit frembt [...]*“. Daher müssen sich die Kurfürsten mit einer „*particulair Gerechtigkeit*“ begnügen.[685] Ähnliche Ausführungen der Stadt finden sich auch in den untersuchten Verfahren wieder: Eingestehend, dass der Kurfürst etliche Gerichte in der Stadt Köln bestellt hat, besteht die Stadt darauf, dass die ordentliche Obrigkeit beim Rat liege. Durch die Bestellung von Gerichten könne keine „*superioritatem*“ über eine Stadt begründet werden.[686]

---

[681] Vgl. Karte in Anhang 7.

[682] BREUER, WIMMAR, S. 13.

[683] Merkwürdig erscheint, dass hier sowohl die Bezeichnung „*Panthaleonis*“ als auch „*Weierstraeß*“ gewählt wurde, da es sich dabei um ein und dasselbe Gericht handelte.

[684] Druck des Gegenberichts im Anhang der Securis, S. 19.

[685] Anhang der Securis, S. 22.

[686] HAStK, RKG, C 46, Bl. 95 r.

Mit dieser Argumentation erkennt die Stadt die für den Bereich des Burgbannes örtlich zuständigen Gerichte auf der Weyerstrasse, zu St. Severin und zu St. Gereon als kurfürstliche Gerichte an und spricht diesen eine Partikularjurisdiktion in ihrem Distrikt zu. Sie gesteht ein, dass es sich bei den genannten Niedergerichten um Nebengerichte des kurfürstlichen Hohen Weltlichen Gerichts handelt. Dadurch, dass der Kurfürst die Gerichte auf der Weyerstrasse, Severin und Gereon bestellt hat, schreibt die Stadt ihm also eine Partikularjurisdiktion zu. Sie setzt sich daher zu ihrer oben dargestellten Argumentation in Widerspruch.

Von erzbischöflicher Seite wird, wie zu erwarten war, dieses Anerkenntnis der Stadt aufgegriffen. So behauptet der Erzbischof in der „*Securis ad radicem posita*" von 1687 siegessicher, dass die Stadt durch ihre obige Aussage „*selbst expresse bekendt/daß sie bey diesen Nieder gerichteren in suis certis & restrictis terminis ganz kein jurisdiction habe/ungeacht es ein guten theil der Statt begreiffen [...]*". Daher könne sie nach erzbischöflicher Ansicht auch „*kein universalem jurisdictionem in der Statt praetendiren*".[687] Die Stadt Köln werde kein einziges Beispiel „*im gantzen Römischen Reich*" dafür vorbringen können, dass eine Stadt, in welcher ein Landesherr mit dem Hohen Gericht und den Niedergerichten belehnt ist, und dem zudem die Bürgerschaft die Huldigung zu leisten habe „*die Obrigkeit haben könne oder möge*". Diese Konstellation stelle ein „*seltzsames monstrum mit zweyen haubteren*" dar.[688]

Eine solche Schlussfolgerung bestreitet die Stadt vehement. Damit stellt sich die Frage, ob der Stadt trotz der – von ihr anerkannten – erzbischöflichen Hoheit über alle für den Bereich des Kölner Burgbannes örtlich zuständigen Gerichte, eine von ihr behauptete General- bzw. Universaljurisdiktionshoheit im Bereich des Burgbannes zugesprochen werden kann oder ob eine solche, sozusagen als Folge der Hoch- und Niedergerichtsbarkeit, den Kölner Erzbischöfen oblag.

Aufgrund des Untersuchungszeitraums von 1581 – 1657 müssen bei dieser Frage auch die Entwicklungen im Rechtsdenken der damaligen Zeit berücksichtigt werden. Während im 16. Jh. die Lehre vom merum et mixtum imperium im Vordergrund stand und daher die Ausübung der Jurisdiktionsgewalt – insbesondere der Hochgerichtsbarkeit – als das entscheidende Merkmal der Territorialgewalt angesehen wurde, entwickelte sich im Laufe des 17. Jh. die Auffassung, dass die Hochgerichtsbarkeit nur noch ein – nicht jedoch unbedingt das wichtigste – politische Machtmittel des Territorialherrn darstelle. Grund dafür war die immer größer werdende Diskrepanz zwischen der theoretischen Bedeutung der hochgerichtlichen Jurisdiktionsgewalt und der Wirklichkeit der Territorialverfassung.[689] Die Ausübung von Jurisdiktionsgewalt wurde aber immer noch als

---

687 Securis, S. 166.

688 Apologia, S. 388.

689 WILLOWEIT, DIETMAR, S. 45, 130.

wesentliches Machtmittel des Landesherrn betrachtet. Jedoch wurde die landesherrliche Jurisdiktionshoheit nicht mehr mit der Ausübung der Hochgerichtsbarkeit gleichgesetzt.[690] Die Entwicklung ging dahin, dass die Hochgerichtsbarkeit „zu einem Recht unter anderen" geworden war. Dieses konnte zwar in Verbindung mit anderen Rechten eine umfassende Territorialgewalt begründen, jedoch auch zu einem bloßen *ius in territorio alieno* herabsinken, wenn andere Herrschaftsträger gewichtigere Rechte als die Hochgerichtsbarkeit für sich behaupteten. Dieses Phänomen, dass in einem Territorium auch fremde Landesherren einzelne Rechte ausüben konnten, gehörte zur „gesicherten Rechtslehre".[691] Die Auffassung, dass die Hochgerichtsbarkeit Ausdruck der höchsten Jurisdiktionsgewalt über einen Territorialbezirk war, wurde verständlicherweise von den Gerichtsherren vertreten, die diese inne hatten.[692] Daher hoben die Erzbischöfe auch stets ihre Hochgerichtsbarkeit hervor, obwohl die Bedeutung derselben zur Zeit der am RKG anhängigen, hier zugrundegelegten Verfahren schon zu schwinden begann.

Die Erzbischöfe übten jedoch, wie die Stadt selbst eingestehen musste, neben der Hochgerichtsbarkeit auch die Niedergerichtsbarkeit im Bereich des Kölner Burgbannes aus. Im Hinblick auf die Frage, ob der Stadt dennoch die Universaljurisdiktionsgewalt im Stadtgebiet zugesprochen werden kann, müssen die sich im 17. Jh. entwickelnden Vorstellungen berücksichtigt werden. Danach konnte die Jurisdiktionsgewalt des Territorialherrn in verschiedenartigen Hoheitsakten zum Ausdruck kommen. Diese betrafen vielmehr die allgemeine Verwaltungsorganisation als das engere Gebiet der Rechtspflege.[693]

Die Stadt Köln hatte sich nach und nach von der erzbischöflichen Herrschaftsgewalt gelöst, indem sie insbesondere ein autonomes Verwaltungssystem entwickelt hatte.[694] Auch im Bereich der Rechtspflege wurden die städtischen Autonomiebestrebungen sichtbar. Durch die anwachsende Macht des Rates im Bereich der Rechtspflege wurde die erzbischöfliche Hochgerichtsbarkeit immer mehr bedroht, insbesondere durch die vom Rat zahlreich eingesetzten Sondergerichte[695], die unter dem Begriff der „Ratsgerichte" zusammengefasst wurden und ihre Rechtsprechung im Namen des Rates ausübten.[696] Die sachliche Zuständig-

---

690 WILLOWEIT, DIETMAR, S. 187, 188.

691 WILLOWEIT, DIETMAR, S. 203, 279.

692 WILLOWEIT, DIETMAR, S. 189.

693 WILLOWEIT, DIETMAR, S. 188.

694 Vgl. dazu S. 77 f.

695 HEINEN, HEINRICH, S. 122.

696 DREESMANN, KLAUS, S. 15, 16.

keit dieser Gerichte war nach Lebensbereichen gegliedert. So war beispielsweise das *Gericht von den Gästen hinter der Tür*, dessen Richter erstmals 1326 erwähnt wurden, für Angelegenheiten auswärtiger Kaufleute untereinander oder mit Kölner Bürgern zuständig.[697] Das seit 1341 nachweisbare *Gewaltgericht* war für Gewalttaten in der Stadt zuständig, konnte jedoch die erzbischöfliche Hochgerichtsbarkeit im Bereich der Strafrechtspflege nicht verdrängen. Die sachliche Zuständigkeit des Gewaltgerichts war also stark eingeschränkt. Darüber hinaus war das Gewaltgericht für die Überwachung von Polizeivorschriften[698] und die Bestrafung wegen Meineids, Ehebruch und Gotteslästerung zuständig[699]. Die erstmals im Jahre 1375 erwähnten *Bürgermeistergerichte auf dem Kornmarkt* und *auf dem Fleischhause* waren reine Marktgerichte. Sie befassten sich mit Streitigkeiten, die sich „up essende spysen und drancke" bezogen. Sachlich zuständig war das Gericht auf dem Kornmarkt daneben für Streitigkeiten, die aus dem Kauf oder Verkauf von Kornfrüchten resultierten und das Gericht auf dem Fleischhaus für Streitigkeiten, die das Schlachtvieh betrafen.[700] Beide Gerichte wurden unter dem Namen „Bürgermeistergericht" zusammengefasst.[701] Die Bürgermeister übten daneben auch in dem *Bürgermeister- und Amtleutegericht* ihre Gerichtsbarkeit aus. Dessen sachliche Zuständigkeit erstreckte sich auf größere Schuldklagen und Erbstreitigkeiten über Immobilien. Es war außerdem Berufungsinstanz in Schreinsangelegenheiten. Das seit dem 14. Jh. bestehende *Pferdegericht* war für Streitigkeiten rund um den Pferdehandel zuständig.[702] Dem nur bis ins 16. Jh. erwähnte *Wollküchengericht* oblag die Ahndung von Verstößen gegen Verordnungen, die den Schutz des Handels in der Wollküche bezweckten.[703] Das seit 1373 existierende *Gericht in der Halle* war u.a. für Streitigkeiten, die aus dem Abschluss von Kaufverträgen innerhalb der Halle (Kaufhaus, welches 1371 auf dem „Alter Markt" gebaut wurde) resultierten, zu-

---

[697] Dieses Gericht wurde aufgrund seines Sitzes auf dem Rathaus auch als Ratsgericht bezeichnet. HEINEN, HEINRICH, S. 133-136; Der Aufgabenbereich des Gerichts wurde seit 1373 von dem Gericht in der Halle (später Kaufhaus-Gürzenichgericht) übernommen. DREESMANN, KLAUS, S. 18.

[698] HEINEN, HEINRICH, S. 140-145.

[699] DREESMANN, KLAUS, S. 23.

[700] HEINEN, HEINRICH, S. 148, 149.

[701] DREESMANN, KLAUS, S. 40.

[702] HEINEN, HEINRICH, S. 152-155. Das Bürgermeister- und Amtleutegericht wurde seit dem 16. Jh. nur noch als Amtsgericht bezeichnet. Vgl. dazu STRAUCH, DIETER, Kölnisches Gerichtswesen, S. 35.

[703] Dazu und zu Näherem DREESMANN, KLAUS, S. 35.

ständig.[704] Dem *Gericht in der Weinschule*, dessen Tätigkeitsbeginn auf das 15. Jh. zu datieren ist, oblag die Gerichtsbarkeit für Streitigkeiten den Weinhandel und den Handel auf dem Rhein betreffend.[705] Schließlich gründete der Rat im Jahre 1587 das *Fiskalgericht*, welches u.a. die Einhaltung von Ratsedikten und Morgensprachen überwachte.[706] Daneben gab es noch das *Gericht in der Messe*, welches nur zwei Mal im Jahr während des Jahrmarktes seine Gerichtsbarkeit ausübte, das für den Handel mit Färberwaid zuständige *Gericht auf dem Waidmarkt*, welches jedoch nur bis zum 15. Jh. nachweisbar ist, die *Gaffelkommissare*, deren sachliche Zuständigkeit sich auf das Zunftwesen erstreckte, die seit 1466 genannten *Klageherren*, die vor Prozessbeginn eine gütliche Einigung erzielen sollten und bei Anrufung eines unzuständigen Gerichts den Rechtsstreit an das zuständige Gericht verweisen durften, die *Käuferkommissarien*, die für Streitigkeiten wegen Pfandbestellungen zuständig waren und bei jeglichen wucherischen Vergehen einschreiten sollten und das *Ratssyndikat*, welches seit 1583 Appellationsinstanz für alle städtische Gerichte darstellte.[707]

Die Ausbildung der zahlreichen Spezialgerichte für einzelne Handelszweige war Resultat der immer stärker werdenden Autonomiebestrebungen der Stadt. Gerade dadurch, dass die Gästegerichtsbarkeit, die für eine Handelsstadt wie Köln von großer Bedeutung war, dem Rat bzw. seinen Gerichten oblag, zeigt sich die immense Bedeutung des Rates.[708]

Vor diesem Hintergrund ist wohl auch die Entscheidung des RKG zu sehen. Die Mandate zugunsten der Stadt sprechen gegen die Jurisdiktionshoheit der Brühler Schöffen und für die Jurisdiktionshoheit der Stadt im Burgbann. Da jedoch sowohl die Hoch- als auch die Niedergerichtsbarkeit im Kölner Burgbanngebiet den Kölner Erzbischöfen und nicht der Stadt, wie diese selbst einräumte, zustand, muss für die Entscheidung des RKG die im 17. Jh. entwickelte und gegenüber der früheren Zeit veränderte Rechtsauffassung der Lehre ausschlaggebend gewesen sein. Daher muss dem autonomen Verwaltungsgefüge der Stadt größeres Gewicht beigemessen worden sein als den Jurisdiktionsrechten der Erzbischöfe in diesem Gebiet.

Die Entscheidungen des RKG weisen eine Parallele zu zwei bei WILLOWEIT geschilderten Verfahren auf. In diesen Prozessen wird um die Steuerhoheit in bestimmten Gebieten gestritten. In einem dieser im 16. Jh. am RKG anhängigen

---

704 HEINEN, HEINRICH, S.158, 160. Daraus entwickelte sich später das *Tuchhallen- und Kaufhaus-Gürzenich-Gericht*, welches namentlich nach 1500 erwähnt wird. Ebendort S. 170.

705 HEINEN, HEINRICH, S. 163, 165.

706 DREESMANN, KLAUS, S. 58.

707 STRAUCH, DIETER, Kölnisches Gerichtswesen, S. 36, 37.

708 HEINEN, HEINRICH, S. 169.

Verfahren wird in dem Referentenvotum dem klagenden DEUTSCHEN ORDEN das Besteuerungsrecht in dem streitigen Bereich zugesprochen. Diesem stehe, so die Ausführungen, eine umfassende *iurisdictio* zu. Diese Begründung ist deshalb von Bedeutung, da die beklagten Grafen von ÖTTINGEN Inhaber der Hochgerichtsbarkeit waren.[709] Damit werde, so WILLOWEIT, die Aushöhlung der herkömmlichen Jurisdiktionslehre deutlich, die allmählich ihre Wirkung verlor. So wie hier, wurde auch im Hinblick auf die erzbischöflichen Pfändungen im Kölner Burgbanngebiet die Hochgerichtsbarkeit nicht als entscheidendes Kriterium für die Hoheit in einem bestimmten Gebiet angesehen. Der Unterschied zu dem bei WILLOWEIT geschilderten Verfahren liegt jedoch darin, dass dort dem DEUTSCHEN ORDEN in dem streitigen Gebiet zumindest ein Teil der Niedergerichtsbarkeit unterstand. Ein Vergleich ist daher nur beschränkt möglich.

Das andere bei WILLOWEIT geschilderte Verfahren kommt den hier zugrundegelegten Rechtsstreitigkeiten erheblich näher. In diesem, welches zwischen dem DEUTSCHEN ORDEN (Kläger) und dem Markgrafen GEORG FRIEDRICH ZU BRANDENBURG (Beklagter) am RKG anhängig war, wird ebenfalls deutlich, dass nach Auffassung des RKG das Kollektationsrecht nicht allein aus Jurisdiktionsrechten abgeleitet wurde. Der Markgraf stützte sich in dem streitigen Gebiet, so wie die Erzbischöfe hier im Burgbann, sowohl auf die Hoch- als auch die Niedergerichtsbarkeit. Das RKG gab jedoch dennoch der Klage des Ordens statt, obwohl sich dieser in dem umstrittenen Gebiet, wie die Stadt Köln im Burgbann, auf keinerlei jurisdiktionelle Befugnisse stützen konnte. Als Begründung wird in dem Referentenvotum auf das mit der Grundherrschaft verbundene Besteuerungsrecht des DEUTSCHEN ORDENS verwiesen. Dieses werde von der Gerichtsbarkeit „die anders geartete hoheitliche Aufgaben zu erfüllen hat", nicht berührt.[710] So wie die Grundherrschaft des DEUTSCHEN ORDENS ausschlaggebend für die reichskammergerichtliche Entscheidung war, wird in den hier zugrundegelegten Verfahren vermutlich die reichsstädtische Hoheit Kölns und der mit dieser Hoheit einhergehende autonome Verwaltungsapparat entscheidend gewesen sein. Dies zeigt, dass das RKG zu dieser Zeit die Gerichtsbarkeit nicht mehr als ausschlaggebend für die Frage der Hoheit in einem Gebiet ansah. Die Entscheidungen des RKG standen daher ganz im Zeichen der damaligen Rechtslehre.

In seinem *„Summarischer grundtlicher bericht [...]"*, der zeitlich nach den untersuchten Verfahren entstand, versucht der Erzbischof die Bedeutung der zugunsten der Stadt ergangenen Mandate zu entkräften. Bürgermeister und Rat der Stadt hätten zwar am RKG drei Mandate *„ex constitutione der Pfandung anmaßlich außgewurckt"*, jedoch sei, so wird hervorgehoben, auf die von erzbischöflicher Seite vorgebrachten *„wollgegründte"* Einreden hin, das dritte Man-

---

[709] WILLOWEIT, DIETMAR, S. 82-84.

[710] WILLOWEIT, DIETMAR, S. 85.

dat kassiert worden.[711] Dies entspricht zwar den Tatsachen, der Erzbischof erwähnt jedoch nicht die dieser Kassation nachfolgenden Urteile zugunsten der Stadt aus den Jahren 1588 und 1604.[712] Darauf weist aber die Stadt in ihrem „*Statt Cölnischer Gegenbericht die Banmeil betreffendt*"[713] hin.[714] Bürgermeister und Rat der Stadt betonen, dass sie nach der Kassation des Mandats „*in integrum restituirt*" worden seien.[715] Diese Urteile unterstreichen die Auffassung des RKG zugunsten der Stadt.

4. Das erzbischöfliche Offizialat

Des Weiteren machen die Parteien Ausführungen zum erzbischöflichen Offizialat. Von städtischer Seite wird geleugnet, dass der kurfürstliche kölnische Offizial in weltlichen Angelegenheiten „*uber bürger und Ingesesene dieser Stadt und deroselben burgban einige Jurisdiction Jhemale*" gehabt habe. Der Hof Khomar sei nicht nur in der Bannmeile, sondern sogar im Burgbann der Stadt gelegen und daher ausschließlich der „*superioritatis et jurisdictionis*" des Weyerstrassengerichts unterworfen.[716]

Der Erzbischof hingegen sieht das Offizialat auch für den Burgbann als örtlich zuständiges Gericht an. So hält er entgegen, dass der kurfürstliche Offizial seit jeher als „*universall Richter Inn Geist. unnd Weltlichen Sachen*" im gesamten Erzstift die Jurisdiktionsgewalt inne gehabt habe. Da die Höfe Khomar und Klettenberg im Amt Brühl gelegen seien, übe er auch über diese seine Jurisdiktionsgewalt aus.[717] Der Offizial sei in „*geist: und weldtlichen Sachen [...]*" zuständig[718] „*so weit sich das jus territorii Coloniensis erstreckt/[...] auffm platten Landt/in denen Stätten/und Unterherrlichkeiten/[...]*".[719]

---

711 HAStK, KcK, Nr. 285, S. 11.

712 Vgl. dazu S. 91, 92.

713 Dieser ist Teil des „*Abtruck dessen/was ahn seithen Ihrer Churfurstl.Durchl. von Cölln/wegen der Statt Cöllnischer Burgban/Banmeilen/und Iurisdiction auffm Rheinstrohm/den 6. Octobris 1671 vorbracht: und dagegen von Burgermeisteren/und Rhatt der Statt Cölln den 20. Octobris/unnd 11. Decembris selbigen Jahres repliciert worden.*" Vgl. HAStK, KcK, Nr. 285.

714 HAStK, KcK, Nr. 285, S. 19.

715 HAStK, KcK, Nr. 285, S. 36.

716 NWHSA, RKG, C 490/1288, Bl. 21 r, v.

717 NWHSA, RKG, C 490/1288, Bl. 33 r.

718 NWHSA, RKG, C 490/1288, Bl. 43 v.

719 Securis, S. 60.

Der kölnische Offizial findet schon seit der Mitte des 13. Jh. Erwähnung.[720] Bei ihm handelte es sich um einen vom Erzbischof abhängigen Beamten, der die erzbischöfliche Gerichtsbarkeit in gleichem Umfang ausübte wie dieser selbst.[721] Er vertrat den Erzbischof in seiner Rechtsprechung.[722] Das Offizialat übte zunächst nur die geistliche Gerichtsbarkeit aus. Diese umfasste insbesondere Klagen gegen Geistliche und um eherechtliche Streitigkeiten und andere Sakramente. Die sachliche Zuständigkeit erstreckte sich daneben jedoch auch auf Zivilsachen, und zwar dann, wenn die weltliche Rechtspflege ergänzungsbedürftig war.[723] Der Sitz des Offizialats befand sich im erzbischöflichen Palast auf dem Domhof.[724]

Der örtliche Zuständigkeitsbereich des Gerichts umfasste neben dem Stadtgebiet auch den Bereich außerhalb der Stadt. Er erstreckte sich auf das ganze kurfürstliche Territorium.[725] So heißt es im *„Tractatus absolutissimus de Jurisdictionibus Coloniensibus"* aus dem Jahre 1751 zum *„Districtus Jurisdictionalis Officialatûs [...]": „Ad Officialatum insuper trahi possunt in telam judiciariam omnes causae civiles emergentes extra Urbem Coloniensem tam eis, quam trans Rhenum quousque Electoratus se extendit".*[726] In dieser Passage ist zwar nicht ausdrücklich vom Burgbanngebiet die Rede, jedoch ergibt sich, dass sich die Jurisdiktionsgewalt des Offizialats nicht auf den innerstädtischen Bereich beschränkte, sondern darüber hinaus ging und sich daher vermutlich auch auf den Burgbann erstreckte.

5. Der Appellationszug als Kennzeichen der Jurisdiktionshoheit

Die kurfürstliche Gerichtshoheit über den Kölner Burgbann folge daraus, so die Behauptung des Erzbischofs, dass die Appellationen von den für den Bereich des Burgbannes zuständigen Gerichten an den Kurfürsten oder an kurfürstliche Gerichte zu richten seien. Diesbezüglich wird angeführt, dass Appellationen gegen Entscheidungen des Hohen Weltlichen Gerichts *„ahn den herrn Ertzbischoffen und Churfursten oder ahn Ihrer Churf. G. gemeine Commissarios deß Churfs Camer oder hoffgerichts daselbst und von danhin an diß key. Camght*

---

720 EISENHARDT, ULRICH, S. 7; FOERSTER, HANS, Die Organisation des erzbischöflichen Offizialatsgerichts, S. 256.

721 FOERSTER, HANS, Die Organisation des erzbischöflichen Offizialatsgerichts, S. 256, 257.

722 STRAUCH, DIETER, Kölnisches Gerichtswesen, S. 32.

723 WALTER, FERDINAND, S. 142, 143.

724 ENNEN, LEONARD, Geschichte der Stadt Köln, 2. Bd., S. 443.

725 MERING, F. E., S. 50.

726 Tractatus, Sectio Prima, § 7, S. 5.

[...]" zu richten seien, „*wie soches alles auß viel acten und gerichtshandlungen so bey diesem hochlob. kay. Cammergericht erfindlich und Notorium*" sei.[727]

Appellationen gegen Entscheidungen des Hohen Weltlichen Gerichts waren zunächst direkt an den Erzbischof in seiner Funktion als Burggraf („*vor seinen Edlen Männern und Rähten in Cöllen*") zu richten. Dies war sogar in den Kölner Stadtrechten und Bürgerfreiheiten verankert.[728] Später musste man sich an das für Köln eingesetzte „Appellations-Commissariat" wenden.[729] Dabei handelte es sich um das alte Kölner Hofgericht, dessen Zuständigkeit nach der Gerichtsreformation Erzbischof HERMANN VON WIEDS im Jahre 1537 „nur auf die in und aus Cöln an den Kurfürsten gerichteten Appellationen beschränkt" war.[730] 1653 wurde dieses von Erzbischof MAXIMILIAN HEINRICH zum selbständigen Appellationsgericht für das gesamte Erzstift erklärt.[731]

In der Tat wurde fast ausschließlich vom Hohen Weltlichen Gericht an kurfürstliche Gerichte appelliert.[732] So wurden in lediglich zwei Verfahren[733] der insgesamt 420 Verfahren[734], in denen das Hohe Weltliche Gericht erstinstanzlich beteiligt war, stadtkölnische Appellationsgerichte angerufen.[735] Aufgrund der Vielzahl der Verfahren, in denen dieses Gericht tätig wurde, kann hier nicht jeder einzelne Appellationszug dargestellt werden.

---

727 HAStK, RKG, C 46, Bl. 76 r.

728 „*Diß sind der Statt Cöllen alte Rechte und Burger Freyheiten/als hernach beschrieben volgen*" in: Statuta und Concordata, 58, 59.

729 WALTER, FERDINAND, S. 325.

730 Für alle anderen Appellationen war der im Jahre 1597 in Bonn errichtete Hofrat zuständig. Vgl. WALTER, FERDINAND, S. 152, 153.

731 Gleichzeitig wurde der Hofrat zur Revisionsinstanz des Kölner Hofgerichts erklärt. Vgl. WALTER, FERDINAND, S. 152.

732 Bei der Datenbankabfrage wurden nur diejenigen Verfahren berücksichtigt, in denen ausschließlich das Hohe Weltliche Gericht in erster Instanz angerufen wurde, nicht hingegen solche Verfahren, in denen neben dem Hohen Weltlichen Gericht in gleicher Instanz weitere Gerichte tätig wurden. Dies entsprach nicht dem von den Erzbischöfen beschriebenen Appellationszug.

733 Vgl. im Kölner Inventar die Verfahren mit den lfd. Nr. 163, 394.

734 Dabei wurden alle im Kölner Inventar verzeichneten zuzüglich der im Düsseldorfer Inventar bisher erfassten (Stand Juli 2003) RKG-Akten mit Kölner Bezügen berücksichtigt.

735 Dabei lässt sich der von den Erzbischöfen genannte Appellationszug vom Hohen Weltlichen Gericht an die Kurfürstliche Appellationskommission und dann zum RKG z.B. in den Verfahren mit den lfd. Nr. 410, 430, 423, 429, 16, 500, 520, 535, 540, 572, 609, 695, 722, 723, 753, 755, 848, 830, 884, 937, 917, 972, 1041, 1950, 400, 583, 803, 1731, 1092, 1089, 1206, 1212, 1266, 1293, 1297, 1308, 1306, 1318, 1323 im Kölner Inventar nachweisen.

Auch von dem Weyerstrassengericht, dem Gericht zu St. Severin und demjenigen zu St. Gereon seien, so die kurfürstliche Argumentation weiter, die Appellationen an kurfürstliche Gerichte, namentlich *„an daß Churfs hohe gericht zue Colln oder an die Churf Commissarios [...]“* zu richten.[736] Die Tatsache, dass sowohl von den vier Niedergerichten (hinzu kommt zu den Genannten noch das Eigelsteingericht) als auch von dem Hohen Weltlichen Gericht Appellationen an das kurfürstliche weltliche Hof- oder Appellationsgericht *„binnen der Statt Cöllen gradatim“* zu richten seien, folge die *„Subjection“* der Stadt Köln.[737]

Im Zuge der Gerichtsreform von 1537 wurde das Hochgericht zu Köln zum Appellationsgericht für das Niederstift[738] erklärt.[739] Auch im 17. Jh. war das Hochgericht noch Appellationsinstanz für das gesamte Niederstift. Dies folgt aus einem ca. auf das Jahr 1650 zu datierenden privaten Gutachten („Systema judiciorum Coloniensium“[740]), dessen §§ 5 und 9 zu entnehmen ist, dass alle Appellationen von erstinstanzlich zuständigen Gerichten im Niederstift an das Kölner Hochgericht zu richten sind (§ 5: *„[...] in archidiaconatu inferiore ad judicium Coloniense scabinale [...]“*).[741] In dritter Instanz sollten die Appellationen an die Appellationskommissare des Kölner weltlichen Hofgerichts und in vierter Instanz entweder an die Reichsgerichte oder den kurfürstlichen Hofrat als Revisionsinstanz gerichtet werden.[742] Wollte jemand gegen eine Entscheidung eines erbvogteilichen (Gereon, Eigelstein) oder propsteilichen (Severin) Gericht vorgehen, so musste er jedoch zunächst in einem Zwischenschritt bei den vom Erbvogt bzw. Propst bestellten Berufungskommissarien Recht suchen.[743] So

---

[736] HAStK, RKG, C 46, Bl. 77 r.

[737] Securis, S. 63.

[738] Das rheinische Erzstift zerfiel in das Ober- und das Niederstift. Das Gebiet oberhalb von Köln und „links von der von Cöln nach Königsdorf führenden Landstrasse“ gehörte zum Oberstift, das restliche Gebiet zum Niederstift. Zum Niederstift zählten die Ämter Köln, Deutz, Hülchrath, Linn, Uerdingen, Kempen, Liedberg, Rheinberg und später das Amt Kaiserswerth. Während im Niederstift an das Hohe Weltliche Gericht appelliert wurde, waren im Oberstift die Appellationen an das Hohe Weltliche Gericht zu Bonn zu richten. Vgl. WALTER, FERDINAND, S. 19, 101, 102, 139.

[739] STRAUCH, DIETER, Kölnisches Gerichtswesen, S. 31; STRAUCH, DIETER, Das Hohe Weltliche Gericht zu Köln, S. 819.

[740] Abdruck des Gutachtens bei TILLE, ARMIN, S. 222 ff.

[741] TILLE, ARMIN, S. 225.

[742] Abdruck des § 9 bei TILLE, ARMIN, S. 227. Vgl. zum Ganzen STRAUCH, DIETER, Das Hohe Weltliche Gericht zu Köln, S. 820.

[743] RATJEN, F.A., S. 50; STRAUCH, DIETER, Kölnisches Gerichtswesen, S. 39.

heißt es hinsichtlich der Gerichte Eigelstein und Gereon im *Tractatus*: „*A Sententiis per Advocatialia Judicia [...], Eigelstein, Gereonis appellatur, ad Commissarios ab Advocato constitutos [...].*“[744] Gleiche Ausführungen finden sich zum Appellationszug vom Gericht St. Severin aus.[745]

Eine Besonderheit galt für das Weyerstrassengericht. Von dort musste die Berufung zunächst an die Schreinsmeister des Gerichts gerichtet werden, dann an die vom Rat der Stadt bestellten Appellationskommissare und danach wahlweise an die Reichsgerichte oder das städtische Ratssyndikat.[746] Es musste daher ausnahmsweise von einem kurfürstlichen Gericht an städtische Instanzen appelliert werden.

Die kurfürstlichen Behauptungen, dass von den Gerichten St. Severin, St. Gereon und dem Eigelsteingericht ausschließlich an kurfürstliche Gerichte appelliert werde, konnten bestätigt werden.[747] Was den Appellationszug vom Gericht St. Severin angeht, so lässt sich feststellen, dass die Appellationen in vier der insgesamt sieben Verfahren, in denen das Gericht St. Severin erstinstanzlich tätig war, zunächst an die Appellationskommissare von St. Severin gerichtet wurden[748], bevor dann entweder in dritter Instanz die kurfürstlichen Appellationskommissare angegangen wurden und dann in vierter Instanz der Streit vor dem RKG ausgetragen wurde[749] oder aber direkt in dritter Instanz das RKG angerufen wurde.[750] In einem Verfahren wurde unmittelbar vom Gericht St. Severin an das RKG appelliert.[751] In einem weiteren Verfahren wurde in zweiter Instanz zunächst der erzbischöfliche Offizial und kurfürstliche Appellationskommissar angerufen, bevor in dritter Instanz das RKG tätig wurde.[752]

Von dem Gericht St. Gereon wurde in 11 der insgesamt 15 Verfahren, in denen dieses Gericht erstinstanzlich angerufen wurde, in zweiter Instanz an die Kurfürstliche Appellationskommission und dann in dritter Instanz an das RKG

---

744 Tractatus, Sectio Sexta, S. 39.

745 Tractatus, Sectio Septima, S. 39, 40.

746 RATJEN, F.A., S. 50; STRAUCH, DIETER, Kölnisches Gerichtswesen, S. 39.

747 Auch hier wurden bei der Datenbankabfrage in Anbetracht der erzbischöflichen Argumentation nur diejenigen Verfahren berücksichtigt, in denen die genannten Gerichte allein erstinstanzlich angerufen wurden und nicht solche, in denen in gleicher Instanz weitere Gerichte tätig waren.

748 Vgl. die Verfahren mit den lfd. Nr. 51, 744, 1225, 1459, 983 im Kölner Inventar.

749 Vgl. die Verfahren mit den lfd. Nr. 744, 1459, 983 im Kölner Inventar.

750 Vgl. die Verfahren mit den lfd. Nr. 51, 1225 im Kölner Inventar.

751 Vgl. das Verfahren mit der lfd. Nr. 366 im Kölner Inventar.

752 Vgl. das Verfahren mit der lfd. Nr. 1531 im Kölner Inventar.

appelliert.[753] In einem Verfahren entsprachen die Instanzen denjenigen des zuvor genannten Appellationszuges, wobei jedoch dem RKG der Kurfürstliche Hofrat zu Bonn vorgeschaltet war.[754] In zwei Verfahren richteten sich die Parteien in zweiter Instanz an die Appellationskommission des erzbischöflichen Offizials, in dritter Instanz an die kurfürstliche Appellationskommission und in der vierten Instanz an das RKG.[755] In einem Verfahren wurde die Appellation in zweiter Instanz an das RKG gerichtet.[756]

Vom erbvogteilichen Gericht Eigelstein wurde in drei Verfahren der insgesamt zehn Verfahren, in denen dieses Gericht erstinstanzlich angerufen wurde, zunächst an die Appellationskommissare des erzbischöflichen Gerichts Eigelstein appelliert, in dritter Instanz an die Kurfürstliche Appellationskommission und dann in vierter Instanz an das RKG.[757] In drei Verfahren wurde sofort an die kurfürstliche Appellationskommission appelliert, bevor in dritter Instanz das RKG angerufen wurde.[758] In zwei Verfahren war auch hier neben anderen ausschließlich kurfürstlichen Gerichten der kurfürstliche Hofrat in Bonn als Appellationsinstanz tätig.[759] In einem Verfahren wurde in zweiter Instanz erneut das erbvogteiliche Gericht Eigelstein angerufen, bevor ans RKG appelliert wurde.[760] Auffällig ist ein Verfahren, in welchem zunächst in zweiter Instanz an die gräfliche Appellationskommission zu Neuenahr appelliert wurde, dann die kurfürstliche Appellationskommission und schließlich das RKG angegangen wurden.[761]

Dem Versuch des Erzbischofs, aus dem Appellationszug Hoheitsrechte abzuleiten, hält die städtische Partei zunächst entgegen, dass man bezüglich der Appellationen auf „*keine bestendige Consequents [...]*“ schließen könne. Dies wird anhand zweier Beispiele verdeutlicht: Von vielen Orten des Stifts Köln seien „*von alters hero und noch die appellationes uff Aachen gangen*“. Auch „*auß etlichen vielen Stenden deß furstenthumbs Cleve*“ seien die Appellationen „*uff dortmundt gangen [...]*“. Daraus ließe sich jedoch nicht ableiten, dass „*Aach oder Dortmundt Ordinariam Jurisdictionem merum et mixtum Imperium uber*

[753] Vgl. dazu die Verfahren mit den lfd. Nr. 26, 1053, 1061, 198, 473, 606, 617, 724, 1724, 1807, 1810 im Kölner Inventar.

[754] Vgl. das Verfahren mit der lfd. Nr. 762 im Kölner Inventar.

[755] Vgl. die Verfahren mit den lfd. Nr. 1299, 678 im Kölner Inventar.

[756] Vgl. das Verfahren mit der lfd. Nr. 1229 im Kölner Inventar.

[757] Vgl. die Verfahren mit den lfd. Nr. 986, 1750, 650 im Kölner Inventar.

[758] Vgl. die Verfahren mit den lfd. Nr. 1005, 1064, 988 im Kölner Inventar.

[759] Vgl. die Verfahren mit den lfd. Nr. 740, 1261 im Kölner Inventar.

[760] Vgl. das Verfahren mit der lfd. Nr. 1675 im Kölner Inventar.

[761] Vgl. das Verfahren mit der lfd. Nr. 275 im Kölner Inventar.

alsolche Colnische und Clevische Underthanen und gutter respective habenn soltenn".

Dieser Argumentationsansatz der Stadt erscheint einleuchtend. Trotz dieser Bedenken lässt sich die Stadt jedoch schließlich auf die Argumentation des Kurfürsten ein, indem sie den Appellationszug vom Weyerstrassengericht näher ausführt. Was den streitigen Ort der Khomar angeht, so sei „*man nit gestendig*", dass das Weyerstrassengericht ein kurfürstliches Gericht sei (obwohl dies an anderer Stelle sehr wohl eingestanden wurde[762]) „*oder daß die appellationes ahn I. Churf. G. von dem selbigen gericht [...]*" zu richten seien. Die Appellation von diesem Gericht ginge vielmehr „*ahn die Schreinmeister von den Schreinmeistern an einenn Erbarn Rhät, und folgendts von eine Erbare Rhat an daß kay. Cammergericht*". Dies könne anhand zahlreicher Akten bewiesen werden. In diesem Zusammenhang wird auf ein Verfahren „*uber Lenderey außer der Stat geleg welcher in Camera etliche viell Jahren geschwebt [...]*" und auch noch heute schwebe (GEILENKIRCHEN contra WASSERFAß) verwiesen. Tatsächlich findet sich ein Verfahren, in welchem sich die Erben des GERHARD VON WASSERFAß und KASPAR DRACH VON GEILENKIRCHEN d.Ä. bzw. dessen Erben gegenüberstanden und um sieben Morgen Land vor dem Weyertor stritten. Dieses Verfahren war von 1562-1605 am RKG anhängig. Was den hier relevanten Instanzenzug der Vorinstanzen angeht, so war das Verfahren zunächst in erster Instanz am „Burgericht auf der Weyerstrasse" in Köln anhängig. In zweiter Instanz wurde das Verfahren vor den „Schreinsmeistern des Burgerichts auf der Weyerstrasse" in Köln verhandelt. Danach waren in dritter Instanz die Appellationskommissare des Kölner Rates mit der Sache befasst.[763] Wenn man also aus den Appellationen eine „*ordinaria Jurisdictis*" erzwingen will, so die Stadt, käme man zu dem Ergebnis, dass „*ein Erbar Rhat uber das gericht Wyerstraß und also auch uber die hoeffe khomar unnd klettenberg welche darunden dingpflichtig ordinariam Jurisdictionem habe*".[764] Auch BREUER, der von der Hoheit des Rates im Bereich des Burgbannes ausgeht, stützt seine Argumentation auf den Appellationszug, indem er ausführt, dass der Rat für das Weyerstrassengericht bis zum Jahre 1794 höchste Berufungsinstanz blieb.[765]

Der von der Stadt dargestellte Appellationszug vom Weyerstrassengericht lässt sich über den genannten Einzelfall GEILENKIRCHEN contra WASSERFAß hinaus grundsätzlich bestätigen. Vom Weyerstrassengericht wurde entweder zunächst an die Appellationskommission des Schreinsgerichts Weyerstrasse, dann

---

[762] Vgl. S. 136.

[763] Vgl. NIPPERT, KLAUS, Mitteilungen aus dem Stadtarchiv von Köln Heft 84, 1. Teil, W 14, S. 118, 119.

[764] HAStK, RKG, C 46, Bl. 95 v-96 v.

[765] BREUER, WIMMAR, S. 23, 24.

an die Appellationskommissare des Rates der Stadt und danach an das RKG appelliert[766] oder es wurde in zweiter Instanz nochmals vor dem Weyerstraßengericht Recht gesucht, bevor der Appellationszug von der Appellationskommission des Rates direkt an das RKG verlief.[767] In einem Verfahren, in welchem das Weyerstrassengericht erst- und zweitinstanzlich tätig war, wurde von der Appellationskommission des Rates an die Spezialkommission des Rates (Ratssyndikat) appelliert, bevor sich das RKG mit dem Streit befasste.[768] In drei Verfahren wurde in dritter Instanz, nachdem auch hier zweitinstanzlich das Weyerstraßengericht angegangen worden ist, an den Rat der Stadt bzw. Bürgermeister und Rat der Stadt Köln und danach an das RKG appelliert.[769] In einem weiteren Verfahren wurde die Appellation direkt an die Appellationskommissare des Schreinsgerichts, dann an das Gericht des Rates und danach an das RKG gerichtet.[770]

Diese Argumentationsweise der Parteien vor dem RKG ist ein typisches Erscheinungsbild des 17. und 18. Jh. Da die Publizistik dieser Zeit die landesherrliche Jurisdiktion nicht mehr ausschließlich als von der Hochgerichtsbarkeit abhängig betrachtete, leitete sie diese aus verschiedenartigen Hoheitsakten her. Dabei wurde regelmäßig auch das Recht des Landesherrn, über die Appellationen seiner Untertanen zu entscheiden, angeführt.[771]

Zum Teil wird jedoch in der Literatur behauptet, es sei im Hinblick auf die innerkölnischen Verhältnisse unmöglich, aus dem Appellationszug Schlüsse auf die Jurisdiktions- und Territorialhoheit über ein Gebiet abzuleiten. Grund dafür sei, dass der Appellationszug willkürlich gewesen sei. Es sei nicht so gehandhabt worden, dass von städtischen Gerichten ausschließlich an städtische und von kurfürstlichen ausschließlich an kurfürstliche appelliert wurde. So sei beispielsweise vom kurfürstlichen Hochgericht an die Appellationskommissare des Rates appelliert worden und umgekehrt z.B. vom Bürgermeistergericht an das Hochgericht und dann an die Appellationskommissare des Rates. Dieser willkürliche Appellationszug innerhalb der Stadt Köln sei bis zur Einführung der

[766] Vgl. die Verfahren mit den lfd. Nr. 516, 249, 611 im Kölner Inventar.

[767] Vgl. die Verfahren mit den lfd. Nr. 758, 1373, 1695, 1760, 751 im Kölner Inventar.

[768] Vgl. das Verfahren mit der lfd. Nr. 144 im Kölner Inventar.

[769] Vgl. die Verfahren mit den lfd. Nr. 1386, 570 im Kölner Inventar.

[770] Vgl. das Verfahren mit der lfd. Nr. 610 im Kölner Inventar.

[771] WILLOWEIT, DIETMAR, S. 188. Vgl. dazu auch das Beispiel auf S. 205. In diesem stützte sich der Herzog VON WÜRTTEMBERG zum Nachweis seiner Landeshoheit u.a. auf das landesherrliche Recht der Appellation.

französischen Gesetzgebung nachweisbar.[772] „Man nahm sich die Freiheit zu appellieren wohin und so oft man wollte“[773], so die Stimmen in der Literatur.

Eine derartige Willkür des Appellationszuges konnte jedoch nicht bestätigt werden. So wurde gegen Entscheidungen des Hohen Weltlichen Gerichts in 418 von insgesamt 420 Verfahren, in denen das Hohe Weltliche Gericht erstinstanzlich belangt wurde, ausschließlich an kurfürstliche Gerichte appelliert. Lediglich in zwei Verfahren wurde davon abgewichen. In einem Verfahren wurde vom Hohen Weltlichen Gericht an das Gewaltgericht des Rates (und der Bürgermeister) appelliert und in dritter Instanz vor der Appellationskommission (Urteilsmeister) des Rates der Stadt Recht gesucht. In vierter Instanz wurde dann das RKG tätig.[774] In dem zweiten Verfahren wurde vom Hohen Weltlichen Gericht in zweiter Instanz an die kurfürstliche Appellationskommission appelliert, in dritter Instanz die Spezialkommission des Rates der Stadt angegangen und in vierter Instanz der Weg zum RKG eingeschlagen.[775]

Auch im Hinblick auf das „Bürgermeistergericht“[776] konnte festgestellt werden, dass in 90 von 91 Verfahren, in denen dieses Gericht als Instanz genannt war, an städtische Instanzen appelliert wurde. Lediglich in einem Verfahren verlief der Appellationszug vom Bürgermeistergericht in zweiter Instanz an die Appellationskommission (Urteilsmeister) des Rates, dann jedoch in dritter Instanz an das Hohe Weltliche Gericht und in vierter Instanz an die Kurfürstliche Appellationskommission (Weltliches Hofgericht), bevor der Streit dann in fünfter Instanz am RKG anhängig wurde.[777]

Aufgrund der kaum ins Gewicht fallenden Abweichung vom Regelfall, dass von städtischen Gerichten an städtische Gerichte und von kurfürstlichen Gerichten an kurfürstliche Gerichte appelliert wurde, kann nicht von einer Willkür des Appellationszuges gesprochen werden.

Da die untersuchten Verfahren sich bis ins 17. Jh. hinein erstreckten und damit zu einer Zeit am RKG anhängig waren, in welcher sich die Rechtsauffassung entwickelte, dass erst die Summe verschiedener Hoheitsrechte die Jurisdiktionsgewalt begründen konnte und im Hinblick darauf, dass eine Willkür des Appellationszuges nicht festgestellt werden konnte, muss auch das von den Parteien ins Feld geführte Appellationsrecht als Indiz für die Jurisdiktionshoheit

---

[772] STRAUCH, DIETER, Das Hohe Weltliche Gericht zu Köln, S. 825, 826.

[773] STRAUCH, DIETER, Kölnisches Gerichtswesen, S. 37.

[774] Vgl. das Verfahren mit der lfd. Nr. 163 im Kölner Inventar.

[775] Vgl. das Verfahren mit der lfd. Nr. 394 im Kölner Inventar.

[776] Es wurden hier nur die Verfahren berücksichtigt, in denen das Gericht als „Bürgermeistergericht“ ohne weitere Zusätze wie „auf dem alten Kornmarkt“ u.ä. bezeichnet war.

[777] Vgl. das Verfahren mit der lfd. Nr. 475 im Kölner Inventar.

berücksichtigt werden. Diesbezüglich kann Folgendes festgehalten werden: Lediglich von dem Weyerstrassengericht aus verlief, wie gezeigt, der Appellationszug an städtische Gerichte. Gegen Urteile der Gerichte Severin, Gereon, Eigelstein und auch des Hohen Weltlichen Gerichts wurde – wie von kurfürstlicher Seite behauptet – fast ausschließlich an kurfürstliche Gerichte appelliert.

Da sich die Gerichtsbezirke all dieser Gerichte auf den Bereich des Kölner Burgbannes erstreckten, kann das Appellationsrecht für Streitigkeiten in diesem Bereich weder ausschließlich der Stadt noch dem Erzbischof zugesprochen werden. Das Appellationsrecht als Hoheitsrecht kann daher – unabhängig davon, welche Gewichtung diesem überhaupt beigemessen wird – zur Klärung der Frage, wem die Jurisdiktionsgewalt im Kölner Burgbann zustand, nicht beitragen.

IV. Der Große Schied

Als Nachweis für ihre Jurisdiktionshoheit über die Stadt wird von erzbischöflicher Partei der Große Schied betrachtet. Aus diesem könne man ableiten, dass die Stadt Köln dem Erzbischof und Kurfürst von Köln in *„omnimoda Jurisdictione, mere & mixto imperio underworffen"* sei.[778] Am 28.6.1258 hätten die Kommissare erkannt, so die Darstellungen MAXIMILIAN HEINRICHS in seiner *„Securis ad radicem posita"* von 1687, dass der Erzbischof in der Stadt Köln *„summus Iudex & Dominus Civitatis"* sei und alle Jurisdiktion von ihm abgeleitet werde.[779]

Erzbischof KONRAD behauptete in seinen Klageartikeln hinsichtlich der Gerichtsbarkeit, dass er der höchste Richter in der Stadt sei, von dem alle Rechtsprechung – die geistliche und die weltliche – abhänge. Jegliche gerichtliche Befugnis müsse daher vom Erzbischof erlangt werden.[780] Er präsentierte sich als *„summus iudex*[781] *et dominus civitatis Coloniensis"*.[782] Aufgrund dessen rügte er insbesondere die Tätigkeit der Richerzeche. Dieser machte er den Vorwurf, den Bürgermeistern Rechtsbefugnisse – insbesondere Gerichtsgewalt – zu übertragen, obwohl ihr diese selbst gar nicht zustehen würden, da die genannten Befugnisse *„zur Rechtshoheit des Erzbischofs und seiner Richter gehören"*.[783] Damit verfolgte er offensichtlich das Ziel, die Bürgermeister und die Richerzeche aus dem Gebiet der Gerichtsbarkeit zu verdrängen, da diese keine von ihm dele-

---

778 HAStK, RKG, C 46, Bl. 74 r, v.

779 Securis, S. 53.

780 JAHN, LEOPOLD G., S. 192, erzbischöfliche Klagepunkte Nr. 1 und 2.

781 JAHN, LEOPOLD G., S. 192, erzbischöflicher Klagepunkte Nr. 1.

782 KLINKENBERG, H. M., S. 97.

783 JAHN, LEOPOLD G., S. 195, erzbischöflicher Klagepunkt Nr. 25.

gierte Jurisdiktionsgewalt besaßen. Er wollte verhindern, dass die Bürgermeister in seine eigene Gerichtsgewalt eingriffen.[784]

Die Schiedsrichter erkannten zwar die Gerichtshoheit des Erzbischofs mit den Worten: *„[...] daß alle Urteils- und Rechtsprechungsgewalt sowohl in geistlichen als auch in weltlichen Angelegenheiten vom Erzbischof ausgeht, und niemand sich irgendeine Rechtsprechungsgewalt aneignen kann, es sei denn er habe sie vom Erzbischof [...]"* an[785], jedoch wurde auf der anderen Seite auch die Eigenständigkeit der städtischen Ämter hervorgehoben.[786] So wurde insbesondere der Rat der Stadt Köln von den Schiedsrichtern als legitim anerkannt.[787]

Grund dafür, dass der Erzbischof den Schiedsspruch dennoch als Nachweis für seine Gerichtshoheit ansah und diesen auch vor dem RKG als Beweismittel beibrachte, könnte darin liegen, dass, obwohl städtische Rechte bestätigt wurden und der Schied für die Stadt einen großen Sieg auf ihrem Weg zur Selbständigkeit darstellte[788], mit dem Schiedsspruch die Stadtherrschaft der Erzbischöfe im Großen und Ganzen noch anerkannt wurde. Während im 13. Jh. die einzelnen städtischen Verwaltungs- und Gerichtszweige gerade am Beginn ihrer Entwicklung standen, waren diese zu späterer Zeit bereits gefestigt. Die Stadt hatte seit dem 14. Jh. eine vielschichtige Gerichtsbarkeit entwickelt[789], welche für die erzbischöfliche Gerichtsbarkeit eine ernsthafte Gefahr darstellte. Während im Schiedsspruch die städtischen Ämter noch als dem Erzbischof untergeordnet betrachtet wurden, hatte sich das Blatt im 16. und 17. Jh. zugunsten der Stadt gewendet. Insbesondere haben wichtige Ereignisse, wie die NEUßER FEHDE, welche der Stadt das „Reichsstadtprivileg" einbrachte, richtungsweisend auf den städtischen Verwaltungsapparat und auf die Lossagung von der erzbischöflichen Herrschaft eingewirkt. Aus dieser Perspektive scheint es nachvollziehbar, dass die Erzbischöfe eine Urkunde, welche aus der Zeit vor der Verfestigung der städtischen Autonomie stammte, den Akten beifügten.

V. Zusammenfassung

Der Kölner Burgbann erstreckte sich zwar auf kurkölnisches Gebiet, wurde jedoch durch das „Reichsstadtprivileg" von 1475 rechtlich der Stadt Köln zuge-

---

784 KLINKENBERG, H. M., S. 111.

785 JAHN, LEOPOLD G., S. 203 Schiedsspruch, ad 1 und 2 der erzbischöflichen Beschwerdepunkte.

786 Vgl. dazu bereits S. 85 f.

787 JAHN, LEOPOLD G., S. 208, ad 43 der erzbischöflichen Beschwerdepunkte.

788 Vgl. S. 85 f.

789 Vgl. dazu S. 138 f.

sprochen. Die Erzbischöfe, die das „Reichsstadtprivileg“ ohnehin nicht anerkannten, versuchten, ihre Hoheit in diesem Gebiet zu behaupten. Trotz allen Widerstandes der Stadt machte der Erzbischof seine Macht geltend. Es wurden beispielsweise kurfürstliche Beamte in stadtkölnischem Gebiet mit der Eintreibung der Steuern beauftragt. Gegen denjenigen, der sich weigerte zu zahlen, wurde im Wege der Pfändung vorgegangen. Damit sollte der Stadt ihre Ohnmacht vor Augen geführt werden. Die Stadt ihrerseits ließ es dabei nicht bewenden und erhob Klage vor dem RKG als der gesetzlichen Instanz für Landfriedensbruch[790], welcher durch die Pfändungen zwischen Reichsunmittelbaren – der Stadt Köln und den Kölner Erzbischöfen – verwirklicht war. Mit Erlass der Mandate zugunsten der Stadt gaben die Erzbischöfe ihren Standpunkt jedoch keineswegs auf. Ziel der Erzbischöfe war vielmehr nachzuweisen, dass die von der Stadt erwirkten Mandate erschlichen und gänzlich zu Unrecht erlassen worden seien.

Obwohl die Jurisdiktionsgewalt im Kölner Burgbann Gegenstand des Streites war, kämpften die Parteien, wie die vorgebrachten Argumente zeigen, im Grunde um die Superiorität über die Stadt Köln nebst dem Burgbanngebiet als solcher. Dieser Zusammenhang zwischen Stadthoheit und Jurisdiktionshoheit spiegelt sich im Rahmen der gesamten Argumentation wieder. Die Frage der Jurisdiktionshoheit im Kölner Burgbann darf daher nicht als eine isoliert zu betrachtende Streitfrage aufgefasst werden, sondern ist in dem Gesamtgefüge territorialer Rechte zu betrachten. Bei der Jurisdiktionshoheit handelte es sich nur um eines von zahlreichen Kriterien, welches bei der Frage der Territorialhoheit im Stadtgebiet nebst Burgbann in die Waagschale zu werfen und rechtlich zu würdigen ist. Für die Frage der Territorialhoheit ist nicht ein bestimmtes Herrschaftsrecht als ausschlaggebend zu betrachten. Entscheidend ist vielmehr die *superioritas territorialis* in ihrer Gesamtheit. Dies ist der korrespondierende Begriff zur Untertänigkeit bzw. *subiectio.*[791]

Vor dem Hintergrund dieser Rechtsauffassung des 17. Jh. müssen wohl auch die reichskammergerichtlichen Entscheidungen betrachtet werden. Der Stadt wurde vermutlich aufgrund ihrer faktischen und formellen Autonomie die Jurisdiktionshoheit im Burgbanngebiet zugesprochen. Da alle in diesem Bereich von den Parteien genannten örtlich zuständigen Gerichte – insbesondere das für die Höfe Khomar und Klettenberg zuständige Weyerstrassengericht – erzbischöfliche waren, erscheint die Entscheidung des RKG zwar auf den ersten Blick widersprüchlich, entsprach aber dem Rechtsdenken der damaligen Zeit: Jurisdiktionshoheit bedeutete nicht mehr Rechtspflege im eigentlichen Sinne, sondern war

---

[790] Zur Bedeutung des Reichskammergerichts als Landfriedensgericht vgl. DIESTELKAMP, BERNHARD, Das Reichskammergericht, S. 220, 221.

[791] WILLOWEIT, DIETMAR, S. 209, 296.

viel weiter – eher als Verwaltungsorganisation – zu verstehen. Die Entscheidungen des RKG zeigen, dass es nicht mehr auf die Ausübung der Hoch- und Niedergerichtsbarkeit ankam. Vielmehr waren die von der Stadt für ihre Reichsunmittelbarkeit ins Feld geführten Kriterien für die reichskammergerichtliche Entscheidung ausschlaggebend. In diesem Zusammenhang ist ferner zu berücksichtigen, dass es für die Entscheidungsfindung des RKG zum einen darauf ankam, welcher Partei die bessere Beweisführung zugeschrieben wurde, aber auch darauf, welche Partei ihr Recht mit überzeugenden Argumenten belegen konnte. Wenn die „Beweisungen gleich seyn/[...]" sollte die Entscheidung zugunsten desjenigen ausfallen, „der für sich hat ein rechtliche Vermuhtung [...]".[792]

Bezüglich der Argumentation der Parteien lässt sich feststellen, dass diejenige der Erzbischöfe stets in sich schlüssig ist und oftmals auch durch Beweismittel gestützt werden konnte. Diejenige der Stadt war hingegen des Öfteren inkonsequent. So behauptete sie beispielsweise an einer Stelle die städtische Hoheit über das Weyerstraßengericht, räumte dann jedoch an anderer Stelle ein, dass der Kurfürst mittels selbigem eine Partikularjurisdiktion ausübe. Da die erzbischöfliche Partei auch keinesfalls eine ungünstigere Beweisführung vorgebracht hat als die Stadt, wenn nicht sogar eine gehaltvollere, wird für die reichskammergerichtliche Entscheidung vermutlich insbesondere ausschlaggebend gewesen sein, dass der Burgbann zum Kölner Stadtgebiet zählte und die Stadt seit 1475 offiziell als Reichsstadt anerkannt war. Für die Entscheidung, wer Inhaber der hohen Obrigkeit in einem Gebiet war, konnte auch kaiserlichen Lehensbriefen große Bedeutung beigemessen werden, da diese einen „Erwerbstitel" darstellten. Sie konnten selbst dann, wenn die gegnerische Partei Inhaber aller Jurisdiktionsgewalt war, eine Entscheidung zugunsten des privilegierten Herrschaftsträgers herbeiführen.[793] Ähnliches wird vermutlich für Privilegien gegolten haben. Das „Reichsstadtprivileg" der Stadt Köln wird daher – auch wenn die Stadt dieses nicht als Beweismittel beigefügt hat – für die Entscheidung des RKG von großer Wichtigkeit gewesen sein, denn dieses stellte für die Stadt einen „Erwerbstitel" von immenser Bedeutung dar. Wenn also die Ausübung erzbischöflicher Jurisdiktion in Form von Hoch- und Niedergerichtsbarkeit in einem Gebiet, dessen Territorialherrin die Stadt Köln war, auf den ersten Blick merkwürdig erscheint, ist dies jedoch ein durchaus in der damaligen Zeit vorkommendes Konstrukt. In Anlehnung an die Rechtslehre des 17. und 18. Jh. wurde im Hinblick „auf das ganze Territorium" der Landesherr als Inhaber der Jurisdiktionsgewalt angesehen, und zwar auch dann, wenn die örtliche Gerichtsbarkeit anderen Herrschaftsträgern oblag. Die allgemeine Jurisdiktionsgewalt war daher von den lo-

---

[792] GAILL, ANDREAS, Practicarum Observationum, De Pignorationibus (ein sonderlich Buech), 22. obs., S.851-854.

[793] Beispiel bei WILLOWEIT, DIETMAR, S. 209, 210.

kalen Jurisdiktionsrechten, wie der Hoch- und Niedergerichtsbarkeit zu trennen.[794]

Die Stadt war mithin als Territorialherrin gleichzeitig Inhaberin der allgemeinen Jurisdiktionsgewalt, während die erzbischöfliche Hoch- und Niedergerichtsbarkeit und auch die Offizialatsgerichtsbarkeit lediglich als *ius in territorio alieno* gewertet werden kann. Entscheidend für die Frage der Universaljurisdiktionshoheit im Kölner Burgbann war daher nicht die Zuständigkeit kurfürstlicher Gerichte in diesem Bereich, sondern die Zugehörigkeit des Burgbannes zum städtischen Territorium, welches in vielerlei Hinsicht, wenn auch nicht umfassend, Unabhängigkeit vom Erzbischof erlangt hatte.

D. SCHLUSSBETRACHTUNG

Insgesamt gesehen hat das RKG in jeglicher Hinsicht zugunsten der Stadt Köln entschieden. Es erkannte sowohl die Reichsfreiheit der Stadt und damit ihre Unabhängigkeit von den Erzbischöfen als auch ihre Jurisdiktionshoheit im Burgbanngebiet an, dem Gebiet, welches den erzbischöflichen Gewalthandlungen besonders ausgesetzt war.

Die reichskammergerichtliche Rechtsauffassung konnte anhand der Mandatsbefehle, der Narrationen, Urteile und Schriftsätze der Parteien herausgearbeitet werden und nach Zugrundelegung der damaligen Rechtsanschauungen nachvollzogen werden. Gerade die Anerkennung der städtischen Jurisdiktionshoheit im Kölner Burgbanngebiet durch das RKG verwundert zwar auf den ersten Blick, da sowohl die Hoch- als auch die Niedergerichtsbarkeit in diesem Gebiet den Kölner Erzbischöfen zustand, ergibt jedoch nach Heranziehung der Rechtslehren der damaligen Zeit einen Sinn.

Im Hinblick auf die Frage der Rechtsstellung der Stadt gegenüber den Kölner Erzbischöfen führten beide Parteien starke Argumente für sich ins Feld, die von der jeweils anderen Partei in der Regel auch nicht entkräftet werden konnten. Dabei ist auf erzbischöflicher Seite insbesondere das Einreiten ihrer Vorgänger in die Stadt *trotz* „Reichsstadtprivilegs“ hervorzuheben. Zugunsten der Stadt ist insbesondere die Ausbildung eines autonomen, städtischen Verwaltungsapparats anzuführen. Die Ausgangsfrage, ob die städtische Reichsfreiheit als eine Selbstverständlichkeit betrachtetet werden kann, muss aufgrund der gewichtigen Argumente der erzbischöflichen Partei, verneint werden.

Was die Argumentation der Parteien zur Frage der Jurisdiktionshoheit im Kölner Burgbanngebiet angeht, so kann festgehalten werden, dass diejenige der Erzbischöfe konsequenter und im Gegensatz zu den städtischen Argumenten größtenteils durch Beweismittel abgesichert war. Es gelang ihnen jedoch dennoch nicht, eine reichskammergerichtliche Entscheidung zu ihren Gunsten herbeizuführen. Der Stadt als Hoheitsträgerin über das gesamte Stadtgebiet, ein-

---

[794] WILLOWEIT, DIETMAR, S. 188, 189.

schließlich Burgbann, wurde die Universaljurisdiktionsgewalt zugesprochen, wohingegen den Erzbischöfen lediglich ein ius in territorio alieno zustand.

Obwohl die Stadt Köln sie begünstigende reichskammergerichtliche Entscheidungen vorzuweisen hatte, konnten die Kurfürsten nicht davon abgehalten werden, ihre Ansprüche gegen die Stadt im Bereich des Burgbannes mit Gewalt durchzusetzen.[795] Daher hatte die Stadt zwar das Recht auf ihrer Seite, jedoch brachte ihr das nicht den gewünschten Erfolg ein. Sie war bis zu ihrem Untergang den erzbischöflichen Angriffen ausgesetzt.

Anhand der zugrundegelegten Akten konnte dargelegt werden, wie breit gefächert die Argumentation der Parteien im Hinblick auf die hier untersuchten Rechtsfragen war. Die dargestellten Argumente, die alle darauf abzielten, die eigene Hoheit über die Stadt Köln zu begründen, reichen über tatsächliche Verhaltensweisen, wie die städtische Huldigung gegenüber den Erzbischöfen und dem erzbischöflichen Einreiten in die Stadt bis hin zu komplizierten, rechtlichen Fragestellungen, wie die nach der Vereinbarkeit des „Reichsstadtprivilegs" mit der Goldenen Bulle oder nach den Auswirkungen kaiserlicher Privilegienbestätigungen bzw. –widerrufungen.

---

[795] Dies wurde auch im Rahmen anderer Untersuchungen festgestellt. Vgl. z.B. Breuer, Wimmar, S. 34-39, der sich auch mit den zeitlich späteren kurkölnischen Übergriffen auf Melaten und andere Gebiete des Burgbannes beschäftigt.

Anhang 1: Übersicht über hoheitsrechtliche Streitigkeiten zwischen der Stadt Köln und den Kölner Erzbischöfen am Reichskammergericht

A. Verfassung

Lfd. Nr. im Inventar	Kläger	Beklagter	Verfahrensdauer am RKG	Umfang (in Blatt)
26[1]/295	Bürgermeister und Rat der Stadt Köln	Gebhard I. Truchsess von Waldburg, Kurfürst und Erzbischof von Köln (und seine Nachfolger); Gerhard Wolfskehl, kurkölnischer Amtmann zu Brühl; Schultheiß, Schöffen und Kellner der Stadt Brühl	1581-1657	152
26/296	Bürgermeister und Rat der Stadt Köln	Gebhard I. Truchsess von Waldburg, Kurfürst und Erzbischof von Köln (und seine Nachfolger); Heinrich Sentgen, Landbote des kurkölnischen Amtmannes zu Brühl	1582-1657	81
26/297	Bürgermeister und Rat der Stadt Köln	Ernst von Bayern, Kurfürst und Erzbischof von Köln; Johann Philipp Roist von Niederdriesch, Arnold Blanckert von Odenhausen, Heinrich Schall von Bell, Schwadorf	1586-1657	127
26/298	Bürgermeister und Rat der Stadt Köln	Ernst von Bayern, Kurfürst und Erzbischof von Köln; Hieronymus Michaelis, kurfürstlicher Kommissar zu Bonn	1587-1588	12
26/300	Bürgermeister und Rat der Stadt Köln	Ernst von Bayern, Kurfürst und Erzbischof von Köln	1598-1627	103

[1] Die Zahl vor dem Diagonalstrich gibt die Nummer des jeweiligen Inventars an. Nr. 26 bezeichnet das Kölner Inventar, Nummer 14 das Düsseldorfer Inventar.

Anhang 1: Übersicht über hoheitsrechtliche Streitigkeiten zwischen der Stadt Köln und den Kölner Erzbischöfen am Reichskammergericht

A. Verfassung

Lfd. Nr. im Inventar	Kläger	Beklagter	Verfahrensdauer am RKG	Umfang (in Blatt)
26/301	Bürgermeister und Rat der Stadt Köln	Ernst von Bayern, Kurfürst und Erzbischof von Köln; Ferdinand von Bayern, Koadjutor des Erzbischofs von Köln; Dechant und Metropolitankapitel des Kölner Domstiftes	1605-1608	103
26/323	Bürgermeister und Rat der Stadt Köln	Kurfürstliche Regierung, Bonn; kurfürstliche Beamte zu Brühl; Schultheiß des Erbvogteigerichts, Köln	1739-1763	442
14/994	Erzbischof Ernst von Köln	Bürgermeister und Rat der Stadt Köln	1608-1643	45
14/1063	Bürgermeister und Rat der Stadt Köln	Erzbischof Clemens August von Köln; seine Regierung (Kanzler und Räte) zu Bonn; Schultheiß und Schöffen des Dingstuhls Eigelstein und Schultheiß zu Brühl (Kreis Köln)	1750-1794	543
14/1070	Bürgermeister und Rat der Reichsstadt Köln	Kurfürstlich kölnische Regierung (Kanzler und Räte) zu Bonn; Hofkammer (Direktor und Räte) zu Bonn und Konsorten: Brüchtenbeamte, Amtsverwalter, Schultheiß und Gerichtsschreiber zu Brühl (Kreis Köln)	1763-1794	361

Anhang 1: Übersicht über hoheitsrechtliche Streitigkeiten zwischen der Stadt Köln und den Kölner Erzbischöfen am Reichskammergericht

B. Gerichtsverfassung

Lfd. Nr. im Inventar	Kläger	Beklagter	Verfahrensdauer am RKG	Umfang (in Blatt)
26/261	Franz Joseph Caspar /von Wymar/, Ratsherr und Bürgermeister, Köln	Fiskalprokurator sowie Greve und Schöffen des Hohen Weltlichen Gerichts zu Köln	1740	61
26/280	Ernst von Bayern, Kurfürst u. Erzbischof von Köln	Bürgermeister und Rat der Stadt Köln	1605-1614	25
26/285	Greve und Schöffen des Hohes Weltlichen Gerichts zu Köln; Ernst von Bayern, Kurfürst und Erzbischof von Köln als Intervenient	Bürgermeister und Rat der Stadt Köln	1590-1614	435
26/293	Bürgermeister und Rat der Stadt Köln	Hermann V. von Wied, ehemaliger Kurfürst und Erzbischof von Köln; Greve und Schöffen des Hohes Weltlichen Gerichts zu Köln; Adolf III. von Schauenburg, Kurfürst und Erzbischof von Köln	1548-1549	12
26/294	Bürgermeister und Rat der Stadt Köln	Hermann V. von Wied, Kurfürst und Erzbischof von Köln	1542-1663	95
26/295	Bürgermeister und Rat der Stadt Köln	Gebhard I. Truchsess von Waldburg, Kurfürst und Erzbischof von Köln (u. s. Nachfolger); Gerhard Wolfskehl, kurkölnischer Amtmann zu Brühl; Schultheiß, Schöffen und Kellner der Stadt Brühl	1581-1657	152

Anhang 1: Übersicht über hoheitsrechtliche Streitigkeiten zwischen der Stadt Köln und den Kölner Erzbischöfen am Reichskammergericht

B. Gerichtsverfassung

Lfd. Nr. im Inventar	Kläger	Beklagter	Verfahrensdauer am RKG	Umfang (in Blatt)
26/296	Bürgermeister und Rat der Stadt Köln	Gebhard I. Truchsess von Waldburg, Kurfürst und Erzbischof von Köln (und seine Nachfolger); Heinrich Sentgen, Landbote des kurkölnischen Amtmannes zu Brühl	1582-1657	81
26/297	Bürgermeister und Rat der Stadt Köln	Ernst von Bayern, Kurfürst und Erzbischof von Köln; Johann Philipp Roist von Niederdriesch, Arnold Blanckert von Odenhausen, Heinrich Schall von Bell, Schwadorf	1586-1657	127
26/300	Bürgermeister und Rat der Stadt Köln	Ernst von Bayern, Kurfürst und Erzbischof von Köln	1598-1627	103
26/301	Bürgermeister und Rat der Stadt Köln	Ernst von Bayern, Kurfürst und Erzbischof von Köln; Ferdinand von Bayern, Koadjutor des Erzbischofs von Köln; Dechant und Metropolitankapitel des Kölner Domstiftes	1605-1608	103
26/302	Bürgermeister und Rat der Stadt Köln	Greve, Schöffen und Fiskal des Hohes Weltlichen Gerichts zu Köln; Kurfürstliche Appellationskommissare, Köln; Clemens August von Bayern, Kurfürst und Erzbischof von Köln (und dessen Nachfolger)	1743-1793	798
26/321	Bürgermeister und Rat der Stadt Köln	Offizial des Erzbischofs von Köln, Fiskalpromotor des Kurfürstlichen Hofgerichts, Köln	1734-1775	862
26/322	Bürgermeister und Rat der Stadt Köln; Martin Walthausen	Johann Wilhelm Vent, Deutz; Offizial des Erzbischofs von Köln	1733-1737	136

Anhang 1: Übersicht über hoheitsrechtliche Streitigkeiten zwischen der Stadt Köln und den Kölner Erzbischöfen am Reichskammergericht

B. Gerichtsverfassung

Lfd. Nr. im Inventar	Kläger	Beklagter	Verfahrensdauer am RKG	Umfang (in Blatt)
26/323	Bürgermeister und Rat der Stadt Köln	Kurfürstliche Regierung, Bonn; kurfürstliche Beamte zu Brühl; Schultheiß des Erbvogteigerichts, Köln	1739-1763	442
26/324	Bürgermeister und Rat der Stadt Köln	Offizial des Erzbischofs von Köln; Fiskalpromotor des Kurfürstlichen Hofgerichts, Köln	1742-1751	73
26/326	Bürgermeister und Rat der Stadt Köln	Greve und Schöffen des Hohen Weltlichen Gerichts zu Köln	1745-1803	627
26/939	Philipp Jacob Kerich, Stimmeister, Ratsherr, Köln	Stephan Verkerck, holländischer Schiffer; Greve, Schöffen und Fiskalprokurator des Hohen Weltlichen Gerichts zu Köln	1731	76
26/940	Philipp Jacob Kerich, Ratsherr; Intervention des Rates der Stadt Köln	Stephan Verkerck, holländischer Schiffer; Greve, Schöffen und Fiskalprokurator des Hohen Weltlichen Gerichts zu Köln; Kurkölnische Regierung, Bonn	1730-1731	26
26/1141	Hermann Mecheln, Köln; Präsident, Direktor und verordnete Räte der kurkölnischen Regierung, Bonn, als Invervenienten	Bürgermeister und Rat der Stadt Köln	1723-1725	43
14/985	Erzbischof Ernst von Köln	Bürgermeister und Rat der Stadt Köln; die Kölner Gewaltrichter Johann Maaßen und Kaspar Schueßen und Johann Baum als Zunftmeister der Gesellschaft der Gürtelmacherzunft	1605-1624	42

Anhang 1: Übersicht über hoheitsrechtliche Streitigkeiten zwischen der Stadt Köln und den Kölner Erzbischöfen am Reichskammergericht

B. Gerichtsverfassung

Lfd. Nr. im Inventar	Kläger	Beklagter	Verfahrensdauer am RKG	Umfang (in Blatt)
14/987	Erzbischof Ernst von Köln	Bürgermeister und Rat der Stadt Köln	1605-1625	40
14/988	Erzbischof Ernst von Köln	Bürgermeister und Rat der Stadt Köln	1606-1607	112
14/989	Ferdinand, Koadjutor des Erzstiftes Köln	Bürgermeister und Rat der Stadt Köln	1607-1615	30
14/991	Erzbischof Ernst von Köln, auch Koadjutor Ferdinand	Bürgermeister und Rat der Stadt Köln	1605-1606	385
14/992	Erzbischof von Köln	Bürgermeister und Rat der Stadt Köln	1628-1635	142
14/993	Erzbischof Ferdinand von Köln	Bürgermeister und Rat der Stadt Köln	1636	16
14/994	Erzbischof Ernst von Köln	Bürgermeister und Rat der Stadt Köln	1608-1643	45
14/995	Erzbischof Joseph Clemens von Köln	Bürgermeister und Rat der Stadt Köln	1719-1720	300
14/1046	Bürgermeister und Rat der Stadt Köln	Ferdinand, Koadjutor des Erzstiftes Köln	1602-1614	58
14/1047	Bürgermeister und Rat der Stadt Köln	Ferdinand, Koadjutor des Erzstifts Köln	1603-1606	27

Anhang 1: Übersicht über hoheitsrechtliche Streitigkeiten zwischen der Stadt Köln und den Kölner Erzbischöfen am Reichskammergericht
B. Gerichtsverfassung

Lfd. Nr. im Inventar	Kläger	Beklagter	Verfahrensdauer am RKG	Umfang (in Blatt)
14/1049	Bürgermeister und Rat der Stadt Köln	Erzbischof Ferdinand von Köln	1627	76
14/1050	Bürgermeister und Rat der Stadt Köln	Erzbischof Ferdinand von Köln und Konsorten: sein Marschall Johann von Hovelich zu Bonn	1629-1630	14
14/1051	Bürgermeister und Rat der Stadt Köln	Erzbischof Maximilian Heinrich von Köln und (namentlich benannte) Konsorten[2]	1654-1670	79
14/1052	Bürgermeister und Rat der Stadt Köln	Erzbischof Maximilian Heinrich von Köln und Konsorten: Johann Karl Erlenwein, Schultheiß zu Linn und Uerdingen (Stadt Krefeld), wohnhaft zu Uerdingen am Markt und sämtliche dortigen Gerichtsverwandten	1660-1670	59
14/1053	Bürgermeister und Rat der Stadt Köln	Erzbischof Maximilian Heinrich von Köln und Konsorten	1660-1670	20
14/1054	Bürgermeister und Rat der Stadt Köln	Erzbischof Maximilian Heinrich von Köln und Konsorten	1663-(?)	42
14/1055	Bürgermeister und Rat der Stadt Köln	Erzbischof Maximilian Heinrich von Köln und seine Landdrosten, Statthalter, Drosten, Amtleute, geistlichen und weltlichen Unterherren, Amtsverwalter, Richter, Vögte, Schultheißen und übrigen Bediensteten (namentlich in Q 1 aufgeführt)	1669-1671	73

2 Die Konsorten werden hier wegen der großen Anzahl nicht einzeln genannt.

Anhang 1: Übersicht über hoheitsrechtliche Streitigkeiten zwischen der Stadt Köln und den Kölner Erzbischöfen am Reichskammergericht

B. Gerichtsverfassung

Lfd. Nr. im Inventar	Kläger	Beklagter	Verfahrensdauer am RKG	Umfang (in Blatt)
14/1056	Bürgermeister und Rat der Stadt Köln	Erzbischof Maximilian Heinrich von Köln sowie Dr. Thomas Quendel, Offizial und Kanoniker am Dom (an St. Severin und St. Andreas); Cyriacus Buschmann, Amtsverwalter und Schultheiß zu Brühl (Kreis Köln) und ein Schützenführer	1685-1687	64
14/1057	Bürgermeister und Rat der Stadt Köln	Erzbischof Maximilian Heinrich von Köln	1685	57
14/1058	Bürgermeister und Rat der Stadt	Erzbischof Joseph Clemens von Köln und seine heimgelassenen Räte zu Bonn	1695-1713	48
14/1059	Bürgermeister und Rat der Stadt Köln	Erzbischof Joseph Clemens von Köln und seine heimgelassenen Räte zu Bonn	1696-1700	165
14/1060	Bürgermeister und Rat der Stadt Köln	Erzbischof Clemens August von Köln; seine Regierung (Kanzler und Räte) zu Bonn; seine Beamten, insbesondere die Amtsverwalter zu Lechenich (Erftstadt, Kreis Euskirchen), Zülpich (Kreis Euskirchen) und Brühl (Kreis Köln), namens A. Vaeson, J.H. Gymnich und Johann Gabriel Hertmanni, sowie Dr. Peter Gervin Franken-Siersdorf, Provisor der Universität zu Köln, Kanoniker zu St. Georg und Regent des Gymnasiums Laurentianum	1732-1744	279

Anhang 1: Übersicht über hoheitsrechtliche Streitigkeiten zwischen der Stadt Köln und den Kölner Erzbischöfen am Reichskammergericht
B. Gerichtsverfassung

Lfd. Nr. im Inventar	Kläger	Beklagter	Verfahrensdauer am RKG	Umfang (in Blatt)
14/1061	Bürgermeister und Rat der Stadt Köln	Erzbischof Clemens August von Köln; seine Regierung und Hofkammer (Kanzler, Direktor und Räte) zu Bonn und Christoph Schmidt, Merheimer (Köln-Weidenpesch) Landzöllner	1743-1770	163
14/1062	Bürgermeister und Rat der Stadt Köln	Erzbischof Clemens August von Köln; Offizial zu Köln sowie Greve und Schöffen des Hohen Weltlichen Gerichts zu Köln	1744-1749	931
14/1063	Bürgermeister und Rat der Stadt Köln	Erzbischof Clemens August von Köln; seine Regierung (Kanzler und Räte) zu Bonn; Schultheiß und Schöffen des Dingstuhls Eigelstein und Schultheiß zu Brühl (Kreis Köln)	1750-1794	543
14/1069	Bürgermeister und Rat der Stadt Köln	Ferdinand, Koadjutor des Erzstifts Köln und Konsorten	1604-1609	38
14/1070	Bürgermeister und Rat der Reichsstadt Köln	Kurfürstlich kölnische Regierung (Kanzler und Räte) zu Bonn; Hofkammer (Direktor und Räte) zu Bonn und Konsorten: Brüchtenbeamte, Amtsverwalter, Schultheiß und Gerichtsschreiber zu Brühl (Kreis Köln)	1763-1794	361

Anhang 1: Übersicht über hoheitsrechtliche Streitigkeiten zwischen der Stadt Köln und den Kölner Erzbischöfen am Reichskammergericht

C. Wirtschaft

Lfd. Nr. im Inventar	Kläger	Beklagter	Verfahrens-dauer am RKG	Umfang (in Blatt)
26/293	Bürgermeister und Rat der Stadt Köln	Hermann V. von Wied, ehemaliger Kurfürst und Erzbischof von Köln; Greve und Schöffen des Hohes Weltlichen Gerichts zu Köln; Adolf III. von Schauenburg, Kurfürst und Erzbischof von Köln	1548-1549	12
26/294	Bürgermeister und Rat der Stadt Köln	Hermann V. von Wied, Kurfürst und Erzbischof von Köln	1542-1663	95
26/295	Bürgermeister und Rat der Stadt Köln	Gebhard I. Truchsess von Waldburg, Kurfürst und Erzbischof von Köln (und seine Nachfolger); Gerhard Wolfskehl, kurkölnischer Amtmann zu Brühl; Schultheiß, Schöffen und Kellner der Stadt Brühl	1581-1657	152
26/296	Bürgermeister und Rat der Stadt Köln	Gebhard I. Truchsess von Waldburg, Kurfürst und Erzbischof von Köln (und seine Nachfolger); Heinrich Sentgen, Landbote des kurkölnischen Amtmannes zu Brühl	1582-1657	81
26/297	Bürgermeister und Rat der Stadt Köln	Ernst von Bayern, Kurfürst und Erzbischof von Köln; Johann Philipp Roist von Niederdriesch, Arnold Blanckert von Odenhausen, Heinrich Schall von Bell, Schwadorf	1586-1657	127
26/298	Bürgermeister und Rat der Stadt Köln	Ernst von Bayern, Kurfürst und Erzbischof von Köln; Hieronymus Michaelis, kurfürstlicher Kommissar zu Bonn	1587-1588	12

Anhang 1: Übersicht über hoheitsrechtliche Streitigkeiten zwischen der Stadt Köln und den Kölner Erzbischöfen am Reichskammergericht
C. Wirtschaft

Lfd. Nr. im Inventar	Kläger	Beklagter	Verfahrensdauer am RKG	Umfang (in Blatt)
26/299	Bürgermeister und Rat der Stadt Köln	Ernst von Bayern, Kurfürst und Erzbischof von Köln; Laurentius Grimaldi, kurkölnischer Kommissar zu Deutz	1587-1593	9
26/300	Bürgermeister und Rat der Stadt Köln	Ernst von Bayern, Kurfürst und Erzbischof von Köln	1598-1627	103
26/301	Bürgermeister und Rat der Stadt Köln	Ernst von Bayern, Kurfürst und Erzbischof von Köln; Ferdinand von Bayern, Koadjutor des Erzbischofs von Köln; Dechant und Metropolitankapitel des Kölner Domstiftes	1605-1608	103
26/302	Bürgermeister und Rat der Stadt Köln	Greve, Schöffen und Fiskal des Hohes Weltlichen Gerichts zu Köln; Kurfürstliche Appellationskommissare, Köln; Clemens August von Bayern, Kurfürst und Erzbischof von Köln (und dessen Nachfolger)	1743-1793	798
26/316	Bürgermeister und Rat der Stadt Köln	Ernst von Bayern, Kurfürst und Erzbischof von Köln, hier als Bischof von Lüttich; Bürgermeister und Rat der Stadt Lüttich	1602-1604	39
26/323	Bürgermeister und Rat der Stadt Köln	Kurfürstliche Regierung, Bonn; kurfürstliche Beamte zu Brühl; Schultheiß des Erbvogteigerichts, Köln	1739-1763	442
26/334	Klerus der Stadt Köln	Bürgermeister und Rat der Stadt	1540-1738	1351
14/984	Erzbischof Ernst von Köln	Bürgermeister und Rat der Stadt Köln	1596-1654	469

Anhang 1: Übersicht über hoheitsrechtliche Streitigkeiten zwischen der Stadt Köln und den Kölner Erzbischöfen am Reichskammergericht
C. Wirtschaft

Lfd. Nr. im Inventar	Kläger	Beklagter	Verfahrens-dauer am RKG	Umfang (in Blatt)
14/986	Erzbischof Ernst von Köln	Bürgermeister und Rat der Stadt Köln	1605-1614	67
14/995	Erzbischof Joseph Clemens von Köln	Bürgermeister und Rat der Stadt Köln	1719-1720	300
14/996	Erzbischof Maximilian Franz von Köln	Bürgermeister und Rat der Stadt Köln	1791-1792	1401
14/997	Erzbischof Maximilian Franz von Köln	Bürgermeister und Rat der Reichsstadt Köln	1788-1797	14 Bde., keine genaue Blattangabe
14/1044	Bürgermeister und Rat der Stadt Köln	Erzbischof Salentin von Köln und Konsorten: Joseph Orttenbach, Zöllner zu Zons; Wendelinus Reusch, Zöllner zu Bonn und die dortigen Beseher; Nachgänger; Zollschreiber und übrige Zolldiener	1577	9
14/1045	Bürgermeister und Rat der Stadt Köln	Erzbischof Ernst und Koadjutor Ferdinand des Erzstifts Köln und Konsorten: Dechant und Kapitel des Domstifts sowie Schultheiß, Schöffen und das ganze Gericht Deutz	1607-1608	18
14/1047	Bürgermeister und Rat der Stadt Köln	Ferdinand, Koadjutor des Erzstifts Köln	1603-1606	27
14/1048	Bürgermeister und Rat der Stadt Köln	Ferdinand, Koadjutor des Erzstifts Köln	1603-1609	69

Anhang 1: Übersicht über hoheitsrechtliche Streitigkeiten zwischen der Stadt Köln und den Kölner Erzbischöfen am Reichskammergericht

C. Wirtschaft

Lfd. Nr. im Inventar	Kläger	Beklagter	Verfahrens-dauer am RKG	Umfang (in Blatt)
14/1061	Bürgermeister und Rat der Stadt Köln	Erzbischof Clemens August von Köln; seine Regierung und Hofkammer (Kanzler, Direktor und Räte) zu Bonn und Christoph Schmidt, Merheimer (Köln-Weidenpesch) Landzöllner	1743-1770	163
14/1070	Bürgermeister und Rat der Reichsstadt Köln	Kurfürstlich kölnische Regierung (Kanzler und Räte) zu Bonn; Hofkammer (Direktor u. Räte) zu Bonn und Konsorten: Brüchtenbeamte, Amtsverwalter, Schultheiß und Gerichtsschreiber zu Brühl (Kreis Köln)	1763-1794	361

Anhang 2: „Reichsstadt-Privileg" vom 19. September 1475 (Auszug)

(**Quelle:** DREHER, BERND (HG.), Texte zur Kölner Verfassungsgeschichte, in: Veröffentlichungen des Kölnischen Stadtmuseums, Heft VI (1988), S. 52 ff.)

„Wir, Fridrich, von Gottes gnaden Romischer Keyser, zu allenn tzeiten Merer des Reichs, zu Hungern, Dalmacien, Croacien etc. Kunig, Hertzoge zu Osterreich, zu Steir, zu Kernndten und zu Crain, Herre auf der Windischenmarch und zu Portenawe, Grave zu Habspurg, zu Tyrol, zu Phyrt und zu Kyburg, Marggrave zu Burgaw und Lanntgrafe in Ellsass etc., bekennen offenntlich mit diesem brieve und tun kunt allen denen, die in sehen, lesen oder horen lesen: Nachdem die ersamen unser und des Reichs lieben getrewen burgermeister, rate, burger und gemeinde der wirdigen unnser und des Reichs Stat Collen durch ir verdienen, so sy bei uns, unnsern vorfarn, Romischen Keisern und Kunigen, und dem Heiligen Reich getan, ettlich mercklich gnad, freiheit und privilegia erworben, der anfang und ennde hernach volgen und also lautten [...] (Es folgen die Eingangs- und Schlussworte kaiserlicher und königlicher Privilegien für die Stadt[1]) Welhe obgeschriben gnad, freiheit und privilegia wir den genannten von Collen mitsambt anndern iren gnaden, freiheiten, privilegien und gerechtigkeiten in kunigclichen und keiserlichen wirden unnder unnserr kunigclichen Maiestat insigel und keiserlichen guldem bullen vernewet, confirmirt und bestettet und sy dartzu mit anndern sonndern unsern keiserlichen gnaden und freiheiten fursehen und begabt haben, wie dann das die brieve daruber lauttunde clerlicher ausweisen. Seinn wir bericht, wie auf anbringen und unnderrichtung von Ertzbischoven von Collen an weilent unnser vorfarn am Reich und uns bescheen, auch aus vergessenheit solh der Stat Collen gnad, freiheit und privilegia einsteils widerruffen, vernicht und abgestellt und denselben Ertzbischoven solh widerruffung, vernichtung und abstellung durch uns confirmirt und bestett sein, als das in den brieven und nemlich in einem transsumpt von uns daruber gegeben, das sich also anfahet: 'Fridericus Dei gratia Romanorum rex semper Augustus, dux Austrie, Stirie. Ad perpetuam rei memoriam. Etsi regie Maiestatis circumspecta benignitas universos et singulos fideles [...]' und enndet sich: 'Datum Aquisgrani

---

1 Bei den hier nicht aufgeführten Privilegien handelt es sich um folgende: 1. Otto IV. vom 30.11.1242, 2. Heinrich VI. (VII.) vom 19.1.1236 (1231), 3. Friedrich II. vom Mai 1236, 4. Friedrich II. vom Mai 1242, 5. Wilhelm vom 8.3.1255, 6. Richard vom 27.5.1257, 7. Adolf vom 11.10.1292, 8. Albrecht vom 6.2.1301, 9. Karl IV. vom 6.10.1355, 10. Karl IV. vom 8.12.1355, 11. Sigismund vom 16.4.1405, 12. Sigismund vom 17.2.1431, 13. Sigismund vom 10.5.1434. Vgl. KISKY, WILHELM, Die Erhebung Kölns, S. 20.

decimaoctava mensis Iunii anno Domini millesimoquadringentesimoquadragesimosecundo, regni vero nostri anno tercio' clerlicher begriffen ist. Und wann wir aber durch unnser selbs briefe bericht werden, das wir nach datum der obgeschriben widerruffung, vernichtung und abstellung der genannten burgermeistern, rate, burger und gemeinden der vorgemelten Stat Collen all und iglich ir gnade, freiheit, brieve, privilegia und besunder, die sy von weilent unnsern vorfarn auf einich ir und derselben Stat recht, freiheit, ere, beseß, eigenthumb, außnemung, gewonheit, burckbann, bamyle, gericht, zolle, jarmerckt, weggelt, geleitt, muntz, aufkomunge, asseyen, assisen, zynnß, rennt und all annder ir zugehorung, gut, nutz und allerley zufelle, wie die gemeinclich und sonnderlich genennet mugen werden, in allen und iglichen iren articlen, worten, clausulen, puncten, innhalltungen, meynungen und begreiffungen, in massen die oben an in disem unserem keiserlichen brieve mit anfanng und ennde angetzogen seinn. Die wir dann all und yede besonnder mitsambt allen anndern iren gnaden, freiheiten, brieven, privilegien und gerechtigkeiten, ine von uns, unnsern vorfaren und dem Heiligen Reich gegeben, von wort zu wort hierinne fur genugsam angetzogen haben wellen, vernewert, confirmirt und bestett haben nach laut unnserr kunigclichen und keiserlichen brieve deshalben ausgegannged. So haben wir angesehen die frumbklichen, getrewen, annemen und nutzlichen dinst, so uns und unsern vorfarn am Reich allbegher durch burgermeister, rate, burger und gemeinde der obgeschriben Stat Collen und besunder ytzo wider den Hertzogen von Burgundi als unnser und des Reichs veint und widerwertiger uns, dem Heiligen Reich und Teutscher Nation zu eren und gutem mit darstreckung irer leibe und gut mercklich und unverdrossenlich bescheen ist und sy in kunftig zeitt wol tun mugen und sollen. Und haben darumb mit wolbedachtem mute, gutem und zeitigem rate unnser und des Reichs curfursten, fursten und getrewen, auch aus eigner bewegnuss, rechter wissen und unnser keiserlicher machtvollkomenheit denselben burgermeister, rate, burger, gemeinde und der vorgenannten Stat Collen all und iglich ir obberurt gnad, freiheit, brieve, privilegia, verleihung, außnemung, recht, gerechtigkeit, allt herkomen und gut gewonheit und besunnder das privilegium, ine von weilent Keiser Karlen den Vierden, unnsern vorfarn am Reich loblicher gedechtnuss, gegeben, mit den puncten der burckpann und bamylren in allen und iglichen iren wortten, puncten, clausulen, articln, innhaltungen, meynungen [!] meynungen und begreiffungen in aller mass, als ob auch die alle und ir yedes besonnder von wort zu wort in disem unserm keiserlichen brieve geschriben werden, die wir auch also außgedruckt und darein verfasst haben wellen gnedigclich vernewet, confirmirt, bevestent und bestettigt. Auch die obgeschriben widerruffung, vernichtung und abstellung mitsambt allen confirmation und bestettungen, ob die einichem Ertzbischoven zu Collen durch uns oder unnser vorfarn in kunigclichen oder keiserlichen wirden gegeben weren oder noch aus vergessenheit oder in annder weise gegeben wurden, nachdem Ertzbischove Ruprecht zu Collen uber unnsers heiligen Vater, des

Babsts, und unnser hoch gebot den Hertzogen von Burgundi zu abbruch und myndrung des Heiligen Reichs in den stift Collen bracht und sich beid gegen uns als unnser und des Reichs veint und widerwertiger gehallten haben in allen und iglichen iren wortten, puncten, clausulen und articlen, in aller mass, als ob die von wort zu wort hierinne begriffen weren, und die wir auch also fur genugsam wellen gemeldet haben, genntzlich widerumb aufgehebt, cassirt, abgetan und vernicht, vernewen, confirmiren, bevestigen und bestetten in solh obberurt ir gnade, freiheit, brieve, privilegia, verleihung, außnemung, recht, gerechtigkeit, allt herkomen und gut gewonheit, wie vorgemelt ist all, heben auch die obbestimbten widerruffung, vernichtung, abstellung, confirmation und bestettung, den genannten Ertzbischoven zu Collen wider die obgeschriben Stat gegeben, auf, cassiren, vernichten und tun die ab, alles von Romischer keiserlicher macht eigner bewegnuss und rechter Wissen in craft diß brifs. Und meynen, setzen und wellen von derselben unnserr keiserlichen machtvollkomenheit, daz die obgeschriben der Stat Collen gnad, freiheit, brieve, privilegia, verleihung, außnemung, recht, gerechtigkeit, allt herkomen und gut gewonheit und besonnder die puncten, die burckpann und banmylren berurend, die wir aus rechter wissen creftig, mechtig und bestenndig sein erkennen und ercleren und sich die obgemelten burgermeister, rate, burger und gemeinde der Stat Collen nu hinfur in ewig zeit unwiderruffenlich und sonnderlich der banmylren außwenndig der gemelten Stat Collen von derselben Stat maur biß gen Gordorp und furt in gleicher weit ganntz rund umb die Stat zu wasser und zu lannde gebrauchen, gemessen und genntzlich dabei beleiben sollen und mugen von allermeinclich ungehindert. Das auch die vorberurten widerruffung, abnemung und abstellung mitsambt allen confirmacion und bestettungen, ob die einichinn Ertzbischoven zu Collen, in massen vorgemelt ist, gegeben weren oder noch wurden, in was schein, form, worten oder meynungen das beschehe, all craftlos, zunicht und unpundig sein und den ytzgemelten von Collen noch derselben Stat keinerley schaden, abbruch noch verletzung bringen sollen, die wir auch ytzo alsdann und dann als ytzo alle und yede besunder genntzlich aufheben, cassiren, widerrufen, abtun und vernichten in craft diss brieves. Wir ordnen, setzen und ercleren auch, das nu hinfur ewigclich die vorgenant Stat Collen mit allen oberkeiten, herlicheiten, freiheiten, privilegien, rechten und gerechtigkeiten allein uns und dem Heiligen Reich on mittel zugehorig und gewont, auch die burgermeister, rate, burger und gemeinde daselbs gewondlich huldung und eide, als sy die bisher einem Romischen Kunig nach allter gewonheit getan haben, tun, und hinfur ewigclich dhein Ertzbischove zu Collen burgermeister, rate, burger noch gemeinde der gemelten Stat Collen fur ‘sein burger und getrewen‘ noch auch dieselb Stat in seinen schrifften oder reden ‘sein Stat‘ schreiben oder nennen sollen. Und ob die gemelten von Collen bisher zu abbruch unnser und des Reichs oberkeit, herlicheit, recht und gerechtigkeit aus vergessenheit oder in annder weise einichem Ertzbischoven daselbs huldung oder eide getan hetten, dieselben sollen doch craftlos, unmechtig und unpundig sein und furter mer von in noch iren nachkomen in ewig zeit nicht getan werden. Und wir gebieten darauf allen und iglichen curfursten, fursten, geistlichen und weltlichen preleten, graven, freyen herren, rittern, knechten, haubtlewten, vitzthumben, vogten, pflegern, verwesern, ambtleuten, schultheissen, burgermeistern, richtern, reten, burgern und gemeinden und sunst allenn anndern unnsern und des Reichs unndertanen und getrewen, in was wirden, stats oder wesens die sein, und sonnderlich einem yglichen Ertzbischoven, dechant und capitel, so zu zeiten sein, von obbestimbter Romischer keiserlicher machtvolkomenheit ernstlich und vesticlich mit disem brieve, daz sy die egenanten burgermeister, rate, burger und gemeinde der Stat Collen an den obgeschriben gnaden, freyheiten, brieven, privilegien, rechten, gerechtigkeiten, alltem herkomm und guten gwonheiten, auch diser unnserr keiserlicher vernewrung, confirmation, bestettung, widerruffung, erclerung, ordnung und satzung nicht hindern noch irren, sonnder sy beruelich und on irrung dabei beleiben, der gebrauchen und gemessen lassen, auch von unnser und des Heiligen Reichs wegen getrewlich dabei hannthaben, schutzen und schirmen und nicht gestatten, daz er hieruber durch yemants verhindert noch beswert werden, und sich auch die vorgenanten Ertzbischoven, dechant und capitel hiewider nicht gebrauchen sollen keinerley freiheit, ordnung oder gesetz, von wem die gescheen oder ausgeganngen weren, die den obgeschriben der Stat Collen gnaden, freiheiten, brieven, privilegien, rechten, gerechtigkeiten, alltem herkomen und guten gewonheiten auch diser unnser keiserlicher vernewrung, confirmacion, bestettung, widerruffung, erclerung, ordnung und satzung einichen schaden, abbruch oder verletzung bringen mochten. Dann wir die alle und yede besonnder, so dieselben Ertzbischoven oder capitel ytzo haben oder kunftigclich zu erwerben understeen, ytz alsdann und dann als ytzo auch abtun, vernichten und uncreftig zu sein ercleren. Und ob in der obbestimbten unnserr keiserlichen vernewung, confirmation, widerruffung, erclerung, ordnung und satzung einicherley mangel od[er] gebrech were, der den genantn von Collen in einem oder mer stucken zu abbruch oder schaden reichen mocht, denselben mangel erfullen wir auch gentzlich und wellen, das dawider nichts gebraucht noch furgenommen werde in dhein weise, als lieb einem yglichen sey, unnser und des Reichs swere ungnad und verliesung einer pene, nemlich tausent marck lotigs goldes, zu vermeiden, die ein yeder, oft der hiewider tette, uns halb in unnser keiserlich camer und den anndern halben teil den gemelten von Collen unableslich zu betzalln verfallen sein sol, die wir in auch von unnsern und iren wegen einzuvorderen unnser gantz volkomen macht und gwallt geben. (M.) Signum serenissimi et invictissimi principis et domini domini Friderici Tercii Romanorum Impertoris semper Augusti, Hungarie, Damacie, Croacie etc. regis ac Austrie, Stirie, Karinthie et Carniole ducis etc. Mit Urkund diss brieves besigelt mit unnserr keiserlichen Maiestat anhangundem innsigel. Geben in unnserr Stat Collen amm newntzehennden tag des monets Septembris nach Christi geburde viertzehenhundert und imm funfundsibentzigoten, unnsern Reiche des Romischen im sechsunddreissigsten, des Keiserthumbs im vierundzweintzigisten und des Hungrischen imm sibennzehennden jarenn.

Ad mandatum proprium domini Imperatoris“

Anhang 3: Kaiserliche Widerrufungen städtischer Privilegien mit Bezug zur Goldenen Bulle

Datum des Schriftstücks	Regierender Kaiser/ König	Lateinische Betitelung des Schriftstücks	Bezug zum XIII. Kapitel der Goldenen Bulle/Inhalt[1]	Quelle
1401	Ruprecht von der Pfalz	*„Revocatio Ruperti Imperatoris omnium privilegiorum in praejudicium Ecclesiae Coloniensis concessorum Civitati Coloniensi.“*	*Keine ausdrückliche* Erwähnung der Goldenen Bulle, jedoch *inhaltlicher Bezug* zum XIII. Kapitel der Goldenen Bulle[2] unter gleichzeitiger Erklärung, dass die erzbischöflichen Privilegien in vollem Umfang in Kraft bleiben sollen.	Securis, Urkundenanhang, Nr. 131.
21.11.1414	Sigismund	*„Revocatio Sigismundi imperatoris super privilegiis concessis Civitati Colon:“*	Entspricht dem Inhalt des Schriftstücks von 1401.	Securis, Urkundenanhang, Nr. 133.
1422	Sigismund	*„Nochmahlige Confirmatio Regis Sigismundi Privilegiorum deß Ertzstiffts Cöllen/cum cassatione zu deren nachtheil der Statt Cöllen ertheilter privilegien.“*	*Keine ausdrückliche* Erwähnung der Goldenen Bulle, jedoch *inhaltlicher Bezug* zum XIII. Kapitel der Goldenen Bulle. Näherer Inhalt folgt aus Betitelung.	Securis, Urkundenanhang, Nr. 134.

[1] Die inhaltliche Zusammenfassung des jeweiligen Privilegs berücksichtigt lediglich den Bezug zur Goldenen Bulle. Anderweitige inhaltliche Aussagen bleiben hier unberücksichtigt.

[2] Mit der Bemerkung >*inhaltlicher Bezug zum XIII. Kapitels der Goldenen Bulle*< ist gemeint, dass das XIII. Kapitel der Goldenen Bulle in den durchgesehenen Widerrufsprivilegien zwar nicht ausdrücklich erwähnt wurde, jedoch beim Vergleich des Wortlauts des jeweiligen Privilegs mit dem Wortlaut des XIII. Kapitels der Goldenen Bulle eine eindeutige Anlehnung des Privilegs an dieses Kapitel des Reichsgesetzes zu erkennen ist. Damit ist die Aussage gemeint, dass alle die Stadt begünstigenden Privilegien, die in irgendeiner Form die erzbischöflichen Rechte beeinträchtigen, *„machtlos“* sein sollen und widerrufen werden.

Anhang 3: Kaiserliche Widerrufungen städtischer Privilegien mit Bezug zur Goldenen Bulle

Datum des Schriftstücks	**Regierender Kaiser/ König**	**Lateinische Betitelung des Schriftstücks**	**Bezug zum XIII. Kapitel der Goldenen Bulle/Inhalt**	**Quelle**
1442 („*auff der heiligen Apostolen Tag Petri & Pauli*“)	Friedrich III.	„*Friderici Tertii Regis Romanorum Revocatio, & cassatio Privilegii à Civitate Coloniensi sub: & obreptitiè ab eodem Rege An. 1442. obtenti*“	*Ausdrückliche* Erwähnung der Goldenen Bulle unter inhaltlicher Wiedergabe des XIII. Kapitels (auch Hinweis auf Wirkungslosigkeit von Unwiderruflichkeitsklauseln) und gleichzeitiger Erklärung, dass die erzbischöflichen Privilegien in vollem Umfang in Kraft bleiben sollen.	Securis, Urkundenanhang, Nr. 137.
04.04.1495[3]	Maximilian I.	„*Maximiliani Primi Rom. Regis Revocatio, Et Cassatio sua Confirmationis praetensorum Privilegiorum Civitatis Coloniensis.*“	*Ausdrückliche* Erwähnung der Goldenen Bulle unter inhaltlicher Wiedergabe des XIII. Kapitels.	Securis, Urkundenanhang Nr. 141.
24.05.1510	Maximilian I.	„*Confirmatio Investiturae aller Regalien/herrligkeiten/Ober: Recht und Gerechtigkeiten des Ertz-Stiffts Collen/so vom kayser Maximiliano Ertzbischoffen Philippo ertheilt/cum revocatione in contrarium concessorum.*“	Entspricht dem Inhalt des Schriftstücks vom 04.04.1495	Apologia, Urkundenanhang, Nr. 92, Securis, Urkundenanhang, Nr. 144.

[3] Dies ist das erste Widerrufsprivileg in der Auflistung, welches das „Reichsstadtprivileg“ der Stadt miterfassen könnte.

Anhang 3: Kaiserliche Widerrufungen städtischer Privilegien mit Bezug zur Goldenen Bulle

Datum des Schriftstücks	Regierender Kaiser/ König	Lateinische Betitelung des Schriftstücks	Bezug zum XIII. Kapitel der Goldenen Bulle/Inhalt	Quelle
26.04.1515	Maximilian I.	„*Confirmatio Investitura der Regalien und Weltlichkeit Imperat. Maximiliani primi facta Archi. Episcopo Hermanno de Weda & c.*“	*Ausdrückliche* Erwähnung der Goldenen Bulle unter inhaltlicher Wiedergabe des XIII. Kapitels (auch Hinweis auf Wirkungslosigkeit von Unwiderruflichkeitsklauseln) und gleichzeitiger Erklärung, dass die Erzbischöfe an der Ausübung ihrer Privilegien nicht gehindert werden sollen.	Securis, Urkundenanhang, Nr. 145.
19.09.1518	Maximilian I.	„*Cassatio, & annullatio Maximiliani Imperatoris deren dreyen Privilegie/so die Statt Cöllen ihm Jahr 1467, 1469 und 1474 von dem Römischen kayser Friderico sub & obreptitié außgebracht*“	*Ausdrückliche* Erwähnung der Goldenen Bulle unter Hinweis auf einen nicht bestimmten Artikel in der Goldenen Bulle, wonach städtische Privilegien „*krafftloß*“ und „*tot*“ seien.[4]	Apologia, Urkundenanhang, Nr. 99; HAStK, RKG, Akte C 49, Bl. 69 r, Bl. 70 r.[5]

4 Damit kann nur Kapitel XIII der Goldenen Bulle gemeint sein.

5 Beim Lesen der Akte fällt auf, dass die Blattangaben der Bl. 69 r, v vertauscht wurden. Vom logischen Zusammenhang ergibt sich, dass Bl. 69 r eigentlich Bl. 69 v entspricht und umgekehrt. Hier wurde als Quellenangabe die tatsächliche (fälschliche) Blattangabe angegeben.

Anhang 3: Kaiserliche Widerrufungen städtischer Privilegien mit Bezug zur Goldenen Bulle

Datum des Schriftstücks	Regierender Kaiser/ König	Lateinische Betitelung des Schriftstücks	Bezug zum XIII. Kapitel der Goldenen Bulle/Inhalt	Quelle
23.12.1605	Rudolf II.	*„Rudolphi Imperatoris generalis confirmatio omnium Privilegiorum Archiepiscopalium cum inserto cassatorio omnium Privilegiorum in contrarium obtentorum, & annexo mandato de non impediendo nec molestando Vice-Comitem & Scabinos alti judicii Colon: in administratione iustitiae sub praetextu iuramenti civici/ una cum conservatorio.“*	*Ausdrückliche* Erwähnung der Goldenen Bulle unter inhaltlicher Wiedergabe des XIII. Kapitels und gleichzeitiger Bestätigung erzbischöflicher Privilegien. Außerdem Gebot an alle Untertanen des Reiches, den Erzbischof nicht am Gebrauch seiner Privilegien zu hindern.	Securis, Urkundenanhang, Nr. 155.

Anhang 4: Reichstagsbeteiligung der Stadt Köln

Ort/Jahr[1]	Angabe zur „Specification der erschienenen Ständte“	Eintrag unter der Kategorie „Reichs Stett“ bzw. „frey und Reichs Stett“
Regensburg 1471	(5.)	„In Dieta Ratisponensi A.D. 1471 ad diem S. Georgii Martio indicta. Stedte. Cöllen“
Frankfurt, 1489[2]	§ 7	Als Sendboten der Stadt „Colne“: „Eberhart von Schiderich, Burgermeister, Tielmann von Siegen, Johann von Merlen, Emundius Frunt, Secretarius“

1 **Anmerkung zur Tabelle**: In der Tabelle wurden nur diejenigen Reichsabschiede berücksichtigt, bei denen eine ausdrückliche Nennung der Stadt Köln als Reichsstand vorlag, nicht hingegen solche, bei denen die einzelnen Stände nur allgemein (Fürsten, Prälaten, Frei- und Reichsstädte), ohne namentliche Nennung aufgeführt waren, da diese für die vorliegende Untersuchung nicht von Nutzen sind. Es muss auch berücksichtigt werden, dass Städte zu den Reichstagen manchmal nicht erschienen sind. Als Begründung für das Fernbleiben der Gesandten wurden die unterschiedlichsten Entschuldigungsgründe vorgebracht, wie z.B. Fehden im Umland. Auch die Stadt Köln hat diesbezügliche Entschuldigungen vorgebracht. Vgl. SCHUBERT, ERNST, König und Reich, in: Veröffentlichungen des Max-Planck-Instituts für Geschichte, Bd. 63, S. 337 und Anm. 89 mit weiteren Literaturangaben. Daher erklärt sich, dass bei den durchgesehenen Reichsabschieden die Stadt Köln nicht immer als Teilnehmerin des jeweiligen Reichstages verzeichnet war. Die in **Fettschrift** gekennzeichneten Jahres- und Ortsangaben beziehen sich auf diejenigen Reichstage, auf welche sich die Stadt Köln in den untersuchen RKG-Verfahren ausdrücklich bezieht. Bei der Erstellung der Tabelle wurden ferner nur diejenigen Reichsabschiede berücksichtigt, die zeitlich vor dem spätesten Verfahrensende der untersuchten Verfahren zustande gekommen sind (1657). Nur diese sind für die vorliegende Untersuchung relevant. Zu einer jährlichen Versammlung des Reichstages, wie sie der Wormser Reichsabschied von 1495 vorsah, kam es nicht. Es bestand die Möglichkeit, dass sich ein Reichsstand von einem Bevollmächtigten vertreten ließ. Vgl. SCHRÖDER, RICHARD/ KÜNßBERG, EBERHARD VON, Lehrbuch der deutschen Rechtsgeschichte, S. 907, 908. Die Übersicht basiert auf der Neuen und vollständigeren Sammlung der Reichs Abschiede von ERNST AUGUST KOCH, Teile I.-IV.

2 Der Reichstag zu Frankfurt im Jahre 1489 war der erste, an dem die freien und Reichsstädte geschlossen teilnahmen. Vgl. dazu SCHRÖDER, RICHARD/KÜNßBERG, EBERHARD VON, S. 906.

Anhang 4: Reichstagsbeteiligung der Stadt Köln

Ort/Jahr	**Angabe zur „Specification der erschienenen Ständte“**	**Eintrag unter der Kategorie „Reichs Stett“ bzw. „frey und Reichs Stett“**
Lindau, 1497	§ 46	„Cölln, herbort von Bilsen, Doctor“
Worms, 1497	§ 9	„Cölln, Peter von Afren, und Maister Ein und Secretarius“
Freiburg, 1498	§ 60	„kölln, Doctor herbert von Bilsen“
Augsburg, 1500	LXXXV, § 3	„Cölln, Doctor hartmann von Windeck“
Costnitz, 1507	§ 32	„Dietrich Meynertsagen, Doctor, Pfarrer zu Sand Lorenz zu Cölln, von der Stadt Cölln wegen“
Augsburg, 1510	§ 20	„Diederich Meinertzhagen Doctor, Pfarrer zu St. Laurentz zu Cölln, von der Stadt Cölln wegen“
Köln, 1512	IV, § 24	„Von wegen der Stadt Cölln, Johann von Reyda, Burgermeister, und Conrad Schurnfels“
Trier, 1512 (Nebenabschied)	§ 30	„Cölln, Johann von Ridt und Conrad Schornfels“
Worms, 1521	§ 40	„Cölln, Braun Bliderswick, und Arnold Braunweiler“
Augsburg, 1526	§ 7	„Cölln, Peter Billingshäuser, D.“
Speyer, 1526	§ 32	„Cölln, Arnold von Brunweiler, Arnold von Siegen, und Joh. von Freysen D.“
Regensburg, 1527	§ 19	„Cölln, Arnold von Siegen“
Speyer, 1529	§ 49	„Cölln, Johann von Reyd, Burgermeister. Peter Bellingshausen, D. Arnold von Siegen“
Augsburg, 1530	§ 150	„Colln, Arnold von Siegen, Bürgermeister, Johann von Rod, Peter Bellingshausen, Doctor, und Frantz Elb, Secretarius, mit Befehl Dortmund“

Anhang 4: Reichstagsbeteiligung der Stadt Köln

Ort/Jahr	Angabe zur „Specification der erschienenen Ständte“	Eintrag unter der Kategorie „Reichs Stett“ bzw. „frey und Reichs Stett“
Regensburg, 1532	X., § 5	„Cölln und Dortmund, Arnold von Siegen“
Worms, 1535	§ 59	„Von wegen der Städt: Cölln, Peter von Bellungshausen, Doctor und Cantzler“
Regensburg, 1541	§ 83	„Von wegen der Stadt Cölln, Peter Billinckhausen, Goßwin von Lummerschen, und Gottschalck Frechen Licentiat, mit Gewalt der Stadt Dortmund“
Speyer, 1542	§ 145	„Von wegen der Stadt Cölln, Peter von Bellinghausen, D. Syndicus, mit Gewalt der Stadt Lübeck“
Nürnberg, 1542	§ 45	„Von wegen Cölln, Friderich Backoffen von Echt, und Johann hellman, der Rechten Licentiat“
Speyer, 1544	§ 104	„Von wegen der Stadt Cölln: heinrich von Braich, Rentmeister, Joh. Rindorff, und Johann helffmann, Licent.“
Worms, 1545	§ 18	„Von wegen der Stadt Cölln Arnold von Siegen, und Johann helffmann, der Rechten Licentiat“
Augsburg, 1548	§ 108	„Rheinische Banck. Von wegen der Stadt Cölln, Arnold von Siegen, Ritter, Burgermeister, Thomas von Metheim, Georg von halbern, Doct. Cantzler, und Lorentz Weber von hagen, Secretari“
Augsburg, 1551	§ 109	„Rheinische Banck. Von wegen der Stadt Cölln, heinrich von Broich, alter Burgermeister, Georg von haltern D. Syndicus, Joh. Rindorff Raths Richter, und Lorentz Weber vom hagen, Secret.“
Regensburg, 1557	§ 88	„Rheinische Banck. Cölln, Laurentius Weber von hagen, Secretari“
Augsburg, 1559	§ 86	„Rheinische Banck. Von wegen Cölln, Laurentius Weber von hagen, Cöllnischer Secretari“

Anhang 4: Reichstagsbeteiligung der Stadt Köln

Ort/Jahr	Angabe zur „Specification der erschienenen Ständte“	Eintrag unter der Kategorie „Reichs Stett“ bzw. „frey und Reichs Stett“
Worms, 1564	§ 53	„Cölln, Philips Gayl, Rentmeister, und alter Burgermeister, Caspar von Geylenkirchen, Rathsverwandter, und Petrus Schulding von Steinwich, der Rechten Licentiat, Syndicus“
Augsburg, 1566	§ 181	„Rheinische Banck. Von wegen Colln, Constantinus von Leitzkirchen, alter Burgermeister, Petrus Schuldig von Steinwig, der Rechten Licentiat, und Laurentius Weber von hagen, Secretari“
Frankfurt, 1569	§ 65	„Cölln, Constantin von Lyßkirchen alter Burgermeister, und heinrich krufft, genannt krudener, Raths-Verwandter“
Speyer, 1570	§ 166	„Rheinsch Banck. Von wegen Cölln Laurentius Weber von hagen, Secretari“
Regensburg, 1576	§ 122	„Rheinische Banck. Von wegen Cölln Constantin von Lißkirchen, Burgermeister, und M. Laurentius Weber von hagen, Secretarius“
Regensburg, 1582	§ 77	„Rheinisch Banck. Von wegen der Stadt Cölln, Gerhard Angelmacher, Rathsfreund, und Laurentius Weber, Secretarius“
Regensburg, 1594	§ 133	„Rheinisch Banck, Von wegen der Stadt Cölln, Johann harderod, Burgermeister, und Wilhelm hackstein, der Rechten Doct. Syndicus“
Regensburg, 1598	§ 76	„Rheinisch Banck. Von wegen der Stadt Cölln, Gerhard Angelmacher, Burgermeister, Johann von Ließkirchen, Rentmeister, Wilhelm haickstein, und Johann Michael kronenberg, der Rechten respectivè Doctores und Licent. Syndici“
Regensburg, 1603	§ 70	„Rheinische Banck. von wegen der Stadt Cölln, Adamus hulß/der Rechten Doct. Syndic.“
Regensburg, 1613	§ 18	„Rheinische Banck. Von wegen der Stadt Colln, Constantinus von Lißkirchen, Burgermeister, Wilhelm hackstein, der Rechten Doctor alter Burgermeister und zur Zeit Rentmeister, und Adam hulß, der Rechten Doctor und Syndicus“

Anhang 4: Reichstagsbeteiligung der Stadt Köln

Ort/Jahr	Angabe zur „Specification der erschienenen Ständte“	Eintrag unter der Kategorie „Reichs Stett“ bzw. „frey und Reichs Stett“
Regensburg, 1641	§ 100	„Rheinisch Banck. Von wegen der Stadt Cöllen, Balthasar von Mulhein, Burgermeister. Dieterich Francken von Siersdorff der Rechten D. und Syndic.“
Regensburg, 1654 (sog. Jüngster Reichsabschied)	§ 200	„Rheinische Banck. Wegen der Stadt Cölln. Constantin von Ließkirchen auf Traenßdorff, Burgermeister, Gerwinus Minertshagen, beyder Rechten Doctor und Syndicus“

Anhang 5: Erwähnung der Stadt Köln in der Reichsmatrikel

Jahresangabe/Ortsangabe (genaue Betitelung)[1]	Eintrag der Stadt Köln
„Anslag des tegliches krieges zu Beheim von den kurfursten geistlich und werntlich, Graffen, Eppten, Prelaten, herrn, Rittern und Steten zu dem heiligen reich gehorig, begriffen un gemacht zu **Nurnberg, Anno 1422**“	„Dis sint von den steten, was die geben schullen.“ „[...] Die stat Colle 5 gl.“[2]
„Anschlag der Reichs-Stände zu dem hussiten krieg auf dem Reichstag zu **Franckfurt Anno 1427**“	„Die Stette. Cölle i. C. mit Gleuen.“
„Anschlag auf allgemeine Stände des Reichs zu **Nürnberg**, zu hülff wider die Böhmen gemacht, under dem Römischen konig Sigismundo, **Anno 1431**.“	„Stette. Cöllne“
„Anslag des Tags von 1467. Vermerck den Anschlag der zwantzig tausend Mann, so zu Roß und Fueß, in Craft Abscheids, Martini nechstverschienen begriffen, aus Teutscher Nation wider den Türcken sollen geschicket werden.“ **Nürnberg, 1467**	„Cölln 40 zu Roß. 80 zu Fuß“
„Vermirckt den nachgemelten Aneslagk der zehentusent Manne zu **Regensburg** uff dem keyserlichen Dage [...] fürgnomen unnd angeslagen **Anno 1471**“	„Cöllen XX zu Pferde XI zu Fuß“.
„Anschlag auf 15000. Mann auf dem Reichs-Tag zu **Nürnberg Anno 1480** gemacht.“	„Cölln 30 zu Roß. 60 zu Fuß.“
„Matricul und Anschlag wider Ungarn und den Türcken/ Montags nach Laurentii zu **Nürnberg** beschlossen, **Anno 1481**.“	„Cölln 80 zu Roß. 80 zu Fuß.“
„Anschlag im Reich zu einer grossen hülffe wieder könig Matthias in Ungarn und den Türcken, auf dem Reichs-Tag zu **Franckfurth** gemacht, **Anno 1486**.“	„Cöllen 8000 Fl. Reinisch“
„Anschlag auf alle und yde Ständte des Reichs **Anno 1487** zu **Nürnberg** auf Gelt gesezt.“	„Cölln 3000 Gulden“

1 Die Tabellenübersicht basiert auf der neueren und vollständigen Sammlung der Reichs-Abschiede von ERNST AUGUST KOCH, Bd. I-IV. Bei der Erstellung der Tabelle wurden nur diejenigen Reichsmatrikeln berücksichtigt, die zeitlich vor dem spätesten Verfahrensende der untersuchten Verfahren entstanden sind (1657). Nur diese sind für die vorliegende Untersuchung relevant.

2 Dieses Kürzel steht, wie sich aus dem Zusammenhang (Eintragungen anderer Reichsstände) vermuten lässt, für Gleuen.

Anhang 5: Erwähnung der Stadt Köln in der Reichsmatrikel

Jahresangabe/Ortsangabe (genaue Betitelung)	**Eintrag der Stadt Köln**
„Anschlag einer Reichs, hülffe von 32000. Mann auf dem Reichs-Tage zu **Franckfurth**, gesetzt, **Anno 1489**"	„Cölln 40 zu Roß. 160 zu Fuß"
„Anschlag des königl. Tags zu **Nürnberg** gemacht/**Anno MCCCC. LXXXXI.**"	„Cöln. 3900. Geld..."
„Anschlag auf dem Tag zu **Worms** gemacht, **anno 1495**"	„Cöln 2345. Güld"
„Des heil. Römischen Reichs Matricul, wie selbige auf dem Reichs-Tag zu **Worms 1521**[3]. zu dem Römer-Zug verfasset worden."	„Frey-und Reichs-Städte." „...Cölln. 30 zu Roß 322 zu Fuß..."
„Reichs-Matricul von **1521** nach der herausgabe Cortreii."	„Cölln 25 Roß 200 Fuß 300 Jährl. zu unterhalt Cammergerichts 500 cum augmento. Doch soll diese Stadt die nechsten acht Jahre nicht mehr als drey viertel zur Reichshülff und nach Verlauff solcher 8. Jahren diesen gesetzten Anschlag wiederum veranlagen."
1577[4]	„Stadt Cölln 25 Roß. 200 Fuß."
1593	„Stadt Cölln 25 Roß. 100 Fuß."

[3] Die auf dem Reichstag zu Worms im Jahre 1521 errichtete Reichsmatrikel wird als die zuverlässigste beschrieben. Vgl. ZEDLER, JOHANN HEINRICH, Reichs-Matrickel, Bd. 31, Sp. 114.

[4] Die Angaben zu den Reichsmatrikeln der Jahre 1577 und 1593 finden sich ausschließlich im IV. Band der Neuen und vollständigeren Sammlung der Reichs-Abschiede (und nicht wie zu erwarten wäre im III. Band) unter der Betitelung *„Extract aus den Reichs-Matriculn des Römer-Zugs, nach den zehen kreysen [...]."*

Anhang 6: Beteiligung städtischer Vertreter an den Kreiskonventen seit 1594[1]

Nr. und Betitelung des Rezesses Ort/Datum	Nachweis der städtischen Vertretung
Nr. 92: „Receß des Westphälischen Münz-Probation-Convents", **Köln, 8. October 1594**	„Schluß"[2], S. 33 „herrn Burgermeister und Rath der Stadt Cölln: Mattheus Wolffskeel Raths-Verwandter."
Nr. 103: „Receß des Westphälischen Müntz-Probation-Convents", **Köln, 9. Oktober 1595**	„Schluß", S. 176 „herren Burgermeister und Rath der Stadt Cölln: Mattheus von Wolffkell, und Jobst Pfingsthorn, beyde Raths-Freunde."
Nr. 110: „Receß des Westphälischen allgemeinen Crays-Convents", **Düßberg, 2. August 1597**	„Schluß", S. 245: „herrn Burgermeister und Rath des heiligen Reichs Stadt Cölln, hillebrandt Sudermann, alter Burgermeister und Adamus hüIß, der Rechten Lic. Syndicus."
Nr. 116: „Receß des Niderländischen-Westphälischen Crayses Müntz-Probations-Convents", **Köln, 5. Oktober 1598**	„Schluß", S. 290: „Von wegen herrn Burgermeister und Rath der Stadt Cölln: Jost Pfingsthorn, Raths Verwandter."
Nr. 117: „Receß des Westphälischen allgemeinen Crays-Convents", **Dortmund, 14. November 1598**	„Schluß", S. 300: „Wegen herrn Burgermeister und Rath der heiligen Reichs Stadt Cölln: hildebrandt Sudermann, Alter Burgermeister und Adamus hüIß, der Rechten Licent. Syndicus."
Nr. 128: „Receß des Westphälischen Crayses Müntz-Convents", **Köln, 5. Mai 1599**	„Schluß", S. 399: „herrn Burgermeister und Rath der Stadt Cölln: Jobst Pfingsthorn, und herman von Weidingen, beyde Rathsverwandte."
Nr. 129: „Receß des Westphälischen allgemeinen Crays-Convents", **Münster, 26. Mai 1599**	„Schluß", S. 416: „Wegen Burgermeister und Rath der Stadt Cölln: hildebrandt Sudermann, Burgermeister. Wilhelm hackstein, Doctor, Syndicus."

[1] Die Beteiligung wurde anhand der Kreisrezesse/Kreisabschiede ermittelt. Die Tabelle basiert auf MOSER, FRIDERICH CARL, Sammlung des heiligen Römischen Reichs sämtlicher Crays-Abschiede und anderer Schlüsse, 3. Teil, 1748. Dabei wurden nur diejenigen Kreisrezesse zugrundegelegt, in denen eine ausdrückliche Nennung der städtischen Vertreter erfolgte. Wie MOSER selbst in seiner Vorrede feststellt, kann die Vollständigkeit der Übersicht nicht garantiert werden. Vgl. ebendort, Vorrede, § 10.

[2] Der „Schluß" wurde meistens mit den Worten „Zu Urkund ist diser Abschid mit etlich deren herrn Räthe und Gesandten Pettschafften versiegelt, und gegeben in des heil. Reichs Stadt ...am..." eingeleitet.

Anhang 7: Der Kölner Burgbann (nebst den Grenzen der Bauernbänke)

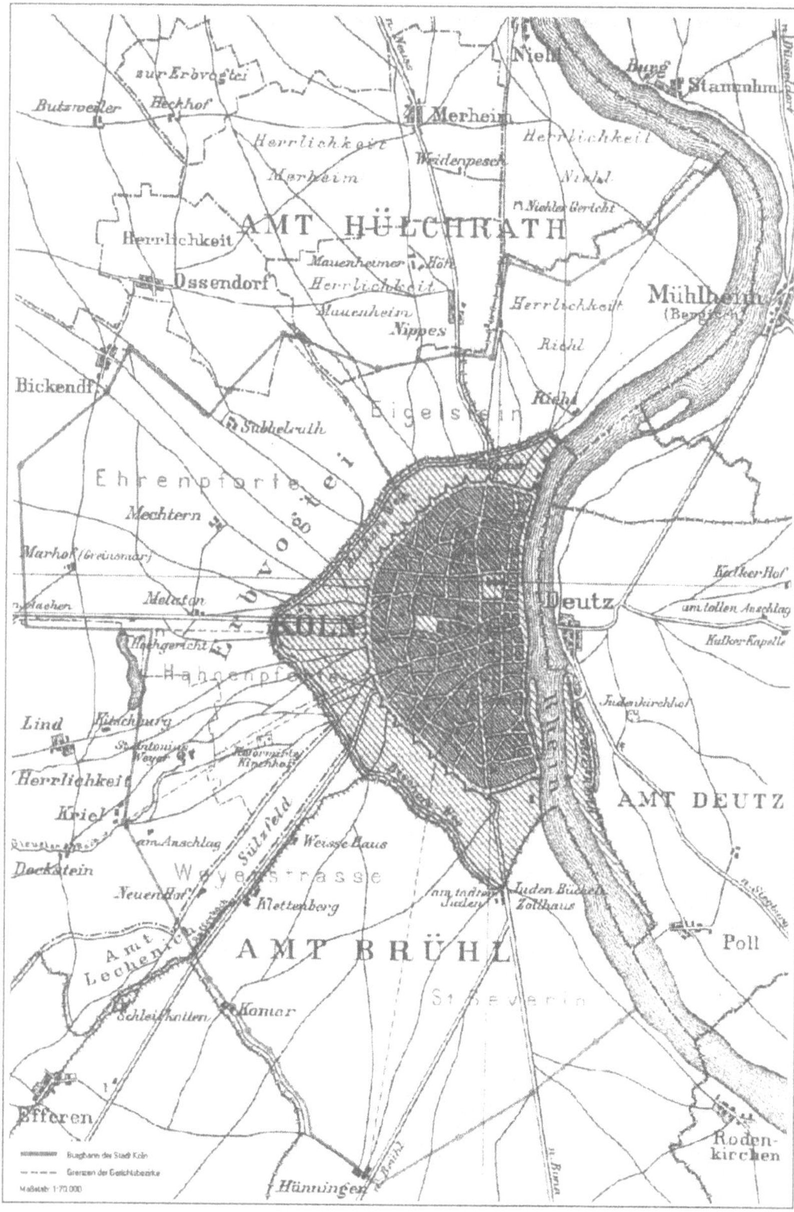

Anmerkung zur Karte:

Quelle: WILHELM FABRICIUS, Karte der politischen und administrativen Einteilung der heutigen preußischen Rheinprovinz für das Jahr 1789, 4. Bd., Blatt V, Bonn 1894 (Teil des „geschichtlichen Atlas der Rheinprovinz" Publikationen der Gesellschaft für rheinische Geschichtskunde 12. Der Abdruck dieser Karte in der vorliegenden Dissertation wurde von der Gesellschaft für Rheinische Geschichtskunde genehmigt. Die Legende zur Karte wurde hinzugefügt. Die Bedeutung der als Grenzen der Gerichtsbezirke gekennzeichneten Linien ergab ein Vergleich mit der Karte bei KOEBNER, RICHARD, Die Anfänge des Gemeinwesen der Stadt Köln. Die Bedeutung der roten Linie als Grenze des Kölner Burgbannes wurde der Karte bei HERMANN AUBIN, Die Weistümer der Rheinprovinz, 2. Abteilung, 2. Bd., Bonn 1914, in: Publikationen der Gesellschaft für rheinische Geschichtskunde, Bd. XVIII entnommen.

Anhang 8: „Daß von pfandung und gefangen wegen am keiserlichen cammergericht gehandelt werden möge."[1]

Nachdem auch nit alleyn in obgemeltem fall, sonder auch auß dem, daß einer den anderen pfendt, ihne oder die seyne fahet, gemeynlich alle thättliche handlungen, empörungen und aufrüren im reych entstehen und erfolgen: Söllichem zu begegnen, setzen und ordnen wir, daß hinfüro in sollichem fall, da eyner, der dem reych on mittel underworfen, durch sich selbst oder die seine einen andern, der dem reych gleychergestalt underworfen, oder die seine pfenden oder fahen würde, warumb oder umb was sachen willen (allein malefitzsachen außgenommen) das beschehe, daß alßdann auf anruffen desjhenigen, der oder des underthanen also gepfendt oder gefangen, dem thätter durch das keyserlich cammergericht bey einer namhaften peen und sine clausula justificatoria mandirt und gebotten werden soll, one verzug auch eyniche inrede die pfandung widerzugeben und die gefangen[2] auf alte gewönliche urphed, doch anderst nicht, dann auf widerstellen, im fall solchs mit recht erkent würde, ledig zu lassen; mit angehengter ladung, in einer bestimpten zeyt am cammergericht zu erscheinen: erstlich, daß er sollichem mandat gehorsamlich gelebt, anzuzeygen und dann weyter sein gerechtigkeyt, der pfandung oder fahens halb, im rechten, wie sich gebürt, fürzubringen und darzuthun oder aber zu sehen und hören, sich in die peen des außgangen mandats, seiner ungehorsam halben, mit urtheyl und recht zu erklären und zu erkennen. Und soll darauf an dem cammergericht die sach der pfandung oder fahens halb, auch von wegen verwirckter peen im fall, da dem mandat nicht gelebt were, auf das allerschleunigst mit recht entscheyden werden. Und im fall, da sich erfünde, daß der klagendt theyl seiner klag nicht fug noch recht hett und das fahen oder pfenden von dem beklagten billich beschehen were, so sollen ime die pfandung oder gefangnen, die er auf des keyserlichen cammergerichts gebott hinauß geben oder ledig gelassen, zusampt aufgelaufnen kosten und schäden widerumb eingeantwort und die gefangen sich wider einzustellen angehalten werde, doch beyden theylen ire gerechtigkeyt der hauptsachen halb an gebürlichen orten und enden weyter mit recht außzufüren vorbehalten sein.

---

[1] Quelle: Laufs, Adolf, Die Reichskammergerichtsordnung von 1555, 2. Teil, XXII., in: Quellen und Forschungen zur Höchsten Gerichtsbarkeit im alten Reich, Bd. 3, Köln, Wien, S. 199 f.

[2] In Tit. XXIII, Teil 2 des Concepts von 1613 findet sich an dieser Stelle folgender Einschub: „oder da dieselben durch des Pfänders Verschulden und Fahrläßigkeit/vernachtheilt oder gar verdorben/oder auch zu Vorkommung solches Schadens/durch den Gepfändten wiederum um Geld gelöset worden/nicht weniger den billichen Werth/oder aber/deß anstatt der gelösten Pfand/eingenommen Geld zu erlegen/".

Quellenverzeichnis

I. Ungedruckte Quellen

Historisches Archiv der Stadt Köln (HAStK), Akten aus den Beständen:

- Reichskammergericht (RKG): C 44 (C 558/1372), C 45 (C 559/1373), C 46 (C 560/1374), C 47 (C 561/1375), C 49 (C 563/1377), C 50 (C 564/1378)
- Haupturkundenarchiv (HUA): Nr. 3/14700 Köln contra Köln (KcK): Nr. 12, Nr. 13, Nr. 16, Nr. 94, Nr. 285
- Nordrhein-Westfälisches Hauptstaatsarchiv Düsseldorf (NWHSA) Akten aus dem Bestand RKG: Nr. 994 (C 490/1288)

II. Gedruckte Quellen

ANTWEILER, WOLFGANG/KASTEN, BRIGITTE, Das Hauptstaatsarchiv Düsseldorf und seine Bestände, Reichskammergericht, in: Veröffentlichungen der staatlichen Archive des Landes Nordrhein-Westfalen, Reihe A: Inventare Staatlicher Archive des Hauptstaatsarchivs Düsseldorf und seine Bestände, Band 9, 2. Teil (1988)

Apologia Des Ertz Stiffts Cöllen Sambt Beygefügten mit Num. 1 biß ad Num. 134 signirten beweißstücken wider Bürgermeistern und Rhats deßen haupt Statt Cöllen auff das Churfürstliche Manifest abgangenen vermeinten gegenberichts Anno QVO Gedruckt in der Churfürstlicher Residenß Statt Bonn.
(zitiert: Apologia)

AUBIN, HERMANN (HG), Die Weistümer der Rheinprovinz, Zweite Abteilung, Die Weistümer des Kurfürstentums Köln, 2. Band, Amt Brühl, in: Publikationen der Gesellschaft für Rheinische Geschichtskunde, Bd. XVIII, Bonn 1914

BOSSART, PETRUS ALEXANDER, Securis Ad Radicem Posita oder Grundtlicher Bericht Loco Libell - Warin der Statt Cöllen am Rhein Ursprung und Erbawung klar- und umbständtlich vorgestellt/auch ferner angewiesen ist/wasmassen dieselbe darfieder biß ins fünffte Saeculum in der Römischen kayseren Beherrschung gestanden; ...; In der Churfürstl. Residentz Statt Bonn/Truckts Georg Friedrich Franckenberg/Churfürstl. hoff-Buchtrucker/Anno 1687
(zitiert: Securis)

BRUNOTTE, ALEXANDER/WEBER, RAIMUND J., Akten des Reichskammergerichts im Hauptstaatsarchiv Stuttgart A-D, Inventar des Bestandes C 3, in: Veröffentlichungen der staatlichen Archivverwaltung Baden-Württemberg, herausgegeben von der Landesarchivdirektion Baden-Württemberg, Band 46/1 1993

BUSCHMANN, ARNO, Das Reformwerk Karls IV. im 14. Jahrhundert, Die Goldene Bulle vom 10. Januar/25. Dezember 1356, in: Kaiser und Reich, Verfassungsgeschichte des Heiligen Römischen Reiches Deutscher Nation vom Beginn des 12. Jahrhunderts bis zum Jahre 1806 in Dokumenten, Teil I: Vom Wormser Konkordat 1122 bis zum Augsburger Reichsabschied von 1555, 2. ergänzte Auflage, Baden-Baden 1994
(zitiert: BUSCHMANN, ARNO, Das Reformwerk Karls IV. im 14. Jahrhundert)

DERS., Die Reichskammergerichtsordnung vom 7. August 1495, in: Kaiser und Reich, Verfassungsgeschichte des Heiligen Römischen Reiches Deutscher Nation vom Beginn des 12. Jahrhunderts bis zum Jahre 1806 in Dokumenten, Teil I: Vom Wormser Konkordat 1122 bis zum Augsburger Reichsabschied von 1555, 2. ergänzte Auflage, Baden-Baden 1994
(zitiert: BUSCHMANN, ARNO: Die Reichskammergerichtsordnung vom 7. August 1495)

DERS., Der sogen. Jüngste Reichsabschied (Recessus Imperii Novissimus) vom 17. Mai 1654, in: Kaiser und Reich, Klassische Texte zur Verfassungsgeschichte des Heiligen Römischen Reiches Deutscher Nation vom Beginn des 12. Jahrhunderts bis zum Jahre 1806, Teil II: Vom Westfälischen Frieden 1648 bis zum Ende des Reiches im Jahre 1806, S. 180 ff.
(zitiert: BUSCHMANN, ARNO, Der sogen. Jüngste Reichsabschied)

Concepta Ordinatio Cameralis, Konzept einer Reichskammergerichtsordnung von 1603 (gedruckt 1613)
(zitiert: COC)

DREHER, BERND (HG.), Texte zur Kölner Verfassungsgeschichte, Ausgewählt und mit einer Einleitung versehen von Bernd Dreher, in: Veröffentlichungen des Kölnischen Stadtmuseums (bis 1933 des historischen Museums der Stadt Köln), Heft VI, Köln 1988

FABRICIUS, WILHELM, Karte der politischen und administrativen Einteilung der heutigen preußischen Rheinprovinz für das Jahr 1789, 4. Bd., Blatt V, Bonn 1894, in: Geschichtlicher Atlas der Rheinprovinz, Publikationen der Gesellschaft für rheinische Geschichtskunde 12

KNIPPING, RICHARD, Die Regesten der Erzbischöfe von Köln im Mittelalter
2. Band (1100-1205), in: Publikationen der Gesellschaft für Rheinische Geschichtskunde XXI., Bonn 1901
3. Band (1205-1304), Zweite Hälfte (1261-1304) und Register zu beiden Hälften, in: Publikationen der Gesellschaft für Rheinische Geschichtskunde XXI., Bonn 1913
(zitiert: KNIPPING, RICHARD, Bd.)

KOCH, ERNST AUGUST, Neue und vollständige Sammlung der Reichs Abschiede welche von den Zeiten Kayser Conrads des II. bis jetzo auf den Teutschen Reichs Tägen abgefasset worden, sammt den wichtigsten Reichs Schlüssen, so auf dem noch fürwährenden Reichs Tage zur Richtigkeit gekommen sind. In vier Theilen. Nach den haupt Urkunden aus den fürnehmsten Archiven, alten Abdrücken, und bewährtesten geschriebenen Büchern, theils von neuem übersehen, theils zum erstenmahl ans Licht gestellt, und auf Churfürstlich Mayntzische gnädigste Genehmigung mit den in dem Reichs Archiv befindlichen Originalien collationiret. Nebst einer Einleitung, Zugabe, und vollständigen Registern. Mit allerhöchsten kayserlichen freyheiten. Neudruck der Ausgabe 1747, Osnabrück 1967

Erster Theil derer Reichs-Abschiede bis auf das Jahr 1494 inclusive, Zweyter Theil derer Reichs-Abschiede von dem Jahr 1495 bis auf das Jahr 1551 inclusive, Dritter Theil derer Reichs-Abschiede von dem Jahr 1552 bis 1654 inclusive, Vierter Theil derer Allgemeinen Reichs-Gesetze, bestehend in denen merckwurdigsten Reichs-Schlüssen des noch währenden Reichs-Tags.
(zitiert: KOCH, ERNST AUGUST, Teil)

KORDES MATTHIAS/NIPPERT, KLAUS (BEARB.), Mitteilungen aus dem Stadtarchiv von Köln, Reichskammergericht Köln, Heft 81 Nr. 1-600 (A-F), Heft 82, Nr. 601-1232 (G-M), Heft 83 Nr. 1233-1677 (N-S), Heft 84, Teil 1 Nr. 1678-1864 (T-Z), Köln, Weimar, Wien 1998-2002, Hefte 81-83 bearbeitet von MATTHIAS KORDES, Heft 84, Teil 1 bearbeitet von KLAUS NIPPERT, herausgegeben von EVERHARD KLEINERTZ
(zitiert: Bearbeiter, Mitteilungen aus dem Stadtarchiv von Köln)

LAUFS, ADOLF, Die Reichskammergerichtsordnung von 1555, in: Quellen und Forschungen zur Höchsten Gerichtsbarkeit im alten Reich, Bd. 3, Köln, Wien 1976

MOSER, FRIDERICH CARL, Sammlung des heiligen Römischen Reichs sämtlicher Crays-Abschiede und anderer Schlüsse, an das Licht gestellet von FRIDERICH CARL MOSER, hoch-Fürstlich-hessen-homburgischen Canzley-Secretario, Dritter Theil, Leipzig, Ebersdorf im Vogtland und homburg bey Franckfurt, 1748
(zitiert: MOSER, FRIDERICH CARL, Crays-Abschiede)

SAUR, Tractatus absolutissimus de jurisdictionibus Coloniensibus, in quo non sulum exhibetur, quaenam intra & extra Coloniam, tum in electoratu, tum Metropoli Coloniensi extant, aut in usu sunt Judicia, sed etiam continetur id, quod & ad alias Jurisdictiones, foraque omnium locorum, tam in Realibus, quam in Personalibus est applicabile; imò memoratu dignissima circa Revisionem ac ejus loco competentem appellationem ad Imperialia Tribunalia inibi existunt detecta, utilior & perfectior, quám ut minimâ commendatione egeat, publico Bono necessarius & consecratus. Wetzlariae, Typis Nicolai Ludovici Winckleri. Anno MDCCLI
(zitiert: Tractatus absolutissimus)

Statuta und Concordata der h. Freyen Reichs Statt Cölln/durch Burgermeister und Raht/mit raht aller Rähten unnd 44. Ampt Graff unnd Scheffen deß hohen Gerichts/nach dero wolherbrachten alten Statt Rechten mittels Eyds auffgericht/Anno Domini 1437. Dies welche durch die Römische königliche Maiestatt und den Ertzbischoffen zu Cöllen mit dero huldigungen mittels Eyds bestättiget worden
(zitiert: Statuta und Concordata)

STEIN, WALTHER, Akten zur Geschichte der Verfassung und Verwaltung der Stadt Köln im 14. und 15. Jahrhundert, Erster Band, Düsseldorf 1993 (Nachdruck der Ausgabe Bonn 1893)

TILLE, ARMIN, Miscellen: Instanzenzug des Kurkölnischen Gerichts im XVII. Jahrhundert, in: ZRG GA 21 (1900), S. 222 ff.

Literaturverzeichnis

BATTENBERG, FRIEDRICH, Reichskammergericht und Archivwesen Zum Stand der Erschließung der Reichskammergerichtsakten in: Quellen und Forschungen zur höchsten Gerichtsbarkeit im alten Reich (herausgegeben von FRIEDRICH BATTENBERG, BERNHARD DIESTELKAMP, ULRICH EISENHARDT, GUNTER GUDIAN, ADOLF LAUFS, WOLFGANG SELLERT), Bd. 21: Das Reichskammergericht in der deutschen Geschichte, Stand der Forschung, Forschungsperspektiven, herausgegeben von BERNHARD DIESTELKAMP, Köln, Wien 1990, S. 173 ff.

BEEMELMANS, MARIA CLEMENTINE, Die Stellung des Hohen Weltlichen Gerichts zum Rat der Stadt Köln (1475-1794), in: JbKGV Bd. 17 (1935), S. 1 ff.

BERG, GÜNTHER HEINRICH VON, Grundriß der reichsgerichtlichen Verfassung und Praxis, Göttingen 1797

BOCK, ULRICH, 1396-1996 Köln in guter Verfassung?!: 600 Jahre Verbundbrief, in: Führer zur Ausstellung im Kölnischen Stadtmuseum, 23. März bis 29. Dezember 1996, Köln 1996, herausgegeben von WERNER SCHÄFKE

BRACH, KARL HEINRICH, Die Reform des Gerichtswesens im Erzbistum Köln unter Maximilian Franz, in: Beiträge für die Geschichte Niedersachsens und Westfalens, 24. Heft, Hildesheim 1910, herausgegeben von GEORG ERLER

BREUER, WIMMAR, Burgbann und Bannmeile von Köln, Dissertation, Köln 1921

BRINCKEN, ANNA-DOROTHEE VON DEN, Privilegien Karls IV. für die Stadt Köln, in: BllDtLG, Neue Folge des Korrespondenzblattes, 114. Jg. (1978), S. 243 ff., Göttingen, herausgegeben von HANS PATZE
(zitiert: BRINCKEN, ANNA-DOROTHEE VON DEN, Privilegien Karls IV.)

DIES. Köln 1475 des heiligen Reiches freie Stadt, Ausstellung des Historischen Archivs der Stadt Köln zum 500. Jahrestag der Anerkennung Kölns als Freie Reichsstadt am 19. September 1975, Köln 1975
(zitiert: BRINCKEN, ANNA-DOROTHEE VON DEN, Köln 1475 des heiligen Reichs freie Stadt)

DEETERS, JOACHIM, Die Bestände des Stadtarchivs Köln bis 1814, Eine Übersicht, in: Mitteilungen aus dem Stadtarchiv von Köln, 76. Heft (1994)

DEMANDT, KARL E., Laterculus Notarum, Lateinisch-deutsche Interpretationshilfen für spätmittelalterliche und frühneuzeitliche Archivalien, 6. Auflage, Marburg 1994

DICK, BETTINA, Die Entwicklung des Kameralprozesses nach den Ordnungen von 1495 bis 1555, in: Quellen und Forschungen zur höchsten Gerichtsbarkeit im alten Reich, Bd. 10, Köln, Wien 1981

DIESTELKAMP, BERNHARD, Rechtsfälle aus dem Alten Reich, Denkwürdige Prozesse vor dem Reichskammergericht, München 1995
(zitiert: DIESTELKAMP, BERNHARD, Rechtsfälle)

DERS., Das Reichskammergericht im Rechtsleben des 16. Jahrhunderts, in: Recht und Gericht im Heiligen Römischen Reich, Ius Commune, Sonderheft 122 (1999), S. 213 ff.

DREESMANN, KLAUS, Verfassung und Verfahren der Kölner Ratsgerichte, Dissertation, Köln 1959

EHRENTRAUT, ARNO MARTIN, Untersuchungen über die Frage der Frei- und Reichsstädte, in: Leipziger Studien aus dem Gebiet der Geschichte, IX. Band, 2. Heft, herausgegeben von G. BUCHHOLZ, K. LAMPRECHT, E. MARCKS, G. SEELIGER, Leipzig 1902

EISENHARDT, ULRICH, Die weltliche Gerichtsbarkeit der Offizialate in Köln, Bonn und Werl im 18. Jahrhundert, in: Wissenschaftliche Abhandlungen der Arbeitsgemeinschaft für Forschung des Landes Nordrhein-Westfalen, 37. Bd, Köln und Opladen 1966, herausgegeben im Auftrage des Ministerpräsidenten HEINZ KÜHN von Staatssekretär Professor BRANDT

ENNEN, LEONARD, Geschichte der Stadt Köln, Volksausgabe in einem Bande, Düsseldorf 1880
(zitiert: ENNEN, LEONARD, Geschichte der Stadt Köln, Volksausgabe)

DERS., Geschichte der Stadt Köln,
1. Bd., Köln und Neuß 1863
2. Bd., Köln und Neuß 1865
(zitiert: ENNEN, LEONARD, Geschichte der Stadt Köln, Bd.)

ERLER, ADALBERT/KAUFMANN, EKKEHARD (HG.), mitbegründet von STAMMLER, WOLFGANG, Handwörterbuch zur deutschen Rechtsgeschichte, Bd. I (1971), Bd. II (1978), Bd. III (Berlin 1984), Bd. IV (Berlin 1990)
(zitiert: Bearbeiter, Stichwort, HRG, Bd., Sp.)

FABRICIUS, WILHELM, Erläuterungen zum geschichtlichen Atlas der Rheinprovinz, Band 2, Die Karte von 1789, Einteilung und Entwicklung der Territorien von 1600 bis 1794, Bonn 1898, Photomechanischer Nachdruck 1965
(zitiert: FABRICIUS, WILHELM, Erläuterungen)

FOERSTER, HANS, Kurköln und Stadt Köln in der Goldenen Bulle Kaiser Karls IV. vom Jahre 1356, in: RhVjbll Jahrgang 19 (Heft 1/2) 1954, S. 45 ff.
(zitiert: FOERSTER, HANS, Kurköln und Stadt Köln)

DERS., Die Organisation des erzbischöflichen Offizialatsgerichts zu Köln bis auf Hermann von Wied, in: ZRG KA 42 (1921), S. 254 ff.
(zitiert: FOERSTER, HANS, Die Organisation des erzbischöflichen Offizialatsgerichts)

FRÜHAUF, GERD, Die Austrägalgerichtsbarkeit im deutschen Reich und im deutschen Bund, Dissertation, Hamburg 1976

GAILL, ANDREAS (übersetzt von THOBIAM LONCIUM), Practicarum Observationum deß hochlöblichen Cammer-Gerichts, Zwey Bücher. Darinnen sowol die in Gerichts-Process, als anderen zweyflhafften Rechts-Strittigkeiten vil underschidlich vorfallende Fragen stattlich decidiert unnd erörtert werden, München 1673
(zitiert: GAILL, ANDREAS, Practicarum Observationum)

De Pignorationibus. Von Pfandungs-Sachen/Wie derentwegen am kayserlichen Cammergericht erkennet und gesprochen werde. Ein sonderlich Buech.
(zitiert: GAILL, ANDREAS, Practicarum Observationum, De Pignorationibus)

GROTEN, MANFRED, Köln im 13. Jahrhundert, Gesellschaftlicher Wandel und Verfassungsentwicklung, in: Städteforschung, Veröffentlichungen des Instituts für vergleichende Städtegeschichte in Münster, begründet von HEINZ STOOB in Verbindung mit K. BLASCHKE, H. DURCHHARDT, W. EHBRECHT, H. HEINEBERG, H. JÄGER, R.-E.

MOHRMANN, F. OPLL, H. SCHILLING und H. K. SCHULZE, herausgegeben von PETER JOHANEK, Reihe A: Darstellungen, Bd. 36, Köln, Weimar, Wien 1998

HEINEN, HEINRICH, Die Gerichte des Kölner Rates im 14. und 15. Jahrhundert, in: JbKGV 16 (1934), S. 120 ff.

HERBORN, WOLFGANG, Die Stadt Köln und die Schlacht von Worringen, in: Der Name der Freiheit 1288-1988, Aspekte Kölner Geschichte von Worringen bis heute, Handbuch zur Ausstellung des Kölnischen Stadtmuseums in der Josef-Haubrich-Kunsthalle Köln 29.1.1988-1.5.1988, 2. Auflage, Köln 1988,
S. 289 ff., herausgegeben von. WERNER SCHÄFKE

HINZ, MANFRED, Der Mandatsprozess des Reichskammergerichts, Teildruck, Dissertation, Berlin 1966

HÖHNE, HANS, Die Streitigkeiten zwischen Stadt und Kurstaat Köln zur Zeit des Kurfürsten Klemens August (1723-1761), Erster Teil: Der Kampf zwischen Erzbischof und Stadt bis zum Beginn des 18. Jahrhunderts, in: AHVN, Heft 137 (1940), S. 98 ff.

HOLT, PAUL, Die Schlacht bei Worringen und die Stadt Köln, in: JbKGV Bd. 14 (1932), S. 1 ff.

IRSIGLER, FRANZ, Köln extra muros: 14. – 18. Jahrhundert, in: Siedlungsforschung Archäologie – Geschichte – Geographie, Bd. 1, Bonn 1983, herausgegeben von KLAUS FEHN, DIETRICH DENECKE, FRANZ IRSIGLER, WALTER JANSSEN, WILFRIED KRINGS, JENS LÜNING, MICHAEL MÜLLER-WILLE, HANS-JÜRGEN NITZ, GERHARD OBERBECK, WINFRIED SCHICH

ISENMANN, EBERHARD, Die deutsche Stadt im Spätmittelalter 1250-1500 Stadtgestalt, Recht, Stadtregiment, Kirche, Gesellschaft, Wirtschaft,
Stuttgart 1988

JAHN, LEOPOLD G., Der Gelehrte als Streitschlichter: Eine Vereinbarung zwischen Erzbischof Konrad von Hochstaden und der Stadt Köln vom 28. Juni 1258 – Der Große Schied, in: Quellen zur Geschichte der Stadt Köln, Bd. 1, S. 173 ff., Antike und Mittelalter, Von den Anfängen bis 1396/97, herausgegeben im Auftrag des Fördervereins Geschichte in Köln e.V. von WOLFGANG ROSEN und LARS WIRTLER in Zusammenarbeit mit DOROTHEE

JANSSEN, WILHELM, Köln vor Gericht: Eine Zeugenaussage über die Rolle der Stadt bei der Schlacht von Worringen, 1288, in: Quellen zur Geschichte der Stadt Köln, Bd. 1, Antike und Mittelalter, Von den Anfängen bis 1396/97, herausgegeben im Auftrag des Fördervereins Geschichte in Köln e.V. von WOLFGANG ROSEN und LARS WIRTLER in Zusammenarbeit mit DOROTHEE RHEKER-WUNSCH und STEFAN WUNSCH, Köln 1999, S. 238 ff.
(zitiert: JANSSEN, WILHELM, Köln vor Gericht)

DERS., Geschichte des Erzbistums Köln, Zweiter Band: Das Erzbistum Köln im späten Mittelalter 1191-1515, Erster Teil, 1. Auflage, Köln 1995, herausgegeben von EDUARD HEGEL
(zitiert: JANSSEN, WILHELM, Geschichte des Erzbistums Köln)

JUNKERS, KARL, Der Streit zwischen Kurstaat und Stadt Köln am Vorabend des Holländischen Krieges (1667-1672), Dissertation, Düsseldorf 1935

KERN, FRITZ, Recht und Verfassung im Mittelalter, in: HZ 120 (1919), Dritte Folge – 24. Band, herausgegeben von FRIEDRICH MEINECKE und FRITZ VIGENER, S. 1 ff.
(zitiert: KERN, FRITZ, Recht und Verfassung im Mittelalter, in: HZ)

DERS., Recht und Verfassung im Mittelalter, Bibliothek klassischer Texte, Unveränderter reprografischer Nachdruck der Ausgabe Tübingen 1952, Darmstadt 1992
(zitiert: KERN, FRITZ, Recht und Verfassung im Mittelalter)

KEUSSEN, HERMANN, Köln im Mittelalter, Topographie und Verfassung Revidierter Sonderabdruck aus der II. Preisschrift der v. Mevissen-Stiftung, gekrönt und herausgegeben von der Gesellschaft für Rheinische Geschichtskunde mit drei Tafeln, Bonn 1918

KISKY, WILHELM, Die Erhebung Kölns zur freien Reichsstadt, in: JbKGV Bd. 1 (1912), S. 1 ff.
(zitiert: KISKY, WILHELM, Die Erhebung Kölns)

DERS., Die Akten der Abteilung „Köln contra Köln" (Verhältnis der Stadt zum Erzbischof), in: Mitteilungen aus dem Stadtarchiv von Köln Heft 34 (1912), S. 111 ff.
(zitiert: KISKY, WILHELM, Die Akten der Abteilung „Köln contra Köln")

KLINKENBERG, H. M., Zur Interpretation des Großen Schied von 1258, in: JbKGV, Bd. 25 (1950)

KOEBNER, RICHARD, Die Anfänge des Gemeinwesens der Stadt Köln Zur Entstehung und ältesten Geschichte des deutschen Städtewesens, Bonn 1922

KORDES, MATTHIAS, „Gangh und gerechtigkeit uf einem heymlichen stuell und torn" Ein Kölner Servitutenstreit vor dem Reichskammergericht am Ende des 16. Jahrhunderts, in: Geschichte in Köln, Heft 44 (1998), S. 23 ff.
(zitiert: KORDES, MATTHIAS, Gangh und gerechtigkeit)

KRAUSE, HERMANN, Dauer und Vergänglichkeit im mittelalterlichen Recht, in: ZRG GA Bd. 75 (1958), S. 206 ff.
(zitiert: KRAUSE, HERMANN, Dauer und Vergänglichkeit)

DERS., Der Widerruf von Privilegien im frühen Mittelalter, in: AZ Bd. 75 (1979), S. 117 ff.
(zitiert: KRAUSE, HERMANN, Der Widerruf von Privilegien)

KURTHEN, WILHELM, Die Streitigkeiten zwischen Stadt und Kurstaat Köln zur Zeit der Kurfürsten Max Friedrich und Max Franz (1761-1801), Dissertation, Bonn 1951

LADEWIG PETERSEN, ERLING, Studien zur goldenen Bulle von 1356, in: DA 22. Jahrgang (1966), herausgegeben von BAETHGEN, FRIEDRICH und GRUNDMANN, HERBERT

LAU, FRIEDRICH, Entwicklung der kommunalen Verfassung und Verwaltung der Stadt Köln bis zum Jahre 1396, Preis-Schriften der Mevissen-Stiftung gekrönt und herausgegeben von der Gesellschaft für Rheinische Geschichtskunde, Amsterdam 1969

LEXIKON DES MITTELALTERS, München und Zürich 1980-1998
(zitiert: Bearbeiter, Stichwort, LexMA, Bd., Sp.)

LORENZ, SÖNKE, Das Reichskammergericht, in: Zeitschrift für Württembergische Landesgeschichte, 43. Jg. (1984), S. 175 ff.

MALBLANK, D. JULIUS FRIEDRICH, Anleitung zur kenntniß der deutschen Reichs- und Provinzial- Gerichts- und kanzleyverfassung und Praxis, Vierter Theil nebst einem Register, Nürnberg und Altdorf 1795

MASTIAUX, CASPAR ANTON VON, Historisch-geographische Beschreibung des Erzstiftes Köln Eine nöthige Beilage zu des herrn C. R. Büschings Erdbeschreibung, zweite verbesserte Auflage, Frankfurt und Leipzig 1783

MERING, F. E. VON, Beiträge zur Geschichte der ehemaligen churkölnischen und altstadtkölnischen Verfassung bis 1798 als dem Einführungsjahre der französischen Gesetzgebung. Nebst einem Anhange über die Frei- und Vehmgerichte, so wie über die Einführung der Inquisition- und Ketzergerichte in Bezug auf die Stadt Köln mit vielen meistens noch unbekannten Notizen, Köln 1830

MEYERHUBER, ALFRED, Das privilegierte Austragsgericht der Reichsstadt Rothenburg ob der Tauber (1398-1806), Dissertation, Würzburg 1975

MILITZER, KLAUS, Die feierlichen Einritte der Kölner Erzbischöfe in die Stadt Köln im Spätmittelalter und in der frühen Neuzeit, in: JbKGV Bd. 55 (1984), S. 77 ff.

MOHNHAUPT, HEINZ, Erteilung und Widerruf von Privilegien nach der gemeinrechtlichen Lehre vom 16. bis 19. Jahrhundert, in: Das Privileg im europäischen Vergleich, Bd. 1, Ius Commune, Sonderheft 93 (1997), S. 93 ff.
(zitiert: MOHNHAUPT, HEINZ, Erteilung und Widerruf von Privilegien)

DERS., Confirmatio privilegiorum, in: Das Privileg im europäischen Vergleich, Bd. 2, Ius Commune, Sonderheft 125 (1999), S. 45 ff.
(zitiert: MOHNHAUPT, HEINZ, Confirmatio privilegiorum)

MOSER, JOHANN JACOB, Teutsches Staats-Recht, 26. Teil, Osnabrück 1968, Neudruck der Ausgabe 1737-1754
(zitiert: MOSER, JOHANN JACOB, Teutsches Staats-Recht)

NEUHAUS, GEORG, Übersicht über die Verfassungsgeschichte der Stadt Cöln seit der Römerzeit und über ihre Verwaltung im 20. Jahrhundert, Cöln 1914

OESTMANN, PETER, Die Rekonstruktion der reichskammergerichtlichen Rechtsprechung des 16. und 17. Jahrhunderts als methodisches Problem, in: Quellen und Forschungen zur höchsten Gerichtsbarkeit im alten Reich (herausgegeben von FRIEDRICH BATTENBERG, BERNHARD DIESTELKAMP, ULRICH EISENHARDT, ADOLF LAUFS, WOLFGANG SELLERT), Bd. 37: Prozessakten als Quellen, Neue Ansätze zur Erforschung der Höchsten Gerichtsbarkeit im Alten Reich, herausgegeben von ANETTE BAUMANN, SIEGRID WESTPHAL, STEPHAN WENDEHORST und STEFAN EHRENPREIS, Köln, Weimar, Wien 2001, S. 15 ff.

PFEFFINGER, JOHANN FRIDERIC, Vitriarii Institutionum Juris Publici libri tertii titulos posteriores, et integrum librum IV. continens; annexis indicibus locupletissimis, et regenissimorum quorundam instrumentorum publicorum formulis. cum privilegiis sacr. Caesar. Majest. Regis Polon. & Elector. Saxoniae. Gothae, 1743

POTZ, RICHARD, Zur kanonistischen Privilegientheorie, in: Das Privileg im europäischen Vergleich, Bd. 1, Ius Commune Sonderheft 93 (1997), S. 13 ff.

PREHN, D. JOHANN JACOB, Von den Austrägen insbesondere von dem einem Kläger geringern Standes vortheilhaftesten Wege einen Fürsten zu belangen,
Halle 1779

RANIERI, FILIPPO, Recht und Gesellschaft im Zeitalter der Rezeption, eine rechts- und sozialgeschichtliche Analyse der Tätigkeit des Reichskammergerichts im 16. Jh., in: Quellen und Forschungen zur höchsten Gerichtsbarkeit im alten Reich, Bd. 17/I, Köln, Wien 1985, herausgegeben von BERNHARD DIESTELKAMP, ULRICH EISENHARDT, GUNTER GUDIAN, ADOLF LAUFS, WOLFGANG SELLERT

RATJEN, F.A., Verfassung und Sitz der Gerichte in Köln im Gesamtbilde der Stadt, Düsseldorf 1921

SCHILDT, BERND, Inhaltliche Erschließung und ideelle Zusammenführung der Prozessakten des Reichskammergerichts mittels einer computergestützten Datenbank, in: ZNR 25. Jg. H. 3/4 (2003), S. 269-290

SCHRÖDER, RICHARD/KÜNßBERG, EBERHARD VON, Lehrbuch der deutschen Rechtsgeschichte, 7. Auflage, Berlin und Leipzig 1932

SCHUBERT, ERNST, König und Reich Studien zur spätmittelalterlichen deutschen Verfassungsgeschichte, in: Veröffentlichungen des Max-Planck-Instituts für Geschichte, Bd. 63, Göttingen 1979

SEELIGER, GERHARD, Studien zur älteren Verfassungsgeschichte Kölns, zwei Urkunden des Kölner Erzbischofs von 1169 des XXVI. Bandes der Abhandlungen der philologisch-historischen Klasse der königl. sächsischen Gesellschaft der Wissenschaften Nr. III, mit einem Plane von Köln, Leipzig 1909

SMEND, RUDOLF, Das Reichskammergericht, Geschichte und Verfassung, 1965, Neudruck der Ausgabe Weimar 1911

STEHKÄMPER, HUGO, Über die rechtliche Absicherung der Stadt Köln gegen eine erzbischöfliche Landesherrschaft vor 1288, in: Die Stadt in der Europäischen Geschichte, Festschrift Edith Ennen, herausgegeben von WERNER BESCH, KLAUS FEHN, DIETRICH HÖROLDT, FRANZ IRSIGLER, MATTHIAS ZENDER, Bonn 1972, S. 343 ff.

STRAUCH, DIETER, Kölnisches Gerichtswesen bis 1794: Die Ordnung des Hochgerichts, 14. bis 15. Jahrhundert, in: Quellen zur Geschichte der Stadt Köln, Bd. 2: Spätes Mittelalter und frühe Neuzeit (1396-1794), herausgegeben vom Förderverein Geschichte in Köln e.V., 1. Auflage, Köln 1996
(zitiert: STRAUCH, DIETER, Kölnisches Gerichtswesen)

DERS., Das Hohe Weltliche Gericht zu Köln, in: Rheinische Justiz Geschichte und Gegenwart 175 Jahre Oberlandesgericht Köln, Köln 1994, herausgegeben von DIETER LAUM, ADOLF KLEIN, DIETER STRAUCH
(zitiert: STRAUCH, DIETER, Das Hohe Weltliche Gericht zu Köln)

WAITZ, GEORG, Deutsche Verfassungsgeschichte, Die deutsche Reichsverfassung von der Mitte des neunten bis zur Mitte des zwölften Jahrhunderts, 6. Band, 3. Auflage, Darmstadt 1955, bearbeitet von GERHARD SEELIGER

WALTER, FERDINAND, Das alte Erzstift und die Reichsstadt Cöln, ihre geistliche und weltliche Verfassung und ihr Recht. Entwicklung ihrer Verfassung vom fünfzehnten Jahrhundert bis zu ihrem Untergang. Ein Beitrag zur Geschichte des deutschen Staats- und Privatrechts, des deutschen Kirchenrechts und des rheinischen Adels. Bonn 1866

WIGGENHORN, HEINRICH, Der Reichskammergerichtsprozeß am Ende des alten Reiches, Dissertation 1966

WILLOWEIT, DIETMAR, Rechtsgrundlagen der Territorialgewalt Landesobrigkeit, Herrschaftsrechte und Territorium in der Rechtswissenschaft der Neuzeit, in: Forschungen zur deutschen Rechtsgeschichte, 11. Band (1975), herausgegeben von S. GAGNÉR, H. KRAUSE und H. SCHULTZE-V. LASAULX

WOLF, ARMIN, Das „Kaiserliche Rechtbuch" Karls IV (sogenannte Goldene Bulle), in: Ius Commune, Bd. II (1969), S. 1 ff., herausgegeben von HELMUT COING

ZEDLER, JOHANN HEINRICH, Großes vollständiges Universallexicon aller Wissenschaften und Künste, 64 Bde. (zuzüglich 4 Ergänzungsbde.), Halle, Leipzig 1732-1754 (zitiert: ZEDLER, JOHANN HEINRICH, Stichwort, Bd., Sp.)

ZEUMER, KARL, Die Goldene Bulle Kaiser Karls IV., Zwei Teile in einem Band, Erster Teil: Entstehung und Bedeutung der Goldenen Bulle, Zweiter Teil: Text der Goldenen Bulle und Urkunden zu ihrer Geschichte und Erläuterung, in: Quellen und Studien zur Verfassungsgeschichte des Deutschen Reiches in Mittelalter und Neuzeit, Band II., Nachdruck der Ausgabe Weimar 1908, Hildesheim, New York 1972

RECHTSHISTORISCHE REIHE

Band 1 Studien zu den germanischen Volksrechten. Gedächtnisschrift für Wilhelm Ebel. Vorträge gehalten auf dem Fest-Symposion anläßlich des 70. Geburtstages von Wilhelm Ebel am 16. Juni 1978 in Göttingen. Götz Landwehr (Hrsg.) 1982.

Band 2 Hans Poeschel: Die Statuten der Banken, Sparkassen und Kreditgenossenschaften in Hamburg und Altona von 1710 bis 1889. 1978.

Band 3 Thomas Kolbeck: Juristenschwemmen, Untersuchungen über den juristischen Arbeitsmarkt im 19. und 20. Jahrhundert. 1978.

Band 4 Norbert Hempel: Richterleitbilder in der Weimarer Republik. 1978.

Band 5 Rolf Stratmann: Die Scheinbußen im mittelalterlichen Recht. 1978.

Band 6 Martin C. Lockert: Die niedersächsischen Stadtrechte zwischen Aller und Weser. Vorkommen und Verflechtungen. Eine Bestandsaufnahme. 1979.

Band 7 Joachim Rückert/Wolfgang Friedrich: Betriebliche Arbeiterausschüsse in Deutschland, Großbritannien und Frankreich im späten 19. und frühen 20. Jahrhundert. Eine vergleichende Studie zur Entwicklung des kollektiven Arbeitsrechts. 1979.

Band 8 Peter Bender: Die Rezeption des römischen Rechts im Urteil der deutschen Rechtswissenschaft. 1979.

Band 9 Friedrich Karl Alsdorf: Untersuchungen zur Rechtsgestalt und Teilung deutscher Ganerbenburgen. 1980.

Band 10 Dietmar Willoweit/Winfried Schich (Hrsg.): Studien zur Geschichte des sächsisch-magdeburgischen Rechts in Deutschland und Polen (Sammelband). 1980.

Band 11 Brigitte Hempel: Der Entwurf einer Polizeiordnung für das Herzogtum Sachsen-Lauenburg aus dem Jahre 1591. 1980.

Band 12 Klaus-Detlev Godau-Schüttke: Rechtsverwalter des Reiches. Staatssekretär Dr. Curt Joël. 1981.

Band 13 Rainer Polley: Anton Friedrich Justus Thibaut (AD 1772-1840) in seinen Selbstzeugnissen und Briefen. Teil 1: Abhandlung. Teil 2: Briefwechsel. Teil 3: Register zum Briefwechsel. 1982.

Band 14 Michael Wettengel: Der Streit um die Vogtei Kelkheim 1275-1276. Ein kanonischer Prozeß.1981.

Band 15 Otto Wilhelm Krause: Naturrechtler des sechzehnten Jahrhunderts. Ihre Bedeutung für die Entwicklung eines natürlichen Privatrechts. 1982.

Band 16 Helga Spindler: Von der Genossenschaft zur Betriebsgemeinschaft. Kritische Darstellung der Sozialrechtslehre Otto von Gierkes. 1982.

Band 17 Holger Otte: Gustav Radbruchs Kieler Jahre 1919 - 1926. 1982.

Band 18 Rüdiger Teuner: Die fuldische Ritterschaft 1510 - 1656. 1982.

Band 19 Gerhard Dilcher/Rudolf Hoke/Gian Savino Pene Vidari/Hans Winterberg (Hrsg.): Grundrechte im 19. Jahrhundert. 1982.

Band 20 Karl-Hans Schloßstein: Die westfälischen Fabrikengerichtsdeputationen - Vorbilder, Werdegang und Scheitern. 1982.

Band 21 Birger Schulz: Der Republikanische Richterbund (1921-1933). 1982.

Band 22 Engelbert Krause: Die gegenseitigen Unterhaltsansprüche zwischen Eltern und Kindern in der deutschen Privatrechtsgeschichte. 1982.

Band 23 Meent W. Francksen: Staatsrat und Gesetzgebung im Großherzogtum Berg (1806-1813). 1982.

Band 24 Gerd von Sonnleithner: Bearbeitung des Handelsrechts durch Ignaz von Sonnleithner in seinem "Leitfaden über das österreichische Handels- und Wechselrecht". 1982.

Band 25 Rudolf Palme: Rechts-, Wirtschafts- und Sozialgeschichte der inneralpinen Salzwerke bis zu deren Monopolisierung. 1983.

Band 26 Helen Bosshard: Pestalozzis Staats- und Rechtsverständnis und seine Stellung in der Aufklärung. 1983.

Band 27 Jens Jessen: Die Selbstzeugnisse der deutschen Juristen. Erinnerungen, Tagebücher und Briefe. Eine Bibliographie. 1983.

Band 28 Günter Martin Jensen: Das Domanium Waldeck. Die rechtliche Zuordnung eines Fürstenvermögens. 1984.

Band 29 Johann Heinrich Kumpf: Petitionsrecht und öffentliche Meinung im Entstehungsprozeß der Paulskirchenverfassung 1848/49. 1983.

Band 30 Sabine Frey: Rechtsschutz der Juden gegen Ausweisungen im 16. Jahrhundert. 1983.

Band 31 Dietrich Joswig: Die germanische Grundstücksübertragung. 1984.

Band 32 Andreas Baryli: Konzessionssystem contra Gewerbefreiheit. Zur Diskussion der österreichischen Gewerberechtsreform 1835 bis 1860. 1984.

Band 33 Gerhard Oberkofler: Studien zur Geschichte der österreichischen Rechtswissenschaft. 1984.

Band 34 Rudolf Lauda: Kaufmännische Gewohnheit und Burgrecht bei Notker dem Deutschen. Zum Verhältnis von literarischer Tradition und zeitgenössischer Realität in der frühmittelalterlichen Rhetorik. 1984.

Band 35 Jens Jensen: Die Ehescheidung des Bischofs Hans von Lübeck von Prinzessin Julia Felicitas von Württemberg-Weiltingen AD 1648-1653. Ein Beitrag zum protestantischen Ehescheidungsrecht im Zeitalter des beginnenden Absolutismus. 1984.

Band 36 Horst Schröder: Friedrich Karl von Savigny. Geschichte und Rechtsdenken beim Übergang vom Feudalismus zum Kapitalismus in Deutschland. 1984.

Band 37 Andreas Hatzung: Dogmengeschichtliche Grundlagen und Entstehung des zivilrechtlichen Notstands. 1984.

Band 38 Matthias Klasen: Das Billwerder Landrecht. Landrecht und Landgericht in den Hamburger Elbmarschen. 1985.

Band 39 Rainer Jamin: Aufbau, Tätigkeit und Verfahren der Auseinandersetzungsbehörden bei der Durchführung der preußischen Agrarreformen. 1985.

Band 40 Henry Winter: Teilschuld, Gesamtschuld und unechte Gesamtschuld. Zur Konzeption der §§ 420 ff. BGB - Ein Beitrag zur Entstehungsgeschichte des BGB. 1985.

Band 41 Hermann Eichler: Verfassungsbewegung in Amerika und Europa. 1985.

Band 42 Dagmar Bandemer: Heinrich Albert Zachariae. Rechtsdenken zwischen Restauration und Reformation. 1985.

Band 43 Eva-Christine Frentz: Das Hamburgische Admiralitätsgericht (1623-1811). Prozeß und Rechtsprechung. 1985.

Band 44 Karl Lillig: Rechtsetzung im Herzogtum Pfalz-Zweibrücken während des 18. Jahrhunderts. Ein Beitrag zur Geschichte der territorialen Rechtsbildung. 1985.

Band 45 Walter Weber: Die Entwicklung der Sparkassen zu selbständigen Anstalten des öffentlichen Rechts. Ein Beitrag zur Entwicklung des Anstaltsbegriffs im 19. Jahrhundert. 1985.

Band 46 Bärbel Baum: Der Stabreim im Recht. Vorkommen und Bedeutung des Stabreims in Antike und Mittelalter. 1986.

Band 47 Hans Popp: Die nationalsozialistische Sicht einiger Institute des Zivilprozeß- und Gerichtsverfassungsrechts. 1986.

Band 48 John Karl-Heinz Montag: Die Lehrdarstellung des Handelsrechts von Georg Friedrich von Martens bis Meno Pöhls. Die Wissenschaft des Handelsrechts im ersten Drittel des 19. Jahrhunderts. 1986.

Band 49 Volker D. Anhäusser: Das internationale Obligationenrecht in der höchstrichterlichen Rechtsprechung des 19. Jahrhunderts. 1986.

Band 50 Udo Beer: Die Juden, das Recht und die Republik. Verbandswesen und Rechtsschutz 1919-1933. 1986.

Band 51 Herbert Grziwotz: Der moderne Verfassungsbegriff und die "Römische Verfassung" in der deutschen Forschung des 19. und 20. Jahrhunderts. 1986.

Band 52 Ralf Conradi: Karl Friedrich Eichhorn als Staatsrechtslehrer. Seine Göttinger Vorlesung über "Das Staatsrecht der deutschen Bundesstaaten" nach einer Kollegmitschrift aus dem Wintersemester 1821/22. 1987.

Band 53 Dieter Dannreuther: Der Zivilprozeß als Gegenstand der Rechtspolitik im Deutschen Reich 1871 - 1945. Ein Beitrag zur Geschichte des Zivilprozeßrechts in Deutschland. 1987.

Band 54 Stephan Felix Pauly: Organisation, Geschichte und Praxis der Gesetzesauslegung des (Königlich) Preußischen Oberverwaltungsgerichtes 1875 - 1933. 1987.

Band 55 Rüdiger Schulz: Die Entstehung des Seerechts des Allgemeinen Deutschen Handelsgesetzbuches unter besonderer Berücksichtigung der Bestimmungen über die Reederei, den Schiffer und die Schiffsmannschaft. 1987.

Band 56 Reinhold Reis: Deutsches Privatrecht in den Weistümern der Zenten Schriesheim und Kirchheim. 1987.

Band 57 Jürgen Christoph: Die politischen Reichsamnestien 1918 - 1933. 1987.

Band 58 Gerhard Oberkofler/Eduard Rabofsky: Hans Kelsen im Kriegseinsatz der k.u.k.-Wehrmacht. Eine kritische Würdigung seiner militärtheoretischen Angebote. 1988.

Band 59 Arne Wulff: Staatssekretär Prof. Dr. Dr. h.c. Franz Schlegelberger. 1876-1970. 1991.

Band 60 Gerhard Köbler (Hrsg.): Wege europäischer Rechtsgeschichte. Karl Kroeschell zum 60. Geburtstag. 1987.

Band 61 Rüdiger Hütte: Der Gemeinschaftsgedanke in den Erbrechtsreformen des Dritten Reichs. 1988.

Band 62 Markus Göldner: Politische Symbole der europäischen Integration. Fahne, Hymne, Hauptstadt, Paß, Briefmarke, Auszeichnungen. 1988.

Band 63 Wolfgang Kröner: Freiheitsstrafe und Strafvollzug in den Herzogtümern Schleswig, Holstein und Lauenburg von 1700 bis 1864. 1988.

Band 64 Werner Gaile: Die Norder Theelacht. 1988.

Band 65 Karl v. Kempis: Andreas Gaill (1526 - 1587). Zum Leben und Werk eines Juristen der frühen Neuzeit. 1988.

Band 66 Wolf-Rüdiger Osburg: Die Verwaltung Hamburgs in der Franzosenzeit. 1811-1814. 1988.

Band 67 Christian Schudnagies: Hans Frank. Aufstieg und Fall des NS-Juristen und Generalgouverneurs. 1988.

Band 68 Otmar Jung: Senatspräsident Freymuth. Richter, Sozialdemokrat und Pazifist in der Weimarer Republik. Eine politische Biographie. 1989.

Band 69 Joachim Lohner: Das landeshauptmannschaftliche Gericht in Oberösterreich zu Beginn der Neuzeit. Eine Darstellung des oberösterreichischen Prozeßrechts am obersten Territorialgericht des Landes anhand der oberösterreichischen Landtafel.1989.

Band 70 Bernd Klemann: Rudolf von Jhering und die Historische Rechtsschule. 1989.

Band 71 Adalbert Langer: Männer um die österreichische Zivilprozeßordnung 1895. Zusammenspiel / Soziales Ziel. 1990.

Band 72 Robert-Dieter Klee: Die Landessuperintendentur Lauenburg. Ursprung und Entwicklung sowie Ende der Sonderstellung des Kirchenkreises Herzogtum Lauenburg durch die nordelbische Kirchenvereinigung. 1989.

Band 73 Heinrich Herrmann: Die Gehöferschaften im Bezirk Trier. 1989.

Band 74 Wilhelm Brauneder, Franz Baltzarek (Hrsg.): Modell einer neuen Wirtschaftsordnung. Wirtschaftsverwaltung in Österreich 1914 - 1918. 1991.

Band 75 Thomas Dreyer: Die "Assecuranz- und Haverey-Ordnung" der Freien und Hansestadt Hamburg von 1731. 1990.

Band 76 Bernhard Sendler: Die Rechtssprache in den süddeutschen Stadtrechtsreformationen. 1990.

Band 77 Brigitte Lehmann: Ehevereinbarungen im 19. und 20. Jahrhundert. 1990.

Band 78 Michael Sunnus: Der NS-Rechtswahrerbund (1928-1945). Zur Geschichte der nationalsozialistischen Juristenorganisation. 1990.

Band 79 Stefan Schulz: Die historische Entwicklung des Rechts an Bienen. (§§ 961 - 964 BGB). 1990.

Band 80 Gerhard Lingelbach, Heiner Lück (Hrsg.): Deutsches Recht zwischen Sachsenspiegel und Aufklärung. Rolf Lieberwirth zum 70. Geburtstag dargebracht von Schülern, Freunden und Kollegen, herausgegeben von Gerhard Lingelbach und Heiner Lück. 1991.

Band 81 Manfred Krohn: Die deutsche Justiz im Urteil der Nationalsozialisten 1920 - 1933. 1991.

Band 82 Angelika Kühn: Privilegierung nationaler Minderheiten im Wahlrecht der Bundesrepublik Deutschland und Schleswig-Holsteins. 1991.

Band 83 Georg Brun: Leben und Werk des Rechtshistorikers Heinrich Mitteis unter besonderer Berücksichtigung seines Verhältnisses zum Nationalsozialismus. 1991.

Band 84 Wolfgang Simon: Claudius Freiherr von Schwerin. Rechtshistoriker während dreier Epochen deutscher Geschichte. 1991.

Band 85 Friedrich-Carl Wachs: Das Verordnungswerk des Reichsdemobilmachungsamtes. Stabilisierender Faktor zu Beginn der Weimarer Republik. 1991.

Band 86 Jens-Uwe Petersen: Die Vorgeschichte und die Entstehung des Mieterschutzgesetzes von 1923 nebst der Anordnung für das Verfahren vor dem Mieteinigungsamt und der Beschwerdestelle. 1991.

Band 87 Ulrike Haibach: Familienrecht in der Rechtssprache. Die historische Entwicklung zentraler Ausdrücke des geltenden Familienrechts. 1991.

Band 88 Joern Christian Nissen: Die Beratungen des Seeversicherungsausschusses der Akademie für Deutsches Recht zu einem neuen Seeversicherungsgesetz (1934-1939). Ein Beitrag zur Entwicklung der allgemeinen Lehren des Seeversicherungsrechts unter besonderer Berücksichtigung des Handelsgesetzbuchs und der Allgemeinen Deutschen Seeversicherungs-Bedingungen 1919. 1991.

Band 89 Diethard Bühler: Die Entstehung der allgemeinen Vertragsschluß-Vorschriften im Allgemeinen Deutschen Handelsgesetzbuch (ADHGB) von 1861. Ein Beitrag zur Kodifikationsgeschichte des Privatrechts im 19. Jahrhundert. 1991.

Band 90 Gerhard Oberkofler: Die Vertreter des Römischen Rechts mit deutscher Unterrichtssprache an der Karls-Universität in Prag. Vom Vormärz bis 1945. 1991.

Band 91 Ulrich Andermann: Ritterliche Gewalt und bürgerliche Selbstbehauptung. Untersuchungen zur Kriminalisierung und Bekämpfung des spätmittelalterlichen Raubrittertums am Beispiel norddeutscher Hansestädte. 1991.

Band 92 Heinz Marcus Hanke: Luftkrieg und Zivilbevölkerung. Der kriegsvölkerrechtliche Schutz der Zivilbevölkerung gegen Luftbombardements von den Anfängen bis zum Ausbruch des Zweiten Weltkrieges. 1991.

Band 93 Kirsten Kraglund: Familien- und Erbrecht. Materielles Recht und Methoden der Rechtsanwendung in der Rechtsprechung des Oberappellationsgerichts der vier Freien Städte Deutschlands zu Lübeck. 1991.

Band 94 Reinhard Lorenz: Die politische und rechtliche Stellung des Proletariats in Preußen in der Zeit zwischen den Reformen und der Revolution 1848/49. 1991.

Band 95 Eric Hilgendorf: Die Entwicklungsgeschichte der parlamentarischen Redefreiheit in Deutschland. 1991.

Band 96 Hans J. Reiter: Die Handelsgesellschaft Villeroy & Boch von der Gründung 1836 bis zum Jahr 1878. 1992.

Band 97 Martin Johannes Heller: Reform der deutschen Rechtssprache im 18. Jahrhundert. 1992.

Band 98 Michael Kotulla: Die Tragweite der Grundrechte der revidierten preußischen Verfassung vom 31.01.1850. 1992.

Band 99 Michael Siefener: Hexerei im Spiegel der Rechtstheorie. Das crimen magiae in der Literatur von 1574 bis 1608. 1992.

Band 100 Andreas Ebert-Weidenfeller: Hamburgisches Kaufmannsrecht im 17. und 18. Jahrhundert. Die Rechtsprechung des Rates und des Reichskammergerichtes. 1992.

Band 101 Enno Bommel: Die Entstehung der Verwirkungslehre in der Krise des Positivismus. 1992.

Band 102 Ralph Steppacher: Die Berücksichtigung der bäuerlichen Postulate bei der Entstehung des ZGB und der Revision des OR. Ein Beitrag zur schweizerischen Kodifikationsgeschichte (1893 - 1912). 1992.

Band 103 Martin Fleckenstein: Die Todesstrafe im Werk Carl Joseph Anton Mittermaiers (1787 - 1867). Zur Entwicklungsgeschichte eines Werkbereichs und seiner Bedeutung für Theorie- und Methodenbildung. 1992.

Band 104 Jörn Eckert: Der Kampf um die Familienfideikommisse in Deutschland. Studien zum Absterben eines Rechtsinstitutes. 1992.

Band 105 Jörg Grotkopp: Beamtentum und Staatsformwechsel. Die Auswirkungen der Staatsformwechsel von 1918, 1933 und 1945 auf das Beamtenrecht und die personelle Zusammensetzung der deutschen Beamtenschaft. 1992.

Band 106 Andreas Rohde: Die Garantiehaftung des Vermieters und ihr Verhältnis zum Unmöglichkeitsrecht in dogmengeschichtlicher und modernrechtlicher Sicht. 1992.

Band 107 Tjark Siefke Kunstreich: Gesamtvertretung. Eine historisch-systematische Darstellung. 1992.

Band 108 Jürgen Krüger: Blindheit und Königtum. Die Blindheit des Königs Georg V. von Hannover als verfassungsrechtliches Problem. 1992.

Band 109 Wolfgang Putschek: Ständische Verfassung und autoritäre Verfassungspraxis in Österreich 1933-1938 mit Dokumentenanhang. Verfassung und Verfassungswirklichkeit. Mit einem Anhang: Denkschriften von Rechtsanwalt Dr. Erich Führer 1936/37. 1993.

Band 110 Klaus Hofmann: Die Verdrängung der Juden aus öffentlichem Dienst und selbständigen Berufen in Regensburg 1933-1939. 1993.

Band 111 Franz Kilger: Die Entwicklung des Telegraphenrechts im 19. Jahrhundert mit besonderer Berücksichtigung der technischen Entwicklung. Telegraphenrecht im 19. Jahrhundert. 1993.

Band 112 Wilhelm Brauneder (Hrsg.): Heiliges Römisches Reich und moderne Staatlichkeit. 1993.

Band 113 Thomas Heinrich: Das preußische Nichtehelichenrecht: Von der Aufklärung zur Reaktion. 1993.

Band 114 Gerald Kohl: Jagd und Revolution. Das Jagdrecht in den Jahren 1848 und 1849. 1993.

Band 115 Christian Schudnagies: Der Kriegs- oder Belagerungszustand im Deutschen Reich während des Ersten Weltkrieges. Eine Studie zur Entwicklung und Handhabung des deutschen Ausnahmezustandsrechts bis 1918. 1994.

Band 116 Elisabeth Bellmann: Die Internationale Kriminalistische Vereinigung (1889-1933). 1994.

Band 117 Julia Pfannkuch: Volksrichterausbildung in Sachsen 1945-1950. 1993.

Band 118 Jörg Offen: Von der Verwaltungsgemeinschaft des BGB von 1896 zur Zugewinngemeinschaft des Gleichberechtigungsgesetzes von 1957. 1994.

Band 119 Dorothee Kohlhas-Müller: Untersuchungen zur Rechtsstellung Theoderichs des Großen. 1995.

Band 120 Monika Rose: Das Gerichtswesen des Herzogtums Pfalz-Zweibrücken im 18. Jahrhundert. Ein Beitrag zur territorialen Gerichtsbarkeit im Alten Reich. 1994.

Band 121 Jörn Eckert / Hans Hattenhauer (Hrsg.): Bibel und Recht. Rechtshistorisches Kolloquium 9. - 13. Juni 1992 an der Christian-Albrechts-Universität zu Kiel. 1994.

Band 122 Robert Martin Mizia: Der Rechtsbegriff der Autonomie und die Begründung des Privatfürstenrechts in der deutschen Rechtswissenschaft des 19. Jahrhunderts. 1995.

Band 123 Walther Graf von Plettenberg: Das Fortleben des Liber Iudiciorum in Asturien/León (8. - 13. Jh.). 1994.

Band 124 Wolfgang Schulz: Das deutsche Börsengesetz. Die Entstehungsgeschichte und wirtschaftlichen Auswirkungen des Börsengesetzes von 1896. 1994.

Band 125 Frank Hagemann: Der Untersuchungsausschuß Freiheitlicher Juristen. 1949 – 1969. 1994.

Band 126 Andreas Rethmeier: "Nürnberger Rassegesetze" und Entrechtung der Juden im Zivilrecht. 1995.

Band 127 Edith Grether: Die Poesie der Throne. Die Juristen in der Fruchtbringenden Gesellschaft. 1995.

Band 128 Anna Bartels-Ishikawa: Der Lippische Thronfolgestreit. Eine Studie zu verfassungsrechtlichen Problemen des Deutschen Kaiserreiches im Spiegel der zeitgenössischen Staats. 1995.

Band 129 Jörg Schmidt: Otto Koellreutter 1883-1972. Sein Leben, sein Werk, seine Zeit. 1995.

Band 130 Christian Hattenhauer: Wahl und Krönung Franz II. AD 1792. Das Heilige Reich krönt seinen letzten Kaiser - Das Tagebuch des Reichsquartiermeisters Hieronymus Gottfried von Müller und Anlagen. 1995.

Band 131 Jutta v. der Decken: Das Seearbeitsrecht im Hamburger Stadtrecht von 1301 bis 1603. 1995.

Band 132 Detlev Schmidt: Die Reform des Rechts der Handelsvertreter von 1953. 1995.

Band 133 Gabi Roßdeutscher: Privatautonomie im Scheidungsrecht. Scheidungsbezogene Vereinbarungen in den letzten 200 Jahren. 1995.

Band 134 Harald Kahlenberg: Leben und Werk des Rechtshistorikers Walther Merk. Ein Beispiel für das Verhältnis von Rechtsgeschichte und Nationalsozialismus. 1995.

Band 135 Michael Steitz: Adelbert Düringer am Reichsgericht (1902-1915). Seine aktienrechtlichen Entscheidungen und sein Einfluß auf das Aktienrecht in Deutschland. 1995.

Band 136 Christian Becker: Beata Justorum Translatio. Juristen in schleswig-holsteinischen Leichenpredigten. 1996.

Band 137 Christoph Seiler: Vom Allgemeinen Landrecht zum Bürgerlichen Gesetzbuch. Dargestellt am Beispiel der höchstrichterlichen Judikatur zum kaufrechtlichen Sachmängelgewährleistungsrecht. 1996.

Band 138 Bernd Mayer: Die Vertrauensmännerausschüsse auf den preußischen Steinkohlegruben an der Saar. Entstehung und Wirken. Eine rechtshistorische Untersuchung. 1996.

Band 139 Rochus Scholl: Juden und Judenrecht im Herzogtum Pfalz-Zweibrücken. Ein Beitrag zur Rechtsgeschichte eines deutschen Kleinstaates am Ende des alten Reiches. 1996.

Band 140 Meike Bursch: Judentaufe und frühneuzeitliches Strafrecht. Die Verfahren gegen Christian Treu aus Weener/Ostfriesland 1720-1728. 1996.

Band 141 Markus Hillenbrand: Fürstliche Eheverträge. Gottorfer Hausrecht 1544 - 1773. 1996.

Band 142 Ulf Häder: Das gemeinschaftliche Oberappellationsgericht thüringischer Staaten in Jena. Ein Beitrag zur Geschichte des Gerichtswesens im 19. Jahrhundert. 1996.

Band 143 Andreas Bauer: Das Gnadenbitten in der Strafrechtspflege des 15. und 16. Jahrhunderts. Dargestellt unter besonderer Berücksichtigung von Quellen der Vorarlberger Gerichtsbezirke Feldkirch und des Hinteren Bregenzerwaldes. 1996.

Band 144 Christian Wirth: Der Jurist Johann Andreas Georg Friedrich Rebmann zwischen Revolution und Restauration. 1996.

Band 145 Stefanie Müller: Die Rechtsprechung des Hanseatischen Oberlandesgerichts zum persönlichen Eherecht in Hamburgischen Gerichtsfällen von 1879 -1900. 1996.

Band 146 Jean-Nicolas Morisset: Der Frachtvertrag in der *Ordonnance de la marine* von 1681. 1996.

Band 147 Dirk Lentfer: Die Glogauer Landesprivilegien des Andreas Gryphius von 1653. 1996.

Band 148 Wencke Mull: Die Haftung für Einsturzschäden nach den §§ 836-838 BGB in der Rechtsprechung des Reichsgerichts. 1996.

Band 149 Renate Zeiger: Teufelsverträge. Märchen, Sage, Schwank, Legende im Spiegel der Rechtsgeschichte. 1996.

Band 150 Guido Kraß: Das Arrestverfahren in Frankfurt am Main im Spätmittelalter. 1996.

Band 151 F. Benedict Heyn: Die Entwicklung des Eisenbahnfrachtrechts von den Anfängen bis zur Einführung des Allgemeinen Deutschen Handelsgesetzbuches (ADHGB). 1996.

Band 152 Thomas Lang: Die Staats- und Verfassungslehre Carl Salomo Zachariaes. 1996.

Band 153 Michael Hebeis: Karl Anton von Martini (1726-1800). Leben und Werk. 1996.

Band 154 Gerald Hubert: Die Diskussion um die rechtliche Natur der Bizone in den Jahren 1947-1949. 1996.

Band 155 Christof Horn: Die Rechtsprechung des Reichsgerichts in Ehescheidungssachen der Jahre 1900 bis 1905. 1996.

Band 156 Hermann Nehlsen / Georg Brun (Hrsg.): Münchener rechtshistorische Studien zum Nationalsozialismus. 1996.

Band 157 Jan Otto Clemens Kehrberg: Die Entwicklung des Elektrizitätsrechts in Deutschland. Der Weg zum Energiewirtschaftsgesetz von 1935. 1997.

Band 158 Johannes Tradt: Der Religionsprozeß gegen den Zopfschulzen (1791-1799). Ein Beitrag zur protestantischen Lehrpflicht und Lehrzucht in Brandenburg-Preußen gegen Ende des 18. Jahrhunderts. 1997.

Band 159 Dietmar Olsen: Das kaufrechtliche Sachmängelgewährleistungsrecht des Code civil in der Rechtsprechung deutscher Gerichte im 19. Jahrhundert. Ein Beitrag zur Ablösung der Partikularrechte durch das BGB. 1997.

Band 160 Ulrich Bernhardt: Die Deutsche Akademie für Staats- und Rechtswissenschaft „Walter Ulbricht" 1948-1971. 1997.

Band 161 Claudia Susan Hoppe: Die Bürgschaft im Rechtsleben Hamburgs von 1600 bis 1900. 1997.

Band 162 Franz-Rudolf Ecker: Die Entwicklung des Bergrechts im Saarbrücker Steinkohlenrevier bis zum Ende des 18. Jahrhunderts. Ein Vergleich mit dem älteren deutschen Bergrecht. 1997.

Band 163 Anne Katrin Rückert: Politik und Privatrecht in der „konservativen Revolution". 1997.

Band 164 Gisbert Laube: Der Reichskunstwart. Geschichte einer Kulturbehörde 1919-1933. 1997.

Band 165 Nicolas Lührig: Die Diskussion über die Reform der Juristenausbildung von 1945 bis 1995. 1997.

Band 166 Regula Gerber Jenni: Die Emanzipation der mehrjährigen Frauenzimmer. Frauen im bernischen Privatrecht des 19. Jahrhunderts. 1997.

Band 167 Mischa A. Färber: Das gemeinschaftliche Testament in der höchstrichterlichen Rechtsprechung zum Allgemeinen Preußischen Landrecht und zum BGB. Ein Beitrag zur Ablösung der Partikularrechte durch das BGB. 1997.

Band 168 Catherine Antoinette Gasser: Philipp Lotmar 1850-1922. Professor der Universität Bern. Sein Engagement für das Schweizerische Arbeitsrecht. 1997.

Band 169 Lars Immisch: Der sozialistische Richter in der DDR und seine Unabhängigkeit. Der Versuch eines Rechtsvergleiches zum Unabhängigkeitsbegriff in der bundesdeutschen Rechtsordnung. 1997.

Band 170 Jessica Jacobi: Besitzschutz vor dem Reichskammergericht. Die friedenssichernde Funktion der Besitzschutzklagen am Reichskammergericht im 16. Jahrhundert, dargestellt anhand von Kameralisten. 1998.

Band 171 Ewald Hügemann: Die Geschichte des öffentlichen und privaten Mietpreisrechts vom Ersten Weltkrieg bis zum Gesetz zur Regelung der Miethöhe von 1974. 1998.

Band 172 Lutz Rentzow: Die Entstehungs- und Wirkungsgeschichte der Vernewerten Landesordnung für das Königreich Böhmen von 1627. 1998.

Band 173 Sabine Stürmer: Mühlenrecht im Herzogtum Pfalz-Zweibrücken während des 18. Jahrhunderts. Ein Beitrag zum Wirtschaftsrecht eines deutschen Kleinstaates im Alten Reich. 1998.

Band 174 Mario Bogisch: *Nemo testis in re sua*. Das Problem der Zeugnisfähigkeit bei der Anwendung der deutschen Zivilprozeßordnung von 1877. 1998.

Band 175 Rainer Oßwald: Pactane sunt servanda? Freiwilligkeit, Zwang und Unverbindlichkeitserklärungen im islamischen Vertragsrecht malikitischer Schule. 1998.

Band 176 Bettina Kern: Der preußische BGB-Entwurf von 1842. 1998.

Band 177 Inken Fuhrmann: Die Diskussion über die Einführung der fakultativen Zivilehe in Deutschland und Österreich seit Mitte des 19. Jahrhunderts. 1998.

Band 178 Annette Rieck: Der Heilige Ivo von Hélory (1247-1303). Advocatus pauperum und Patron der Juristen. 1998.

Band 179 Frank Bottenberg: Die Hamburgische Strafprozeßordnung von 1869. 1998.

Band 180 Matthias Krauß: Das kursächsische Postrecht von seinen Anfängen bis zum Ende des Alten Reichs. 1998.

Band 181 Torsten Schmidt: Die Entmündigung von den Anfängen des BGB bis zu ihrer Ablösung durch das Institut der Betreuung. 1998.

Band 182 Christian Nunn: Rudolf Müller-Erzbach. 1874-1959. Von der realen Methode über die Interessenjurisprudenz zum kausalen Rechtsdenken (Leben und Werk). 1998.

Band 183 Christian Ortloff: Das staatskirchenrechtliche System Wilhelm Traugott Krugs. Glaubens- und Gewissensfreiheit – eine Forderung der Vernunft. 1998.

Band 184 Christian Hattenhauer: Schuldenregulierung nach dem Westfälischen Frieden. Der sog. § *de indaganda* und seine Umsetzung im Jüngsten Reichsabschied (AD 1648 und 1654). 1998.

Band 185 Werner Schubert: Preußen im Vormärz. Die Verhandlungen der Provinziallandtage von Brandenburg, Pommern, Posen, Sachsen und Schlesien sowie – im Anhang – von Ostpreußen, Westfalen und der Rheinprovinz (1841-1845). 1998.

Band 186 Silvia Schumacher: Das Rechtsverhältnis zwischen Eltern und Kindern in der Privatrechtsgeschichte. 1999.

Band 187 Kai Sommer: Die Strafbarkeit der Homosexualität von der Kaiserzeit bis zum Nationalsozialismus. Eine Analyse der Straftatbestände im Strafgesetzbuch und in den Reformentwürfen (1871-1945). 1998.

Band 188 Jan Erik Backhaus: Volksrichterkarrieren in der DDR. 1999.

Band 189 Ralf Ruhnau: Die Fürstlich Thurn und Taxissche Privatgerichtsbarkeit in Regensburg. Ein Kuriosum der deutschen Rechtsgeschichte. 1999.

Band 190 Antonio Grilli: Die französische Justizorganisation am linken Rheinufer 1797-1803. 1999.

Band 191 Stephanie Kammerloher-Lis: Die Entstehung des Gesetzes über die religiöse Kindererziehung vom 15. Juli 1921. 1999.

Band 192 Jan Telp: Ausmerzung und Verrat. Zur Diskussion um Strafzwecke und Verbrechensbegriffe im Dritten Reich. 1999.

Band 193 Kurt von Pannwitz: Die Entstehung der Allgemeinen Deutschen Wechselordnung. Ein Beitrag zur Geschichte der Vereinheitlichung des deutschen Zivilrechts im 19. Jahrhundert. 1999.

Band 194 Sylvia Busch: Die Entstehung der Allgemeinen Gerichtsordnung für die Preussischen Staaten von 1793/95. Ein Beitrag zur Geschichte der Kodifikationsbewegung und der Reform des Zivilprozesses in Preußen im 18. Jahrhundert. 1999.

Band 195 Dirk Bieresborn: Klage und Klageerwiderung im deutschen und englischen Zivilprozeß. Eine rechtshistorische und rechtsvergleichende Untersuchung unter besonderer Berücksichtigung der Beeinflussung durch das römisch-kanonische Verfahren. 1999.

Band 196 Andreas Thier / Guido Pfeifer / Philipp Grzimek (Hrsg.): Kontinuitäten und Zäsuren in der Europäischen Rechtsgeschichte. Europäisches Forum Junger Rechtshistorikerinnen und Rechtshistoriker München 22.-24. Juli 1998. 1999.

Band 197 Franz Smola: Die Fürstlich Liechtenstein'sche Kunstsammlung. Rechtsfragen zur Verbringung der Sammlung von Wien nach Vaduz in den Jahren 1944/45. 1999.

Band 198 Frank Martin Krauss: Das geteilte Eigentum im 19. und 20. Jahrhundert. Eine Untersuchung zum Fortbestand des Teilungsgedankens. 1999.

Band 199 Matthias Frey: Die spanische Aktiengesellschaft im 18. Jahrhundert und unter dem Código de Comercio von 1829. 1999.

Band 200 Alexandra Gilde: Die Stellung der Frau im Reichsstrafgesetzbuch von 1870/71 und in den Reformentwürfen bis 1919 im Urteil der bürgerlichen Frauenbewegung. Eine Analyse ausgewählter Straftatbestände. 1999.

Band 201 Malte Dießelhorst / Arne Duncker: Hans Kohlhase. Die Geschichte einer Fehde in Sachsen und Brandenburg zur Zeit der Reformation. 1999.

Band 202 Jörg Hillmann: Territorialrechtliche Auseinandersetzungen der Herzöge von Sachsen-Lauenburg vor dem Reichskammergericht im 16. Jahrhundert. 1999.

Band 203 Carsten Engler: Die Kommanditgesellschaft (KG) und die stille Gesellschaft im Allgemeinen Deutschen Handelsgesetzbuch (ADHGB) von 1861. 1999.

Band 204 Vesta Hoffmann-Steudner: Die Rechtsprechung des Reichsgerichts zu dem Scheidungsgrund des § 49 EheG (EheG 1938) in den Jahren 1938-1945. 1999.

Band 205 Michaela Thiele: Die Auflösung von Arbeitsverhältnissen aufgrund Anfechtung und außerordentlicher Kündigung nach der Rechtsprechung des Reichsarbeitsgerichts (1927-1945). 2000.

Band 206 Peter Landau / Hermann Nehlsen / Mathias Schmoeckel (Hrsg.): Karl von Amira zum Gedächtnis. 1999.

Band 207 Marcus Flinder: Die Entstehungsgeschichte des Zivilgesetzbuches der DDR. 1999.

Band 208 Boris Franz Leo Bromm: Die Entstehungsgeschichte des Berufs des Handelsvertreters. Unter besonderer Berücksichtigung der Sozialgesetzgebung in den Jahren von 1871-1933. 2000.

Band 209 Winfried C. J. Eberstein: Das Tierschutzrecht in Deutschland bis zum Erlaß des Reichs-Tierschutzgesetzes vom 24. November 1933. Unter Berücksichtigung der Entwicklung in England. 1999.

Band 210 Patrick Deller: Der „nach dem Vertrage" vorausgesetzte Gebrauch (§ 459 Absatz 1 Satz 1 BGB). Eine kaufrechtliche Untersuchung unter Berücksichtigung rechtshistorischer wie rechtsvergleichender Grundlagen. 2000.

Band 211 Eckard Freiherr von Bodenhausen: Haftung des Geschäftsherrn für Verrichtungsgehilfen im Straßen- und Schienenverkehr. Eine Analyse der Entscheidungen des Reichsgerichts zu § 831 BGB (1900-1945). 2000.

Band 212 Birte Gast: Der Allgemeine Teil und das Schuldrecht des Bürgerlichen Gesetzbuchs im Urteil von Raymond Saleilles (1855-1912). 2000.

Band 213 Hansjörg Michael Huber: Koloniale Selbstverwaltung in Deutsch-Südwestafrika. Entstehung, Kodifizierung und Umsetzung. 2000.

Band 214 Ulf Björner: Die Verfassungsgerichtsbarkeit im Norddeutschen Bund und Deutschen Reich (1867-1918). Eine rechtshistorische Untersuchung über Gerichtsbarkeit im Spannungsfeld von Politik und Recht innerhalb der von Bismarck geschaffenen deutschen Bundesstaaten. 2000.

Band 215 Mathias Freiherr von Rosenberg: Friedrich Carl von Savigny (1779-1861) im Urteil seiner Zeit. 2000.

Band 216 Reinhard Binder-Krieglstein: Österreichisches Adelsrecht 1868-1918/19. Von der Ausgestaltung des Adelsrechts der cisleithanischen Reichshälfte bis zum Adelsaufhebungsgesetz der Republik unter besonderer Berücksichtigung des adeligen Namensrechts. 2000.

Band 217 Claudia-Regine Nerius: Johannes Lehmann-Hohenberg (1851-1925). Eine Studie zur völkischen Rechts- und Justizkritik im Deutschen Kaiserreich. 2000.

Band 218 Ludger Meulen: Die Erbfolgeordnung des Sachsenspiegels und des Magdeburger Rechts. Ein Beitrag zur Geschichte des sächsisch-magdeburgischen Rechts. 2000.

Band 219 Christoph Alexander von Wilcken: Die Reformbestrebungen zum Genossenschaftsgesetz in der Frühzeit der Bundesrepublik. Die Beratungen der Sachverständigenkommission zur Überprüfung des Genossenschaftsrechts 1954 bis 1958 und der Referentenentwurf von 1962. 2000.

Band 220 Verein Junger RechtshistorikerInnen Zürich (Hrsg.): ¿Rechtsgeschichte(n)? ¿Histoire(s) du droit? ¿Storia/storie del diritto? ¿Legal Histori(es)? Europäisches Forum Junger Rechtshistorikerinnen und Rechtshistoriker Zürich 28.-30. Mai 1999. 2000.

Band 221 Hans Christian Schüler: Die Entstehungsgeschichte der Bundesnotarordnung vom 24. Februar 1961. 2000.

Band 222 Nils-Eberhard Schramm: Die Vereinigung demokratischer Juristen (1949-1999). 2000.

Band 223 Silke Anke Torp: Das Rechtsverhältnis zwischen den Eltern und ihren Kindern. Dienstleistungspflicht, Aussteuer und Ausstattung. Eine Analyse der Rechtsprechung des Reichsgerichts und des Reichsarbeitsgerichts zu den Vorschriften der §§ 1616 bis 1625 des Bürgerlichen Gesetzbuches in der Zeit von 1900 bis 1945. 2000.

Band 224 Martin Jürgen Maaß: Die Geschichte des Eigentumsvorbehalts, insbesondere im 18. und 19. Jahrhundert. 2000.

Band 225 Stefanie Langer: Rechtswissenschaftliche Itinerarien. Lebenswege namhafter europäischer Juristen vom 11. bis zum 18. Jahrhundert. 2000.

Band 226 Ulrich Schmitz: Der Unterhaltsanspruch des nichtehelichen Kindes gegen seinen Erzeuger. Die rechtsgeschichtliche und dogmatische Entwicklung im deutschen Recht. 2000.

Band 227 Sebastian Günther: Friedrich Carl von Savigny als Grundherr. 2000.

Band 228 Henning Ibs: Hermann J. Held (1890-1963). Ein Kieler Gelehrtenleben in den Fängen der Zeitläufe. 2000.

Band 229 Matthias Rücker: Wirtschaftswerbung unter dem Nationalsozialismus. Rechtliche Ausgestaltung der Werbung und Tätigkeit des Werberats der deutschen Wirtschaft. 2000.

Band 230 Hendrik Sandmann: Die Entwicklung von Begriff und Inhalt des Wirtschaftchsrechts durch die Rechtswissenschaft in der Weimarer Republik. 2000.

Band 231 Sibylle Müller: Gibt es Menschenrechte bei Samuel Pufendorf? 2000.

Band 232 Karin Olechowski-Hrdlicka: Die gemeinsamen Angelegenheiten der Österreichisch-Ungarischen Monarchie. Vorgeschichte – Ausgleich 1867 – Staatsrechtliche Kontroversen. 2001.

Band 233 Johannes Mierau: Die juristischen Abschluß- und Diplomprüfungen in der SBZ/DDR. Ein Einblick in die Juristenausbildung im Sozialismus. 2001.

Band 234 Jörg Wolff (Hrsg.): Stillstand, Erneuerung und Kontinuität. Einsprüche zur Preußenforschung. 2001.

Band 235 Friedo Schröder: Die anwaltliche Tätigkeit während der nationalsozialistischen Herrschaft. Eine Analyse der anwaltlichen Argumentation in Zivilprozessen anhand der vorhandenen Prozeßakten der Landgerichte Frankenthal, Wiesbaden, Limburg und Frankfurt und der Handakten der *jüdischen Konsulenten* des OLG-Bezirks Frankfurt. 2001.

Band 236 Der Code pénal des Königreichs Westphalen von 1813 mit dem Code pénal von 1810 im Original und in deutscher Übersetzung. Herausgegeben und mit einer Einleitung versehen von Werner Schubert. 2001.

Band 237 Klaus Richter: Deutsches Kolonialrecht in Ostafrika 1885-1891. 2001.

Band 238 Kai von Lewinski: Deutschrechtliche Systembildung im 19. Jahrhundert. 2001.

Band 239 Alexander Herzog: Sittenwidrige Rechtsgeschäfte in der höchstrichterlichen Rechtsprechung aus den Jahren 1948-1965. 2001.

Band 240 Claudia Rönnau: Die Beratungen des Wasserrechtsausschusses der Akademie für Deutsches Recht zu einem Reichswassergesetz (1934-1941). Ein Beitrag zur Dogmatik der Begriffe *Gemeingebrauch* und *Sondergebrauch* in der Zeit des Nationalsozialismus. 2001.

Band 241 Momme Rohlack: Kriegsgesellschaften (1914-1918). Arten, Rechtsformen und Funktionen in der Kriegswirtschaft des Ersten Weltkrieges. 2001.

Band 242 Rolf Geyer: Der Gedanke des Verbraucherschutzes im Reichsrecht des Kaiserreichs und der Weimarer Republik (1871-1933). Eine Studie zur Geschichte des Verbraucherrechts in Deutschland. 2001.

Band 243 Felix Lorenz Benjamin Lehmann: Der Rote Adlerorden. Entstehung und rechtliche Grundlagen (1705-1918). 2002.

Band 244 Marc Ludwig: Der Pfändungsschutz für Lohneinkommen. Die Entstehungs- und Entwicklungsgeschichte der Vorschriften zum Schutz vor Lohnpfändung in Deutschland. 2001.

Band 245 Alexander Wachter: Dorfschule zwischen Pastor und Schulmeister. Zur Säkularisierung des niederhessischen Schulwesens im 19. Jahrhundert. 2001.

Band 246 Richard Scholz: Analyse der Entstehungsbedingungen der reichsgerichtlichen Aufwertungsrechtsprechung. Untersuchung unter besonderer Berücksichtigung der konservativen Geldpolitik der Reichsbank und der Inflationspolitik der Reichsregierung. 2001.

Band 247 Judith Laeverenz: Märchen und Recht. Eine Darstellung verschiedener Ansätze zur Erfassung des rechtlichen Gehalts der Märchen. 2001.

Band 248 Christina Schenk: Bestrebungen zur einheitlichen Regelung des Strafvollzugs in Deutschland von 1870 bis 1923. 2001.

Band 249 Nils Werner: Die Prozesse gegen die Landvolkbewegung in Schleswig-Holstein 1929/32. Ein Beitrag zur Justizkritik in der späten Weimarer Republik. 2001.

Band 250 Wolfgang Walter: Das Duell in Bayern. Ein Beitrag zur bayerischen Strafrechtsgeschichte. 2002.

Band 251 Jörn Eckert / Kjell Å. Modéer (Hrsg.): Geschichte und Perspektiven des Rechts im Ostseeraum. Erster Rechtshistorikertag im Ostseeraum 8.–12. März 2000. 2001.

Band 252 Jan Könighaus: Die Inauguration der Christian-Albrechts-Universität zu Kiel 1665. Symbolgehalt und rechtliche Bedeutung des Universitätszeremoniells. 2002.

Band 253 Andreas Görgen: Rechtssprache in der Frühen Neuzeit. Eine vergleichende Untersuchung der Fremdwortverwendung in Gesetzen des 16. und 17. Jahrhunderts. 2002.

Band 254 Ralf Schäfer: Die Rechtsstellung der Haigerlocher Juden im Fürstentum Hohenzollern-Sigmaringen von 1634-1850. Eine rechtsgeschichtliche Untersuchung. 2002.

Band 255 Regine Schmalhorst: Die Tierhalterhaftung im BGB von 1896. Die Entstehung und Änderung des § 833 BGB sowie eine Analyse der Rechtsprechung des Reichsgerichts bis 1908. 2002.

Band 256 Thomas Hense: Konrad Beyerle. Sein Wirken für Wissenschaft und Politik in Kaiserreich und Weimarer Republik. 2002.

Band 257 Christian Mahlmann: Die Strafrechtswissenschaft der DDR. Klassenkampftheorie und Verbrechenslehre. 2002.

Band 258 Henning Kahmann: Die Bankiers von Jacquier & Securius 1933–1945. Eine rechtshistorische Fallstudie zur "Arisierung" eines Berliner Bankhauses. Mit einem Geleitwort von John Kornblum. 2002.

Band 259 Volker Friedrich Drecktrah: Die Gerichtsbarkeit in den Herzogtümern Bremen und Verden und in der preußischen Landdrostei Stade von 1715 bis 1879. 2002.

Band 260 Andreas Klass: Standes- oder Leistungselite? Eine Untersuchung der Karrieren der Wetzlarer Anwälte des Reichskammergerichts (1693-1806). 2002.

Band 261 Wolfgang Eder: Das italienische Tribunale Speciale per la Difesa dello Stato und der deutsche Volksgerichtshof. Ein Vergleich zwischen zwei politischen Gerichtshöfen. 2002.

Band 262 Albrecht Cordes / Bernd Kannowski (Hrsg.): Rechtsbegriffe im Mittelalter. 2002.

Band 263 Thomas Hildebrandt: Die Brandenburgischen Provinziallandtage von 1841, 1843, und 1845 anhand ausgewählter Verhandlungsgegenstände. 2002.

Band 264 Jan Finzel: Georg Adam Struve (1619–1692) als Zivilrechtler. 2003.

Band 265 Björn Carsten Frenzel: Das Selbstverständis der Justiz nach 1945. Analyse der Rolle der Justiz unter Berücksichtigung der Reden zur *Wiedereröffnung* der Bundes- und Oberlandesgerichte. 2003.

Band 266 Nils Reichhelm: Die marxistisch-leninistische Staats- und Rechtstheorie Karl Polaks. 2003.

Band 267 Raik Schneider: Altrechtliche Personenzusammenschlüsse. Ihre Entwicklung unter besonderer Berücksichtigung des Rechts des Großherzogtums Sachsen-Weimar-Eisenach sowie der Herzogtümer Sachsen-Meiningen und Sachsen-Gotha. 2003.

Band 268 Anke Meier: Die Geschichte des deutschen Konkursrechts, insbesondere die Entstehung der Reichskonkursordnung von 1877. 2003.

Band 269 Stefan Jens Jordan: Leben und Werk des Tübinger Rechtsprofessors Wilhelm Gottlieb Tafinger 1760–1813. 2003.

Band 270 Stefanie Hubig: Die historische Entwicklung des § 23 ZPO. Zum Ursprung und Fortleben des Vermögensgerichtsstandes im deutschen Prozeßrecht des 19. Jahrhunderts. 2003.

Band 271 Michael G. Perband: Der Grundsatz der freien Beweiswürdigung im Zivilprozeß (§ 286 ZPO) in der Rechtsprechung des Reichsgerichts. 2003.

Band 272 Mathias Bouveret: Die Stellung des Staatsoberhauptes in der parlamentarischen Diskussion und Staatsrechtslehre von 1848 bis 1918. 2003.

Band 273 Barbara Széchényi: Rechtliche Grundlagen bayerischer Zensur im 19. Jahrhundert. 2003.

Band 274 Sylvia Scharfenberg: Die Entstehungsgeschichte des Beurkundungsgesetzes vom 28. August 1969. 2003.

Band 275 Urte Nesemann: Die schwedische Familiengesetzgebung von 1734 bis zu den Reformgesetzen von 1915 bis 1920 und deren Einfluss auf die Gesetzgebungsprojekte der Weimarer Republik. Unter besonderer Berücksichtigung der Rechtsstellung der Frau und des unehelichen Kindes. 2003.

Band 276 Alexandra Brück: Die Polizeiordnung Herzog Christians von Braunschweig-Lüneburg vom 6. Oktober 1618. 2003.

Band 277 Torsten Landwehr: Das Kommissionsgeschäft in Rechtswissenschaft, Gesetzgebung und Rechtspraxis vom 16. bis zum Ende des 18. Jahrhunderts. 2003.

Band 278 Tassilo Wilhelm Maria Englert: Deutsche und italienische Zivilrechtsgesetzgebung von 1933–1945. Parallelen in der Rechtsetzung und gegenseitige Beeinflussung unter besonderer Berücksichtigung des Familien- und Erbrechts. 2003.

Band 279 Tobias Prang: Der Schutz der Versicherungsnehmer bei der Auslegung von Versicherungsbedingungen durch das Reichsgericht. 2003.

Band 280 Thorsten Lieb: Privileg und Verwaltungsakt. Handlungsformen der öffentlichen Gewalt im 18. und 19. Jahrhundert. 2004.

Band 281 Michael Rühling: Das Ladenschlussgesetz vom 28. November 1956. Vorgeschichte, Entstehung des Gesetzes und weitere Entwicklung. 2004.

Band 282 Kathrin Nawotki: Die schleswigsche Deichstavengerechtigkeit. Vom 17. Jahrundert bis in die Gegenwart. Eine gewohnheitsrechtliche Superfizies an nordfriesischen Deichgrundstücken und ihre Entwicklung. 2004.

Band 283 Erik Nils Voigt: Die Gesetzgebungsgeschichte der militärischen Ehrenstrafen und der Offiziereehrengerichtsbarkeit im preußischen und deutschen Heer von 1806 bis 1918. 2004.

Band 284 Dorothea Riedi Hunold: Die Einführung der allgemeinen Wechselfähigkeit in der Schweiz in der zweiten Hälfte des 19. Jahrhunderts. Unter besonderer Berücksichtigung der politischen, wirtschaftlichen und sozialen Verhältnisse. 2004.

Band 285 Thomas Gergen: Pratique juridique de la paix et trêve de Dieu à partir du concile de Charroux (989–1250). Juristische Praxis der Pax und Treuga Dei ausgehend vom Konzil von Charroux (989–1250). 2004.

Band 286 Kathrin Bethkenhagen: Die Entwicklung des Luftrechts bis zum Luftverkehrsgesetz von 1922. 2004.

Band 287 Heiko Lüpkes: Die Verbrechen der Diener des Staats im Allgemeinen Landrecht für die Preußischen Staaten von 1794 und ihre Entwicklung zu den Vergehen und Verbrechen im Amte im Strafgesetzbuch für die Preußischen Staaten von 1851. 2004.

Band 288 Mirco Peter Hirsch: Von der Erbbescheinigung des Preußischen Rechts zum Erbschein des Bürgerlichen Gesetzbuchs. 2004.

Band 289 Bettina Günther: Die Behandlung der Sittlichkeitsdelikte in den Policeyordnungen und der Spruchpraxis der Reichsstädte Frankfurt am Main und Nürnberg im 15. bis 17. Jahrhundert. 2004.

Band 290 Seunghyeon Seong: Der Begriff der *nicht gehörigen Erfüllung* aus dogmengeschichtlicher und rechtsvergleichender Sicht. 2004.

Band 291 Steffen-Werner Meyer: Bemühungen um ein Reichsgesetz gegen den Büchernachdruck. Anläßlich der Wahlkapitulation Leopolds II. aus dem Jahre 1790. 2004.

Band 292 Ulrich Löffler: Instrumentalisierte Vergangenheit? Die nationalsozialistische Vergangenheit als Argumentationsfigur in der Rechtsprechung des Bundesverfassungsgerichts. 2004.

Band 293 Norbert Koch: Die Entwicklung des deutschen privaten Immissionsschutzrechts seit Beginn der Industrialisierung. Unter besonderer Berücksichtigung des Einflusses der höchstrichterlichen Rechtsprechung. 2004.

Band 294 Julius Ludwig Pfeiffer: Das Tierschutzgesetz vom 24. Juli 1972. Die Geschichte des deutschen Tierschutzrechts von 1950 bis 1972. 2004.

Band 295 Bert-Hagen Strodthoff: Die richterliche Frage- und Erörterungspflicht im deutschen Zivilprozeß in historischer Perspektive. 2004.

Band 296 Tim Kannewurf: Die Höfeordnung vom 24. April 1947. Entstehungsgeschichte und Einordnung in die Entwicklung des Anerbenrechts. 2004.

Band 297 Steffi Heine: Die Methodendiskussion nach Inkrafttreten des Bürgerlichen Gesetzbuches und die Gründung des Vereins *Recht und Wirtschaft*. 2004.

Band 298 Anne Marlene Simon-Holtorf: Geschichte des Familienwahlrechts in Frankreich (1871 bis 1945). 2004.

Band 299 Jürgen Busch: Das Germanenbild der deutschen Rechtsgeschichte. Zwischen Wissenschaft und Ideologie. Mit einem Vorwort von Herwig Wolfram. 2004.

Band 300 Jan Kohlmann: Der Marsch zu den Gräbern von Karl und Rosa. Geschichte eines Gedenktages. 2004.

Band 301 Christian Rainer Schlicht: Die kumulative Schuldübernahme in der Rechtsprechung des Reichsgerichts und in der zeitgenössischen Literatur. 2004.

Band 302 Hans Peter Glöckner: Positive Vertragsverletzung. Die Geburt eines Rechtsinstituts. 2004.

Band 303 João Manuel Azevedo Alexandrino Fernandes: Die Theorie der Interpretation des Gesetzes bei Francisco Suárez. 2005.

Band 304 René Funk: Die Wahlprüfung der volksgewählten Abgeordneten der Volksvertretungen im Frühkonstitutionalismus. Eine Untersuchung der Wahlprüfung in den Kammern der Abgeordneten des Großherzogtums Baden, des Königreichs Württemberg und des Großherzogtums Hessen. 2005.

Band 305 Carolin O'Sullivan. Die Ahndung von Rechtsbrüchen der Seeleute im mittelalterlichen hamburgischen und hansischen Seerecht (1301–1482). 2005.

Band 306 Martin Jürgens: Staat und Reich bei Ernst Rudolf Huber. Sein Leben und Werk bis 1945 aus rechtsgeschichtlicher Sicht. 2005.

Band 307 Florian G. Dürselen: Franz Beyerle (1885–1977). Leben, Ära und Werk eines Rechtshistorikers. 2005.

Band 308 Kai Bandilla: Urheberrecht im Kaiserreich. Der Weg zum Gesetz betreffend das Urheberrecht an Werken der Literatur und Tonkunst vom 19. Juni 1901. 2005.

Band 309 Stefan Mieth: Die Entwicklung des Denkmalrechts in Preußen 1701–1947. 2005.

Band 310 Catharina Lodemann: Die Geschichte des französischen *acte de gouvernement*. 2005.

Band 311 Christina Wicke: Kodifikationsbestrebungen und Wissenschaft in Hessen-Darmstadt im vorkonstitutionellen Zeitalter. Zu der Beteiligung der Gießener Rechtsprofessoren an den Gesetzgebungsarbeiten in Hessen-Darmstadt in der Zeit zwischen 1769 und 1820. 2005.

Band 312 Christiane Chlosta: Nur dem Gesetz unterworfen? Eine rechtsgeschichtliche Untersuchung zu Idee und Wirklichkeit richterlicher Gesetzestreue unter besonderer Berücksichtigung der Aufwertungsrechtsprechung und des richterlichen Prüfungsrechts. 2005.

Band 313 Kathrin Dirr: Hoheitsrechtliche Streitigkeiten zwischen den Kölner Erzbischöfen und der Stadt Köln auf Grundlage reichskammergerichtlicher Verfahren des 16. und 17. Jahrhunderts. 2005.

Bettina Müller-Ueltzhöffer

Der 500jährige Rechtsstreit des Klosters Neresheim um die Erlangung der Reichsunmittelbarkeit

Zugleich ein Beitrag zum Rechtsgang vor den höchsten Reichsgerichten in der Mitte des 18. Jahrhunderts

Frankfurt am Main, Berlin, Bern, Bruxelles, New York, Oxford, Wien, 2003. 229 S.
Europäische Hochschulschriften: Reihe 2, Rechtswissenschaft. Bd. 3666
ISBN 3-631-51063-2 · br. € 42.50*

Am Beispiel des 500jährigen Kampfes des Benediktinerklosters Neresheim um die Erlangung der Reichsunmittelbarkeit zeigt die Arbeit die vielschichtigen politischen Strukturen des Verfassungswesens des Heiligen Römischen Reiches auf. Das Kloster Neresheim suchte als schwächeres Glied des Alten Reiches den Schutz der obersten Reichsgerichte vor der Einverleibung in das Territorium der Grafen von Oettingen-Wallerstein. Aufgrund seiner Beharrlichkeit erlangte das Kloster nach langwierigen und kostspieligen Prozessen – wenn auch nur für kurze Zeit – im Jahre 1765 die langerstrebte „goldene Freiheit" mit der Aufnahme in das Reichsprälatenkollegium. Bereits 1263 befaßte sich der große Kirchenmann und Universalgelehrte von europäischem Rang, Albertus Magnus, mit dem Rechtsstreit und fällte einen Schiedsspruch.

Aus dem Inhalt: Entwicklung des Klosters Neresheim von der Stiftung 1095 an bis zum Beginn der großen Prozesse 1739 · Die Klage des Grafen von Oettingen-Wallerstein vor dem Reichskammergericht ab 1739 · Parallelrechtsstreit des Klosters Neresheim gegen den Grafen von Oettingen-Wallerstein vor dem Reichshofrat · Vergleichshinderungsklage · Umsetzung des Vergleichs · Restitutionsklage · Gesamtwürdigung

FSC
www.fsc.org
MIX
Papier | Fördert gute Waldnutzung
FSC® C083411

Kolibri 360 GmbH
Ferdinand-Jühlke-Straße 7
99095 Erfurt, Deutschland
produktsicherheit@kolibri360.de

Druck:
CPI Druckdienstleistungen GmbH
im Auftrag der
Kolibri 360 GmbH
Ferdinand-Jühlke-Str. 7
99095 Erfurt